# Américo Castro: The Impact of His Thought

## Essays to Mark the Centenary of His Birth

Edited by

Ronald E. Surtz
Jaime Ferrán
Daniel P. Testa

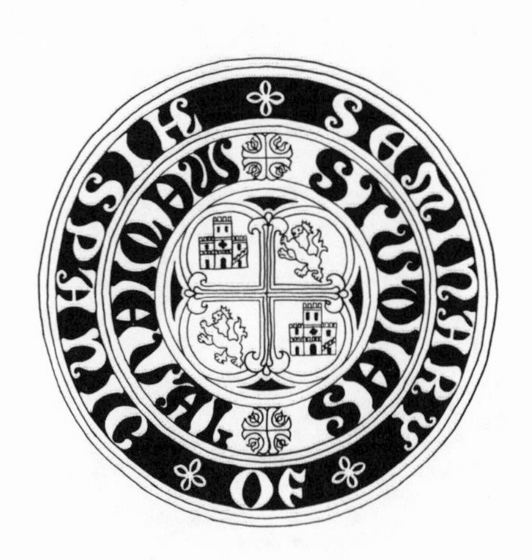

Madison, 1988

ISBN 0-940639-21-1

## Acknowledgments

The publication of this volume was made possible by grants from the Comité Conjunto Hispano-Norteamericano para la Cooperación Cultural y Educativa and the Program for Cultural Cooperation Between Spain's Ministry of Culture and United States' Universities.

# Contents

Editors' Preface . . . . . . . . . . vii
Introduction
*Edmund L. King* . . . . . . . . . . ix
A Bibliography of the Writings of Américo Castro
*Albert Brent, Robert Kirsner and Edmund L. King* . . . . . . . . . 1

**I. Remembering Américo Castro**

Entre la memoria y la esperanza: recuerdos de don Américo Castro
*Julio Rodríguez Puértolas* . . . . . . . . . . 39
Semblanza de Américo Castro
*Robert Kirsner* . . . . . . . . . . 49
Recuerdos inéditos sobre Don Américo y su medio ambiente
*Juan Negrín, Jr.* . . . . . . . . . . 57
The Last "Don Quijote" of Don Américo
*Stephen Gilman* . . . . . . . . . . 63

**II. Américo Castro at Work**

Américo Castro in Morocco: The Origins of a Theory?
*Samuel G. Armistead* . . . . . . . . . . 73
Américo Castro and the Secret Spanish Civil War
*Joseph H. Silverman* . . . . . . . . . . 83
La huella de Américo Castro en los estudios de lingüística española
*Rafael Lapesa* . . . . . . . . . . 97

**III. Américo Castro and Historiography**

The Problem of Determinism in Américo Castro's Historiography
*Edmund L. King* . . . . . . . . . . 117
Américo Castro y la historia
*Francisco Márquez Villanueva* . . . . . . . . . . 127
Class or Caste: A Critique of the Castro Thesis
*John Beverley* . . . . . . . . . . 141
Américo Castro en la polémica de la ciencia
*Aniano Peña* . . . . . . . . . . 151

## IV. Cristianos, moros y judíos

Fray Luis de Granada y los *anuzim* novohispanos a fines del siglo XVI
*Adriana Lewis Galanes* . . . . . . . . . . . . . . . . . . . . 163

The Arragel Bible: A Fifteenth Century Rabbi Translates and Glosses the Bible for his Christian Master
*A. A. Sicroff* . . . . . . . . . . . . . . . . . . . . . . . . . 173

And How 'Western' was the Rest of Medieval Europe?
*María Rosa Menocal* . . . . . . . . . . . . . . . . . . . . . 183

Américo Castro: Un aspecto olvidado de la polémica
*Vicente Cantarino* . . . . . . . . . . . . . . . . . . . . . . . 191

## V. Writers and Texts

Américo Castro y Santa Teresa
*Angel L. Cilveti* . . . . . . . . . . . . . . . . . . . . . . . . 203

Américo Castro y el lenguaje de los estudios literarios
*Mary Gaylord Randel* . . . . . . . . . . . . . . . . . . . . . 213

Américo Castro, Cervantes, y la picaresca: Breve historia de unas ideas
*Helen H. Reed* . . . . . . . . . . . . . . . . . . . . . . . . 223

El *Guzmán de Alfarache* como modelo y anti-modelo del *Quijote*
*Daniel P. Testa* . . . . . . . . . . . . . . . . . . . . . . . . 231

A Most Ingenious Paradox: Castro and the *Comedia*
*Alix Zuckerman-Ingber* . . . . . . . . . . . . . . . . . . . . 239

Américo Castro and the Contemporary Spanish Novel
*Manuel Durán* . . . . . . . . . . . . . . . . . . . . . . . . . 249

La huella de Américo Castro en *Terra Nostra*
*Joaquín Rodríguez Suro* . . . . . . . . . . . . . . . . . . . 259

# Editors' Preface

This volume brings together many of the papers presented at two conferences, one at Syracuse University, the other at Princeton University, in October 1985 to mark the centenary of Américo Castro's birth. We owe the suggestion to combine the proceedings of the two conferences to Benito Brancaforte of the University of Wisconsin-Madison, and without his interest and support the project would not have come to fruition.

In addition to the contributions of our respective universities, we gratefully acknowledge the financial assistance of the Program for Cultural Cooperation, Spain-U.S.A. (with special thanks to Antonio Ramos Gascón, General Coordinator) and of the organization of Spanish professionals—Asociación de Licenciados y Doctores Españoles en Estados Unidos—who live and work in the United States.

Let us mention especially our friend and colleague Edmund King, whose long association with Américo Castro's work is well known. His substantial contributions to the present volume will become evident to the reader. He was generous in all phases of the commemorative events with his encouragement and wise counsel. We are likewise indebted to Professor John Nitti, the miracle worker of the Hispanic Seminary of Medieval Studies (Madison), for his superb editorial direction and for his efforts in seeing the volume through to completion without delay.

A comment about our contributors. As editors, we were pleased to have the work of many younger scholars because it indicates clearly the strong and ever-expanding intellectual impact that Castro's writings and major ideas continue to have in the world of Hispanic letters. Many of our contributors are distinguished in their own right as co-workers and disciples in the wide magical sphere of ideas, whose center derived from Américo Castro's bold imagination. One such prominent scholar, who was also admired and loved as a teacher, colleague, and friend, sadly left us only a few weeks after the conferences took place. We honor Stephen Gilman for his untiring efforts, in following Castro's superlative example, dedicated to ferreting out truths no matter how stark and unpleasant. Hispanic letters have grown immeasurably with his works, and they will continue to inform and inspire generations of students and scholars for years to come.

R.E.S
J.F.
D.P.T

# Introduction

Diverse facets of Américo Castro's intellectual personality are brought out in the essays contained in this volume, and yet, quite naturally, since his work is now done and we are reflecting upon his total legacy, the psychological quality that motivated him to produce that legacy is at best only hinted at: Américo Castro was an intellectual activist. The idea of leaving well enough alone never occurred to him. He was always on the prowl, looking for trouble, and he almost always found it. When he didn't go looking for it, trouble went looking for him, began doing so, in fact, before he was born. "En Basilea [Pío Baroja is speaking] leí en un periódico fascista, en alemán, una noticia en donde se decía que, para una clase de la Universidad de literatura española de ese pueblo, se había presentado la candidatura de Américo Castro, y que no la recomendaban porque sospechaban que era de origen judío, que había nacido en El Brasil y que tenía un hermano rabino" (*Memorias*, Madrid, 1965, p. 1161). The only part of this statement that is true beyond a doubt is that Castro was born in Brazil. That Baroja actually read any such nonsense anywhere, Don Américo always regarded with amused dubiety, being more inclined to think the whole story a figment of Don Pío's bilious imagination. (To try to settle the matter would exceed the limits of my commission to write this introduction.) The Castro family in Granada claimed descent (collaterally, one assumes) from the archbishop who built the abbey atop the Sacro Monte in 1600, Don Pedro Vaca de Castro y Quiñones, perhaps, like several other Castros famous enough to be in the Espasa encyclopedia, a *cristiano nuevo*, but on the other hand, quite possibly of stock as pure as Sancho Panza's. Certainly, no brother was a rabbi.

How did Castro happen to be born in Brazil? More trouble: His parents, Antonio Castro of Granada and Carmen Quesada of Alhama, were not itinerant entertainers, as one story going around would have it. They were merchants and went to Brazil to establish something like a general store in Cantagalo, a small town in the state of Rio de Janeiro some 150 kms. northeast of the metropolis, and it was there that their fourth child was born, on 4 May 1885. Upon the insistence—more trouble—of a capricious godmother, a certain Sra. de Rodríguez, originally from Granada but living in Buenos Aires and invited to Cantagalo for the baptism, the child, an *americano* born to Spanish parents, was given the first name Américo (common enough in Brazil and Portugal but rarely, if ever, used in Spain).

And since there is no San Américo (though in Latin Amerigo Vespucci was called Albericus, the name of at least one saint), Américo was given a proper saint's name in addition, José. Visitors to Cantagalo can now see a street sign there bearing the name of the town's most famous son.

In 1889 the Castro family moved back to Granada, and there Américo spent his childhood and youth, taking a degree in arts and letters at the university in 1904. From 1905 to 1908 he was in Paris studying literature and philosophy and acquiring a splendid command of French, both written and spoken, with a correctness of accent not commonly found among Spaniards. Obligatory military service which required his return to Spain he performed in ministerial offices in Madrid that were pleased to have his linguistic skills at their disposition, and he was allowed to indulge his taste for the only sport that ever interested him, equitation.

Freed of military obligations, the young Américo Castro became connected with the Institución Libre de Enseñanza. Whether the Institución led him to develop the inclination to see in scholarly questions issues of intellectual morality or whether this tendency was already so much a part of his character that he merely sought in the Institución a congenial atmosphere is not easy to determine. What is evident, however, is that Francisco Giner de los Ríos was a profound influence in fixing the feature of Castro's character that I am trying to delineate here. It was in fact Don Francisco—another anecdote, to set the record straight about a trivial episode often but never quite correctly recounted—who spoke bluntly to Castro about his persistence in using the Andalusian dialect of Granada in oral discourse. Castro was, he said, a cultured, intelligent, well-educated person who, as such, should get rid of his provincial speech and use good Castilian. Castro took the matter to heart, retired to his rooms for a few days, subjected himself to rigorous phonetic discipline, and reappeared speaking in the accents of a cultured Madrilenian. It is not hard to imagine—indeed, one does not have to imagine, one has only to remember—Don Américo behaving in turn much like his revered Don Francisco. Quite apart from the merits of the specific case of how a cultured Spaniard should speak his native language, the *institucionista* believed there were better ways and worse ways of thinking and acting. Why be a teacher at all if one was to remain neutral before the pupil's choice between them? (Years later, at Princeton, Don Américo had just finished an introductory lecture about Cervantes in one of the general literature courses. An undergraduate came up to him and said, "Professor Castro, this guy Cervantes . . . ." The student got no further. Castro grabbed him by the shoulders and said, "Young man, Cervantes is one of the treasures of our civilization. He is not some guy.")

In 1910, the Centro de Estudios Históricos was founded in Madrid under the direction of Ramón Menéndez Pidal, with Castro as one of the most active members. Indeed, it might be said that he was one of the co-founders. Then it was that Castro began the publication of his numerous philological studies, many of them in the *Revista de Filología Española*, starting with the first issue in 1914.

Acceding to the conventional requirements of the profession, though he was clearly beyond the need of such formal certification, Castro took the doctorate at the University of Madrid in 1911, and in 1915, through the usual *oposiciones*, he won the chair of the History of the Spanish Language at what was then called the Universidad Central. Among his students during the years 1915-1936 were to be counted those who became some of the finest teachers and scholars of our time. I forbear to name them lest I fail to name them all. And it is, alas, no longer quite accurate to say that they are of our time. Let us celebrate as their representative in these pages Don Rafael Lapesa.

At the same time, Don Américo was constantly agitating with his almost weekly articles in *El Sol* for reforms in the entire educational system of Spain—with some success. He had an important role personally in the reorganization of the School of Philosophy and Letters at the University in 1932, as well as in the creation of the International University of Santander a year later. It is no doubt this intellectual activism, culminating in his radically revisionist interpretation of Spanish history much later in his career, that leads to the remark one hears occasionally these days from ignorant bystanders. It goes something like this: "Lo de vivir desviviéndose está muy bien, pero lo que pasaba con Castro era que carecía de rigor científico." Let us invite these observers to inspect the bibliography and take notice of the full panoply of Castro's "scientific" studies, produced in accord with the most rigorous criteria of academic positivism. Subsequent scholars have found firm points of departure in this work but no significant need of rectification, whereas the Spanish edition of Meyer-Lübke's *Einführung* is rich in corrections and complementation provided by Castro.

Castro's intellectual restlessness also expressed itself in those days through visits to universities outside of Spain, especially those of the Western Hemisphere, and thus, in Buenos Aires, he had the opportunity of establishing the Instituto de Filología Hispánica, which nurtured a brilliant group of Argentine scholars. In 1925 we find him in the United States as a visiting professor at Columbia University. And on other occasions he taught and lectured in Chile, Mexico, Cuba, and Puerto Rico. In 1931 he was a visiting professor at the University of Berlin. The new-born Second Republic, in need of an ambassador whose personal prestige would elicit the respect of the German government, turned to Américo Castro. A republican through and through, he accepted the charge. In the short time he held the post he was surely not asked "to lie," as the phrase has it, "in the service of his country," but diplomacy was not his métier, and he relinquished the post at the earliest opportunity. Back in Madrid, in an effort to counterbalance Spain's inclination to maternal provincialism, he sponsored the creation in the Centro de Estudios Históricos of an Ibero-American section, with its appropriate journal, *Tierra Firme*.

In the early years of his career (as Willard King points out in a forthcoming article on Castro *lopista*), Don Américo, when not dealing with textual and strictly linguistic problems, showed literary interest primarily in the theater of the Golden Age—his editions of Tirso and Rojas, his now classical treatise on the *pundonor*, his revision of Rennert's *Life of Lope de Vega*. But in 1925, with the publication of *El pensamiento de Cervantes*, he came to enjoy a measure of international fame in the world of scholarship and letters as the prime authority on the author of *Don Quixote*.

Exiling himself from Spain because of the civil war, Américo Castro, like many other intellectuals, artists, and writers, made his way to America. After a brief stay in Buenos Aires, he moved to the United States, accepting an invitation to join the faculty of the University of Wisconsin, where he remained for two years. Then he was called to the University of Texas and from there, in 1940, to Princeton University, where he held the Emory L. Ford Chair of Spanish until his retirement in 1953.

It was while at Princeton that Américo took out American citizenship, legally abandoning his second surname (it always irritated him to be called Castro Quesada), and it was with his Princeton years that a radical change of direction in his studies took place. The culmination of several years of reflection, research, writing, and rewriting, *España en su historia* (Buenos Aires, 1948), characteristically original in both its theoretical basis and its theses and argument, constitutes the most notable innovation in modern Spanish historiography. And yet, when one says this, one must acknowledge that here again Castro went looking for trouble. Most historians would say that, however original and interesting and even true the book may be, it is not history at all. And some of them (notably, of course, Claudio Sánchez Albornoz) have insisted that it is wrong-headed and wrong. As the title of the book implies, it is not intended to be a "history," and Castro himself did not customarily refer to it as a history. Sometimes he spoke of it as a pre-history, by which he meant, I suppose, an establishment of the grounds upon which a true history of Spain might be constructed. Certainly it is about the theory of history with particular and profound reference to Spain, and, most certainly, it draws back the curtain of secrecy, silence, and self-deception that for centuries concealed a vast area of the Spanish past. If I insist upon its status as a uniquely innovative work it is because even the most conventional historians writing about "medieval," "Renaissance," and "baroque" Spain (the quotation marks represent Castro's personal loathing for the adjectives as applied to Spain) pay attention to the role of Muslims, Jews, and *cristianos nuevos* in Spanish life to a degree unheard of in historiography before Castro. And if the historians generally speaking consigned the intruder into their midst to the potter's field of literature, certain well-placed literary scholars did not welcome the new Castro into their company. After all, he had taught them the application of rigorous positivistic methods to letters and had elevated Cervantes to the ranks of the great European writers thoroughly imbued with the thought and ideals of Renaissance humanism. Now he seemed to be telling them that he had been wrong and that, if they had followed him, they were wrong too. Thus a body of scholarship has emerged founded on the determination to save the Castro of *El pensamiento de Cervantes* from the attacks of the Castro of *España en su historia* and its sequels.

There is some justice, a good deal of authority, and a fair amount of naïveté in all this. To a considerable extent, Don Américo brought this hostility upon himself with his rhetoric of self-repudiation. It was impossible for him to unwrite the *Pensamiento*, but, in an effort to emphasize his late views, he felt it necessary to belittle his early ones, and so he would say such things as, "Yo no creo que haya mucho de Erasmo en Cervantes." It is not possible to take him at his word in such utterances unless we—and he—are ready to throw out the *Pensamiento* as a lot of nonsense, and even he was not willing to do that. Witness his consent, albeit reluctant, to let it be reissued. Obviously he meant something by such statements, and scholars should not be so naïve as to take them at face value but rather make some effort to see what is behind them. There has to be a way of reconciling one Castro with the other, difficult as the task is bound to be. It seems fairly clear, in any case, that Don Américo has been the unnecessary victim of his irrepressible inclination to go out looking for trouble. I do not mean to imply, of course that, unlike the general run of mortal scholars, he was gifted with the power of immaculate conceptions. No doubt his zeal in defining his new ideas led him into errors—indeed, in his last phase—*España en su historia* and after—every new volume offered some criticism of the one that had gone before and accepted many corrections that critics had suggested.

And if he did not exempt his own work from criticism, it came as no surprise that received wisdom in general was suddenly challenged by the compelling novelty of *España en su historia*, and the impassioned and counterposed reactions that this work provoked obliged Castro to revise, clarify, and expand it in successive editions and in shorter collateral publications. No less than a dozen books were the result of the ceaseless labor that filled Castro's days from the age of 64 to the age at which he died, 87, years which allowed him the satisfaction of seeing confirmed through rigorous documentation many of the hypotheses which he developed from the analysis of style and mentality in various writers of the sixteenth century. Moreover, both his theoretical and his substantive contributions to historiography and his special kind of cultural anthropology were internationally recognized: his *magnum opus* in its early and later versions was translated into English (twice), Italian, German, and French.

After his retirement from Princeton, Américo Castro taught at several American universities as a visiting professor, and eventually took up residence on a post-retirement appointment at the University of California, San Diego, at La Jolla. Then, in 1969, for family reasons, he went to live again in Madrid. Although he had hoped to accept the invitation of the John Hopkins University to address a symposium on the theory of history, and so to satisfy the longing he often expressed to return to his adopted country, his age and declining strength would not permit him such an indulgence. In the summer of 1972, while engaged in his favorite recreation, swimming in the Mediterranean, he suffered a seizure and died, on the 25th day of July, the Feast of St. James the Greater, Santiago de España. His wife, affectionately known to all in her later years as Doña Carmen, had died the preceding December.

Américo Castro was an Officer of the French Legion of Honor, a member of the Argentine Academy of Letters, a member of the Hispanic Society of America, and an honorary professor of the Universities of La Plata, Santiago de Chile, and Mexico. For many years he was an adviser to the John Simon Guggenheim Foundation (to which he recommended for grants a fair number of people he did not find personally gratifying). The Universities of Paris, Poitiers, Toulouse, Rio de Janeiro, and Princeton conferred upon him the degree of Doctor of Letters honoris causa. (It will be noted that he was not a member of the Spanish Academy, an institution that more than once came under his criticism, though he has several students and advocates among its present members. Precisely why he never occupied one of those much coveted numbered seats I do not know, but I am sure he would have sat there in great discomfort.)

Institutions to which Don Américo belonged could not help being shaken into new ways of life by his restless discontent, his voracious dissatisfaction with the intellectual *status quo*. He would have none of the complacencies of any established method of studying historical realities. Everything had constantly to be understood anew, else understanding itself became a lifeless ritual and its human mouthpiece a fossil of civilization. How to dissect the historical body without taking away its life was the aporetic problem Castro set himself to solve. That he was still at work on it, probably as he took his last swim in the Mediterranean, can only mean that it is not a problem to be solved but to be lived. The essays in this volume are testimonials to that truth.

Edmund L. King
Princeton University
10 November 1987

# A Bibliography of the Writings of Américo Castro

Compiled By

Albert Brent and Robert Kirsner

With additional items contributed by
Professor Castro's daughter, Carmen Castro de Zubiri

Edited by Edmund L. King

NOTE: A few items in the bibliography show some deficiency of data. This is owing to the fact that they have been drawn from clippings or MSS. in Professor Castro's own files which are themselves lacking in these data. In most cases it has not been feasible to fill these gaps.

## Abbreviations Used for Frequently Cited Periodicals

*Cuadernos* *Cuadernos del Congreso para la Libertad de la Cultura* (Paris)
*Excél* *Excélsior* (México, D. F.)
*Nac* *La Nación* (Buenos Aires)
*Nacional* *El Nacional* (Caracas)
*NRFH* *Nueva Revista de Filología Hispánica* (México)
*RFE* *Revista de Filología Española* (Madrid)
*Sol* *El Sol* (Madrid)

**1910**

1. Charles Guignebert. *Manual de historia antigua del cristianismo. Los orígenes*. Madrid: Imp. L. Faure, 1910. 555 pp. *(Biblioteca Científica Filosófica)*. (Translation)

2. Tirso de Molina. *Obras*. Madrid: Ediciones de "La Lectura," 1910. xxiv + 297 pp. (*Clásicos Castellanos*, 2). (Edition, with introduction and notes, of *El vergonzoso en palacio* and *El burlador de Sevilla*. *2nd ed*., revised, containing an essay on the theater, *ibid*., 1922, lxxx + 349 pp. *3rd ed*., revised, without the essay on the theater, *ibid*., 1932, xxxiv + 297 pp.)

**1911**

3. Quevedo, Francisco de. *El Buscón*. Madrid: Ediciones de "La Lectura," 1911, xxii + 273 pp (*Clásicos Castellanos*, 5). [Edition, with introduction and notes, based on the Zaragoza edition of 1626. 2nd edition, *ibid*., 1927, viii + 292 pp., based on a new MS; completely supersedes the 1911 edition.]

**1913**

4. *Contribución al estudio del dialecto leonés de Zamora*. Madrid: Imp. de Bernardo Rodríguez, 1913. 49 pp.

5. Lope de Vega. *La Dorotea. Acción en prosa*. Madrid: Biblioteca Renacimiento, 1913. xxiii + 305 pp. [Edition, with introduction.]

6. "Romancerillo del Plata." *Nosotros* (Buenos Aires), 1913, No. 6.

7. Review: Juan Ruiz, Arcipreste de Hita. *Libro de buen amor*. Edición de Julio Cejador. *Revista de Libros* (Madrid), I (1913), 10-15.

**1914**

8. Wilhelm Meyer-Lübke. *Introducción al estudio de la lingüística romance*. Madrid: Tip. de la Rev. de Arch., Bibl. y Museos, 1914. 370 pp. (Junta para Ampliación de Estudios e Investigaciones Científicas. Centro de Estudios Históricos). (Translation of the 2nd German edition.). *Introducción a la lingüística románica*. Madrid: Hernando, 1926. 463 pp. (Junta para Ampliación de Estudios e Investigaciones Científicas. Centro de Estudios Históricos. Publicaciones de la *Revista de Filología Española* [Madrid], I). (Translation of the 3rd German edition, with notes and additions.)

9. "Mozos e ajumados." *RFE*, I (1914), 402-404.

10. Review: F. Hanssen. *Gramática histórica de la lengua castellana. RFE*, I (1914), 97-103, 181-184.

11. Review: Gonzalo de Berceo. *El sacrificio de la misa.* Edición de A. G. Solalinde. *Revista de Libros* (Madrid), II (1914), 11-12.

12. Review: Salvador Padilla. *Gramática histórico-crítica de la lengua española. Revista de Libros* (Madrid), II (1914), 14-15.

13. Review: Fr. P. Fabo. *Rufino José Cuervo y la lengua castellana. Revista de Libros* (Madrid), II (1914), 15-16.

**1915**

14. Review: Real Academia Española. *Diccionario de la lengua castellana.* Décimocuarta edición. *RFE*, II (1915), 52-55.

15. Review: V. García de Diego. *Elementos de gramática histórica castellana. RFE*, II (1915), 180-181.

16. Review: A. Zauner. *Romanische Sprachwissenschaft. I. Teil. Lautlehre und Wortlehre. RFE*, II (1915), 183-184.

17. Review: M. de Toro Gisbert. *Ortología castellana de nombres propios. RFE*, II (1915), 387-388.

**1916**

18. *Fueros leoneses de Zamora, Salamanca, Ledesma y Alba de Tormes.* I: Textos. Madrid: Imp. de los Sucs. de Hernando, 1916. 399 pp. (Junta para Ampliación de Estudios e Investigaciones Científicas. Centro de Estudios Históricos). [Edition, with study, in collaboration with Federico de Onís.]

19. Francisco de Quevedo. *Historia de la vida del Buscón.* Paris: Thomas Nelson and Sons, 1916. xii + 288 pp. (*Colección Española Nelson*). [Edition, with introduction and notes.]

20. "La crítica filológica de los textos." *Boletín de la Institución Libre de Enseñanza* (Madrid), XL (1916), 26-31.

21. "Algunas observaciones acerca del concepto del honor en los siglos XVI y XVII." *RFE*, III ( 1916 ), 1-50, 357-381.

22. "Obras mal atribuídas a Rojas Zorrilla." *RFE*, III ( 1916 ), 66-68.

23. "Más acerca de *muchacho*." *RFE*, III ( 1916 ), 68-69.

24. *"De aquí a = hasta. Surto. Guelte."* *RFE*, III ( 1916 ), 182-183.

25. *"Boquirrubio."* *RFE*, III ( 1916 ), 409-412.

26. Review: H. Tiktin. *Französisch "curée" und Verwandtes.* *RFE*, III ( 1916 ), 89-90.

27. Review: C. Michaëlis de Vasconcellos. *Em volta de palavra "gonzo."* *RFE*, III ( 1916 ), 331-332.

**1917**

28. Francisco de Rojas Zorilla. *Cada cual lo que le toca* y *La viña de Nabot.* Madrid: Sucs. de Hernando, 1917. 270 pp. (*Teatro antiguo español.* Textos y estudios, II). (Junta para Ampliación de Estudios e Investigaciones Científicas. Centro de Estudios Históricos ). [ Edition, with study. ]

29. "La enseñanza del castellano en la escuela." *Boletín Escolar* ( Madrid ), suplemento pedagógico, I ( 1917 ), 5-7.

30. *"Boquirrubio."* *RFE*, IV ( 1917 ), 64.

31. "Y todo." *RFE*, IV ( 1917 ), 285-289. ( In collaboration with S. Gili. ).

32. "Los galicismos." *Revista General* ( Madrid ), I ( 1917 ), No. 2, 14-15.

33. Review: G. Guzmán. *Gramática castellana. Analogía.* R. Bastianini. *Prosodia y ortografía castellana; Analogía castellana; Sintaxis castellana y nociones de lingüística y etimología; Compendio de la gramática castellana; Tablas de la preposición castellana.* M. Montolíu. *Gramática castellana.* V. García de Diego. *Manual de gramática castellana.* *RFE*, IV ( 1917 ), 299-301.

34. Review: Miguel de Cervantes Saavedra. *El ingenioso hidalgo don Quijote de la Mancha.* Edición crítica, anotada por F. Rodríguez Marín. *RFE*, IV ( 1917 ), 393-401.

**1918**

35. Lope de Vega. *Jardinillos de San Isidro.* Madrid: Jiménez-Fraud, 1918. 59 pp. [Edition of parts of the poem.]

36. "Acerca de *El Isidro* de Lope de Vega." *Boletín de la Institución Libre de Enseñanza.*

37. "La pasiva refleja en español." *Hispania* (Palo Alto, Calif.), I (1918), 81-85.

38. "Adiciones hispánicas al diccionario etimológico de W. Meyer-Lübke. *RFE*, V (1918), 21-42 (Part I) and VI (1919). 337-354 (Part II).

39. "Alusiones a Micaela Luján en las obras de Lope de Vega." *RFE*, V (1918), 256-292.

40. "Datos para la vida de Lope de Vega." *RFE*, V (1918), 398-404.

41. Review: R. Monner Sans. *Notas al castellano en la Argentina. Revista Argentina de Ciencias Políticas* (Buenos Aires), XVI (1918), 460-462.

42. Review: A. M. Espinosa. *Studies in New Mexican Spanish. RFE*, V (1918), 195-198. [In collaboration with T. Navarro Tomás.]

43. Review: Francisco de Quevedo y Villegas. *La vida del Buscón.* Edición de R. Foulché-Delbosc. *RFE*, V (1918), 405-410.

**1919**

44. *Vida de Lope de Vega, 1562-1635.* Madrid: Sucs. de Hernando, 1919. viii + 562 pp. [In collaboration with H. A. Rennert.].

45. Lope de Vega. *Fuente Ovejuna.* Madrid-Barcelona: Calpe, 1919. 149 pp. (*Colección Universal*, 5-6). [Revised edition.]

46. Tirso de Molina. *El condenado por desconfiado.* Madrid-Barcelona: Calpe, 1919. 199 pp. (*Colección Universal*, 69-70). (Edition. *2nd ed., ibid.*, 1932.)

47. "El movimiento científico en la España actual." *La Rassegna* (Firenze), XXVII (1919) (I. Nuova Serie), 187-200. (Also in *Hispania* (Palo Alto, Calif.), III (1920), 185-202. Translation, "Der Fortschritt der

Wissenschaft im heutigen Spanien," *Spanien* [Hamburg], II [1920], 2-18.)

48. *"Para mi santiguada."* *RFE*, VI (1919), 64.

49. "Noruega, símbolo de la oscuridad." *RFE*, VI (1919), 184-186.

50. "Más sobre *boquirrubio*." *RFE*, VI (1919), 290-298.

51. "El autógrafo de *La corona merecida* de Lope de Vega." *RFE*, VI (1919), 306-309.

52. "Salmantino *alcaor*." *RFE*, VI (1919), 310.

53. "Don Federico Hanssen." *Revista de Libros* (Madrid), III (1919), 1-4, 17.

54. "Algo sobre celtismo." *Revista de Libros* (Madrid), III (1919), 17-22.

55. "Por los fueros de nuestro teatro clásico: *El castigo sin venganza* de Lope de Vega." *La Unión Hispano-americana* (Madrid), III (1919), No. 36, 15.

56. Review: N. Alonso Cortés. *Zorrilla: su vida y sus obras.* *RFE*, VI (1919), 65-67 (Tomo I) and 193-194 (Tomo II).

57. Review: J. Casares. *Crítica efímera.* *RFE*, VI (1919), 197-198.

58. Review: A. Farinelli. *La vita é un sogno.* *RFE,* VI (1919), 314-318.

**1920**

59. "Sobre *-tr-* y *-dr-* en español." *RFE*, VII (1920), 57-60.

60. *"Marcelina."* *RFE*, VII (1920), 183.

61. *"Frazada, frezada."* *RFE*, VII (1920), 371-372. [In collaboration with A. Steiger].

62. "Acerca de *El diablo mundo* de Espronceda." *RFE*, VII (1920), 374-378.

63. *"Vino judiego."* *RFE*, VII (1920), 383-384.

64. Review: Juan Ruiz de Alarcón. *Teatro (La verdad sospechosa. Las paredes oyen).* Edición y notas de Alfonso Reyes. *RFE*, VII (1920), 76-77.

65. Review: L. Vélez de Guevara. *El diablo cojuelo.* Edición de F. Rodríguez Marín. *RFE*, VII (1920), 77-78.

66. Review: M. de Toro y Gisbert. *Los nuevos derroteros del idioma. RFE*, VII (1920), 191-192.

**1921**

67. "El elemento extraño en el lenguaje." In *Cursos de metodología y alta cultura. Curso de lingüística.* Barcelona: Tip. "La Académica, 1921, 41-60. (Sociedad de Estudios Vascos).

68. "Gaspar de Aranda. Poeta ubetense del primer tercio del siglo XVI." *Don Lope de Sosa* (Jaén), IX (1921), 47-48.

69. "Unos aranceles de aduanas del siglo XIII." *RFE*, VIII (1921), 1-29, 325-356 (Part I), IX (1922), 266-276 (Part II),and X (1923), 113-136 (Part III).

70. *"Viedro." RFE*, VIII (1921), 180.

71. *"Vino judiego." RFE*, VIII (1921), 297.

72. *"Manjar blanco." RFE*, VIII (1921), 406.

73. "Por qué desean ciertos argentinos una lengua nacional?" *La Voz Nueva.* Jan. 10, 1921?.

74. Review: H. Gavel. *Essai sur l'évolution de la prononciation du castillan depuis le XIV$^{me}$ siècle d'aprés les théories des grammairiens et quelques autres sources. RFE*, VIII (1921), 181-184. [In collaboration with R. Menéndez Pidal.]

75. Review: I. Pauli. *"Enfant," "garçon," "fille," dans les langues romanes étudiés particulièrement dans les dialectes galloromans et italiens. RFE*, VIII (1921), 304-306.

**1922**

76. *La enseñanza del español en España.* Madrid: V. Suárez, 1922. 109 pp. (*Biblioteca Española de Divulgación Científica*, I).

77. Friedrich Stolz. *Historia de la lengua latina.* Madrid: V. Suárez, 1922. 300 pp. (*Biblioteca Española de Divulgación Científica*, II). [Translation.]

78. *Les grands romantiques espagnols.* Paris: La Renaissance du Livre, 1922. 176 pp. (*Les Cent Chefs-d'oeuvre Etrangers*, 72). [Edition, with introduction and notes.]

79. *"Oio < ŏleum. Nidio < nitidum. Lezne < licinum."* *RFE*, IX (1922), 65-67.

80. "Una comedia de Lope de Vega condenada por la Inquisición." *RFE*, IX (1922), 311-314.

81. "La lengua española en Marruecos." *Revista Hispano-africana* (Madrid), I (1922), 145.

82. Review: G. Rohlfs. *Ager, Area, Atrium. RFE*, IX (1922), 327-329.

**1923**

83. Lope de Vega. *Teatro.* Madrid: Instituto-Escuela (Junta para Ampliación de Estudios), 1923. 306 pp. (*Biblioteca Literaria del Estudiante*, XIV). (Edition, with introduction, of selections from *Amar sin saber a quién, El mejor alcalde, el Rey, El caballero de Olmedo,* and *Peribáñez y el comendador de Ocaña.* Another edition, *ibid.*, 1933, 343 pp.)

84. "Une charte léonaise intéressante pour l'histoire des moeurs." *Bulletin Hispanique* (Bordeaux), XXV (1923), No. 3, 193-197.

85. "Don Juan en la literatura española." *Centro América* (Guatemala), 1923. (Also in *Conferencias del año 1923.* Buenos Aires: Imprenta del Jockey Club, 1924, 144-168.)

86. "Un programa de estudios filológicos en la Facultad de Humanidades y Ciencias de la Educación de la Plata." *Humanidades* (La Plata), VI (1923), 9-13.

87. "Sobre el teatro clásico español." *Nosotros* (Buenos Aires) XLIV (1923), 549-559.

88. "La Biblia de la Casa de Alba." *Sol.* Jan. 26, 1923.

**1924**

89. *Conferencias dadas en el salón de honor de la Universidad* [de Chile] *en 1923 por el profesor de filolojía de la Universidad Central de Madrid, don Américo Castro.* Santiago de Chile: Soc. Imprenta i Litografía Universo, 1924. 173 pp. (*Anales de la Universidad de Chile*). [Contains: "Epocas principales de la historia de la lengua española"; "Influencia del renacimiento en la evolución de la lengua española"; "*La Celestina* de Fernando de Rojas como representación del concepto renacentista de la vida"; "Lope de Vega, su vida"; "Lope de Vega, sus obras"; "Cervantes, su filosofía de la naturaleza i su técnica literaria"; "Metodolojía de la enseñanza de la lengua i literatura españolas."].

90. *Lengua, enseñanza y literatura.* (Esbozos). Madrid: V. Suárez, 1924. 335 pp. (*Biblioteca Española de Divulgación Científica*, V). [Contains: "Evolución de la lengua española"; "El habla andaluza"; "La significación de las palabras"; "Los galicismos"; "Lingüistas del pasado y del presente: Antonio de Nebrija. Hugo Schuchardt"; "La crítica filológica de los textos"; "La organización actual de las Facultades de Letras"; "La enseñanza de la lengua y literatura españolas"; "Nota adicional sobre las Facultades de Letras"; "Romance de la mujer que fué a la guerra"; "Algunos aspectos del siglo XVIII."].

91. Review: Rojas, Ricardo: *La literatura argentina. RFE,* XI (1924), 421-426.

92. "University Education in the United States." *Columbia Alumni News* (New York), XVI, No. 8, Nov. 14, 1924.

93. "Cervantes pensador." *Revista de Occidente* (Madrid), VI (1924), 216-231.

94. "Sobre dialecto argentino." *Nac*, Apr. 20, 1924.

95. "¿Dialecto argentino?" *Nac*, April 24, 30, 1924.

96. "La madrépora y el *melting-pot*." *Nac*, May 18, 1924.

97. "La enseñanza en Columbia University." *Nac*, May, 1924.

98. "La enseñanza universitaria en los Estados Unidos." *Nac*, July 27, 1924.

99. "Universidades de Norte América." *Nac*, Aug. 5, 1924.

100. "Reflexiones sobre *La Bolilla*." *Nac*, Aug. 17, 1924.

101. "En torno al concepto de la historia literaria." *Nac*, Sept. 14, 1924.

102. "Cervantes y Pirandello." *Nac*, Nov. 16, 1924.

103. Review: F. Krüger. *Einführung in das Neuspanische*. *RFE*, XI (1924), 320-321.

**1925**

104. *El pensamiento de Cervantes*. Madrid: Hernando, 1925. 406 pp. (Junta para Ampliación de Estudios. Centro de Estudios Históricos. *RFE*, Anejo VI).

105. "Juan de Mal Lara y su *Filosofía vulgar*." *In Homenaje ofrecido a Menédez Pidal*. Madrid: Hernando, 1925, vol. III, 563-592.

106. "El verdadero hispanoamericano." *Boletín de la Institución de Enseñanza* (Madrid), XLIX (1925), 43-46.

107. "Cervantes y Pirandello." *Cultura Venezolana* (Caracas), XXIII (1925), Año VIII, 148-155. [Same as No. 102?]

108. "La enseñanza de la lengua y literatura españolas." *Guía del lector* (Madrid), II (1925), 1-2.

109. "Acerca del nombre de *Badajoz*." *RFE*, XII (1925), 76-77.

110. "Más sobre el buey en los entierros." *Revista Internacional de Estudios Vascos* (San Sebastián), XVI (1925), 342.

111. "Las polémicas acerca de España." *Nac*, Feb. 26, 1925.

112. "Los juglares de la Edad Media." *Nac*, Mar. 1, 1925.

113. "El nuevo diccionario de la Academia española." *Nac*, Nov. 22, Dec. 6, 13, 1925.

114. Review: A. Meillet and Marcel Cohen. *Les langues du monde, par un groupe de linguistes sous la direction de ...* *RFE*, XII (1925), 87-88.

115. Review: G. Etchegoyen. *L'Amour divin. Essai sur les sources de Sainte Thérèse*. *RFE*, XII (1925), 191-195.

116. Review: Real Academia Española. *Diccionario de la lengua española.* Décimoquinta edición. *RFE* (1925), 403-409.

117. Review: C. de Lollis. *Cervantes reazionario.* *Revista de Occidente* (Madrid), VII (1925), 244-249.

**1926**

118. "El *gato* y el *ladrón* en el léxico Quevedo." *Archivio Glottologico Italiano* (Torino), Nuova Serie, I (1926), 140-142.

119. "Hispanoamérica como estímulo." *Revista de las Españas* (Madrid), I (1926), 98-100.

120. "Lo picaresco y Cervantes." *Revista de Occidente* (Madrid), XI (1926), 349-361.

121. "Nuestra segunda enseñanza vista desde el extranjero (notas de viaje)." *Sol*, April 15, 29, 1926.

122. "Sobre Martín Fierro." *Nac*, June 27, July 11, 18, 1926.

123. "Por el libro. En la fiesta de hoy." *Sol*, (Madrid)*, April 23, 1926.

124. "*Martín Fierro*, el poema nacional de la Argentina." Lecture, Unión Iberoamericana, Nov. 11, 1926.

125. "Una cuestión embarazosa. Los títulos universitarios y los extranjeros." *Sol*, ?, 1926.

126. Review: Homenaje a Menéndez Pidal. *Revista de Occidente* (Madrid), XIII (1926), 110-115.

**1927**

127. *Biblia medieval romanceada* según los manuscritos escurialenses I-j-3, I-j-8 y I-j-6. I: Pentateuco. Buenos Aires: J. Peuser, 1927. xxv + 285 pp. (*Biblioteca del Instituto de Filología*, I. Universidad Nacional. Facultad de Filosofía y Letras). (Edition, in collaboration with A. Millares Carlo and A. J. Battistessa.)

128. "Hacer la salva." In *Mélanges de Philologie et d'Histoire offerts à M. Antoine Thomas par ses élèves et ses amis*. Paris: Champion, 1927, 89-94.

129. "Judíos." *Gaceta Literaria*, No. 1, 1927. [Spanish text of No. 131.]

130. "Desde Inglaterra." *Nac*, July 10, 1927.

131. "Juden." *Neue Schweizer Rundschau* (Zürich), 1927, No. 4, 341-347.

132. "Hugo Schuchardt." *RFE*, XIV (1927), 222-223.

133. "¿Cervantes, inconsciente?" *Revista de Occidente* (Madrid), XVII (1927), 285-290.

134. "Una palabra final." *Revista de Occidente* (Madrid), XVII (1927), 315-316. (Apropos *Las ventas del Quijote* by A. Sánchez Rivero.)

135. "Por qué desean ciertos argentinos una lengua nacional." *Sol*, Sept. 23, 25, 1927.

136. "Gesticulación y lenguaje." *Sol*, Nov. 19, 1927.

137. "El manuscrito del *Poema del Cid*." *Sol*, ? 1927.

138. Review: Th. Heinermann. *Untersuchungen zur Entstehung der Sage von Bernardo del Carpio*. *RFE*, XIV (1927), 290-291.

**1928**

139. "Escepticismo y contradicción en Quevedo." *Humanidades* (La Plata), XVIII (1928), 11-17.

140. "La reforma de los estudios universitarios." *El Liberal*, Feb. 21, 1928.

141. "La palabra *zebro*." *RFE*, XV (1928), 173-179.

142. *"Sambenito."* *RFE*, XV (1928), 179-181.

143. "Sobre el sentido de la Universidad. Notas centro-europeas." *Revista de las Españas* (Madrid), III (1928), 3-5.

144. "Nuevas interpretaciones de España," *Nac*, Jan. 15, 1928.

145. "Una nueva edición del *Quijote*." *Nac*, May 27, 1928.

146. "El conde de Villamediana (un Oscar Wilde del Siglo XVII)." MS for *La Nación*. June 1928. [Notation of A. C.: "No publicado que yo sepa."]

147. "Entrando en Portugal." *Nac*, July 15, 1928.

148. "La situación en Puerto Rico." *Nac*, Sept. 18, 1928.

149. "Por el mar Caribe con Fernández de Oviedo." *Nac*, Oct. 10, 1928.

150. "La Ciudad Universitaria." *Sol*, Jan. 6, 1928.

151. "Editoriales: Lenguas hispánicas." *Sol*, Feb. 14, 1928.

152. "Editoriales: Cátedras de lenguas hispánicas." *Sol*, Feb. ?, 1928.

153. "Las fuentes de nuestra historia." *Sol?*, ? 1928.

154. Review: G. Boussagol. *Angel de Saavedra, duc de Rivas. Sa vie, son oeuvre poétique. RFE*, XV (1928), 75-77.

155. Review: Karl Vossler. *Realismus in der spanischen Dichtung der Blütezeit. RFE*, XV (1928), 182-186.

156. Review: Don Francisco de Quevedo Villegas. *Historia de la vida del Buscón llamado Don Pablos*. Edición crítica por R. Seldon Rose. *RFE*, XV (1928), 186-190.

157. Review: Cejador, J., *Ibérica I. Alfabeto e inscripciones ibéricas. RFE*, XV (1928), 190-191. [Unsigned but apparently by A. C.]

158. Review: R. Menéndez Pidal. *Orígenes del español. Romania* (Paris), LIV (1928), 125-130.

**1929**

159. *Santa Teresa y otros ensayos*. Madrid: Historia Nueva, 1929. 278 pp. [Contains: "La mística y humana feminidad de Teresa la Santa"; "Algo de Edad Media"; "Los mozárabes"; "Herejías provenzales"; "El poema de Flamenca"; "El príncipe Don Juan"; "Recordando a Erasmo"; "El problema histórico de *La Celestina*"; "Cervantes y Pirandello"; "El gran duque de Osuna"; "Gracián y España"; "Actitudes frente al paisaje."]

160. "Nuestra lengua en América." *Boletín de la Institución Libre de Enseñanza* (Madrid), LIII (1929), 217-220.

161. "Cuba y el 'Choteo'." *Excél*, Feb. 6, 1929.

162. "Las lenguas modernas en la universidad." *Excél*, Feb. 12, 1929.

163. "Pedagogía erasmiana." *Excél*, April 17, 1929.

164. *"Notas gongorinas." Excél*, May 22, 1929.

165. "Antiguallas inquisitoriales: Muerte de Juan Díaz." *Excél*, [end of?] May 1929 [?].

166. "Actitudes frente al paisaje." *Excél*, June 19, 1929.

167. "Universidades de Norteamérica." *Excél*, Nov. 12, 1929.

168. "Acerca de una reciente edición del *Quijote*." *Excél*, Dec. 4, 1929.

169. "La Castilla precolombina." *Excél*, ?, 1929.

170. "Sobre el renacimiento de España." *Nac.*, Jan. 6, 20, 1929.

171. "El problema histórico de La Celestina." *Nac*, Feb. 17, 24, 1929.

172. "El pensar religioso de Erasmo." *Nac*, Apr. 14, 1929.

173. "Nuestra lengua en América." *Nac*, May 19, 1929.

174. "*Volpone*: Obra de Tres." *Nac*, June 9, 1929.

175. "El Cid renovado." *Nac*, Aug. 4, 1929.

176. "Descartes y la princesa Elizabeth." *Nac*, Oct. 20, 1929.

177. "Algunas frases cervantinas." *Nac*, Oct. 27, 1929.

178. "Cervantes o czlowicku i życim." *Przegląd Wspolczesny* (Krakow), VIII (1929), 337-353.

179. "*Estultar*. Una corrección al texto del arcipreste de Hita." *RFE*, XVI (1929). 272-273.

180. "Memorias antillanas. Puerto Rico." *Sol*, Mar. 3, 1929.

181. "La fundación Guggenheim para Hispanoamérica." *Sol*, Sept. 26, 1929.

182. "De nuestra enseñanza: Libros canónicos." *Sol*, Oct. 15, 1929.

183. Review: A. Farinelli. *Italia e Spagna. RFE*, XVI (1929), 66-68.

184. Review: Pierre Groult. *Les mystiques des Pays Bas et la littérature espagnole du XVIe siècle. RFE*, XVI (1929), 177-178.

185. Review: *Archivo Histórico Español. Colección de documentos inéditos para la historia de España y de sus Indias. RFE*, XVI (1929), 301-303. [Unsigned]

186. Review: J. Leite de Vasconcellos. *Antroponimia portuguesa. RFE*, XVI (1929), 412-414.

**1930**

187. "Cervantes y la Inquisición." *Modern Philology* (Chicago), XXVII (1930), 427-433.

188. "Una nota al *Guzmán* de Mateo Luján de Sayavedra." *RFE*, XVII (1930), 285-286.

189. "Lo hispánico en el Larousse." *Excél*, Jan. 10, 1930.

190. Espíritu nacional y espíritu crítico." *Excél*, Jan. 17, [?], 1930.

191. "Recordando el 'Martín Fierro' argentino." *Excél*, Jan. 21, 1930.

192. "Dramaturgia del Siglo XVII." *Excél*, Feb. [?], Nov. [?], 6, 15, 1930.

193. "Unas horas en Guadalupe." *Excél*, May 24, 1930. [The same as 195]

194. "Lo que pasa en España." MS for *Excél*, [Annotation by A. C.: "No publicado. Berlín, dic., 1930."]

195. "Guadalupe." *Nac*, Jan. 5, 1930.

196. "Muerte y belleza: Un recuerdo de Jorge Manrique." *Nac*, Jan. 19, 1930.

197. "Cuba: una silueta." *[Nac.?]*, Jan. 25, 1930.

198. "A la juventud argentina: Por qué son más fuertes los estadounidenses." *Nac*, Feb. 16, 1930.

199. "El regionalismo catalán y el de otras partes." *Nac*, Mar. 2, 1930.

200. "La angustia de la cultura. La segunda enseñanza en Francia." *Nac*, Apr. 1, 1930.

201. "Memorias de un triste rey: Enrique IV de Castilla." *Nac*, Apr. 6, 1930.

202. "Españoles y venecianos en el siglo XVII." *Nac*, May 11, 1930.

203. "Africa europea. En el centenario de Argelia." *Nac*, June 29, 1930.

204. "Picardía y literatura picaresca." *Nac*, Aug. 24, 1930.

205. "En el sexto centenario del Arcipreste de Hita." *Nac*, Sept. 7, 1930.

206. "Sobre el carácter argentino e hispanoamericano." *Nac*, Sept. 28, 1930.

207. "Jovellanos." *Nac*, Nov. 2, 1930.

208. "Norte y Sur en América." *[Sol?]* Jan. ?, 1930. [Cf. No. 210]

209. "Por qué son más fuertes los estadounidenses." *Sol*, Feb. 16, 1930. [Notation of A. C.: Also in *La Nación*, but "mutilado." Cf. No. 198.]

210. "Norte contra Sur." *Sol*, Jan. 23, 1930.

211. "Al volver de Barcelona." *Sol*, Apr. 18, 1930.

212. "Para *El Debate*. Sobre la Liga laica." *Sol*, May 31, 1930.

213. Review: W. Krauss. *Das tätige Leben und die Literatur im mittelalterlichen Spanien. Deutsche Literaturzeitung* (Berlin-Leipzig), LI (1930), 2175-2180.

214. Review: Jorge Manrique. *Cancionero*. Prólogo, edición y vocabulario por Augusto Cortina. *RFE*, XVII (1930), 47-48.

215. Review: A. Giménez Pastor. *Historia de la literatura española. RFE*, XVII (1930), 76.

216. Review: J. Bickermann. *Don Quijote und Faust. Die Helden und die Werke. RFE*, XVII (1930), 292-293.

217. Review: *Las apologías de la lengua castellana en el Siglo de Oro.* Selección y estudio por J. F. Pastor. *RFE*, XVII (1930), unnumbered page. [Signed *X*.]

218. Review: Cubillo de Aragón, Alvaro, *Las muñecas de Marcela, El señor de Noches Buenas.* Edición y estudio por Angel Valbuena Prat. *RFE*, XVII (1930), [unnumbered page.] [Signed *C.*]

**1931**

219. *Cervantès.* Paris: Les Editions Rieder, 1931. 80 pp. (*Maîtres des Littératures*, XI).

220. "Die Triebkräfte der spanischen Kultur." *Corona* (Munich-Berlin-Zürich), II (1931), 55-73.

221. "Erasmo en tiempo de Cervantes." *RFE*, XVIII (1931), 329-389, 441.

222. "El asunto catalán." *Crisol* (Madrid), July 16, 1931.

223. "¿Religión?" *Crisol* (Madrid), Oct. 30, 1931.

224. "Más sobre el momento religioso." *Crisol* (Madrid), Nov. 24, 1931.

225. "Entre París y Berlín." *Excél*, March or April, 1931.

226. "Aurora y eclipse de la feminidad." MS for *Excél*, April 13, 1931.

227. "La República vista desde Berlín." MS for *Excél*, April 18, [1931?].

228. "El día de la raza en Berlín." MS for *Excél*, Oct. 18, [1930?, 1931?].

**1932**

229. "Cervantès et l'ambiance de la Contre-Réforme"; "La captivité à Alger." Alger: Société Historique Algérienne, 1932. [Papers presented at the Deuxième Congrès National des Sciences Historiques, Algiers, Apr. 14-16, 1930].

230. Introduction to *La mujer ante el amor y frente a la vida. Teorías, sistemas y opiniones* by S. Valentí Camp. Barcelona: Lib. Sintes, 1932.

231. "Postulando una retaguardia." *Luz*, (Madrid), Jan. 12, 1932.

232. "Hacia la mejor España." *Luz*, (Madrid), Mar. 11, 1932.

233. "Reforma de la Facultad de Filosofía y Letras de Madrid." *Nac*, Sept. 25, 1932.

234. "Reminiscencias goethianas." *Nac*, Dec. 4, 1932.

235. "La reforma de la Facultad de Filosofía y Letras." *Sol*, Oct. 30, 1932.

236. "Cosas de hoy." *Sol*, Dec. 11, 1932.

237. "Escolaridades." *Sol*, Dec. 12, 1932.

238. "Preguntas y respuestas. Sobre la perezosa generalización." *Sol*, Dec. 12, 1932.

**1933**

239. Introduction to *Cinco ensayos sobre don Juan* by G. Marañón, R. de Maeztu, J. Ingenieros, Azorín, and R. Pérez de Ayala. Santiago de Chile: Nueva Epoca, 1933.

240. "Algunas causas de la desmembración hispanoamericana." *Nac*, Mar. 12, 1933.

241. "La cuestión religiosa en España. Antecedentes y consiguientes." *Nac*, Aug. 13, 1933.

242. "*Chavola. Galayos.*" *RFE*, XX (1933), 60-62, 390.

243. "La reflexión sobre España y el espíritu de la escuela." *Revista de Pedagogía* (Madrid), 1933, No. 139, 289-293.

244. "Temas nacionales. El español que solemos hablar." *Sol*, Jan. 11, 1933.

245. "Temas nacionales. Las cosas de la Academia." *Sol*, Jan. 15, 18, 1933.

246. "Temas nacionales. Otra vez la Academia." *Sol*, Jan. 19, 1933.

247. "Temas actuales. Cuba: rasgos para una silueta." *Sol*, Jan. 25, 1933.

248. "La Facultad de Letras." *Sol*, Feb. 2, 1933.

249. "La ciencia española. Discurriendo sobre un discurso." *Sol*, Mar. 24, 1933.

250. "Causas de la desmembración de Hispanoamérica." *Sol*, Apr. 9, 1933. [Cf. No. 240.]

251. "Temas nacionales: El negocio del mal libro de texto." *Sol*, April 16, 1933.

252. "Temas nacionales: Salvación de ruinas." *Sol*, Apr. 30, 1933.

253. "Temas actuales: Limpieza de sangre." *Sol*, June 14, 1933.

254. "Jovellanos. Asunto más que actual." *Sol*, July 21, 1933.

255. "La cuestión religiosa en España." *Sol*, Aug. 13, 1933.

256. "Un recuerdo al libro de texto." *Sol*, Aug. 18, 1933.

257. "La jubilación del profesorado." *Sol*, Aug. 23, 1933.

258. Review: *Proceso inquisitorial contra el escultor Esteban Jamete.* Transcripción y notas preliminares por J. Domínguez Bordona. *RFE*, XX (1933), 401-406.

**1934**

259. Cuatrocientos años de Rabelais." *Nac*, June 3, 1934.

260. "Nuevos modos de historia." *Nac*, July 8, 1934.

261. "Cómo fúe posible Rabelais." *Nac*, Aug. 19, 1934.

262. "Las complicaciones del barroco." *Nac*, Oct. 7, 1934.

263. "Algunas publicaciones sobre Quevedo." *RFE*, XXI (1934), 171-178.

264. "La universidad de Barcelona." *Sol*, Oct. 27, 1934.

265. "Cuestión de palabras." *Sol*, Oct. 4, Nov. 7, 13, 1934.

266. "El Cardenal Primado opina sobre España y América." *Sol*, Nov. 16, 1934.

267. "Oposiciones. La formación del profesorado." *Sol*, Nov. 23, 1934.

268. "Gracián y España." *Vida Ferroviaria*, Jan. 1934, pp. 1-3.

269. Review: Ludwig Pfandl. *Historia de la literatura nacional española en la Edad de Oro*. *RFE*, XXI (1934), 66-67.

**1935**

270. "Tricentenario de Lope de Vega." *Nac*, Aug. 25, 1935.

271. "Intento de rebelión social durante el siglo XVI." *Nac*, Sept. 19, 1935.

272. "España, moral de siglos." *Nac*, Dec. 22, 1935.

273. *"Volatín."* *RFE*, XXII (1935), 55-57.

274. *"Bedus."* *RFE*, XXII (1935), 187-189. [In collaboration with G. Sachs.].

275. "Perspectiva de la novela picaresca." *Revista de la Biblioteca, Archivo y Museo del Ayuntamiento de Madrid* (Madrid), XII (1935), No. 46, 123-143.

276. "Manuel B. Cossío, él y su ambiente." *Revista de Pedagogía* (Madrid), 1935, 1-15.

277. "Ministro nuevo de instrucción." *Sol*, Jan. 2, 1935.

278. "Buscando la España humana." *Sol*, Jan. 23, 1935.

279. "Otro ensayo de terapéutica nacional." *Sol*, Mar. 21, 1935.

280. "Barbarización creciente del idioma." *Sol*, Mar. 30, 1935.

281. "Cosas de siempre. Razones y violencias." *Sol*, Apr. 30, 1935.

282. "Paradojas de *El Debate*." *Sol*, May 25, 1935.

283. "Los dinamiteros de la cultura." *Sol*, June 30, 1935.

284. "Regionalismos. Hecho diferencial y acciones de convivencia." *Sol*, July 7, 1935.

285. "El castillo y la iglesia." *Sol*, July 16, 1935.

286. "La indiferencia frente a lo público." *Sol*, July 24, 1935.

287. "Ante la escuela pública. Una abdicación del Estado." *Sol*, Oct. 2, 1935.

288. "Comentarios a un texto político." *Sol*, Oct. 25, 1935.

289. "Lo peor de todo es la insignificancia." *Sol*, Oct. 31, 1935.

290. "Ley y realidad." *Sol*, Nov. 6, 1935.

291. "No más expedientes Picasso." *Sol*, Nov. 30, 1935.

292. "Cosas del País Vasco." *Sol*, Dec. 1, 1935.

293. "Silueta de Cervantes." *Sol*, Dec. 10, 1935.

294. "Ideas previas. Elecciones y estatutos." *Sol*, Dec. 31, 1935, Jan. 9, 1936.

295. "Poesía y realidad en el *Poema del Cid*." *Tierra Firme* (Madrid), I (1935), 7-30.

296. "Las complicaciones del arte barroco." *Tierra Firme* (Madrid), I (1935), 161-168.

297. "Cuestiones lingüísticas en América." *Tierra Firme* (Madrid), I (1935), 177-190.

298. Review: Agustín G. de Amezúa. *Un enigma descifrado. El raptor de la hija de Lope de Vega. RFE*, XXII (1935), 81-82.

**1936**

299. *Glosarios latino-españoles de la Edad Media.* Madrid: Hernando, 1936. lxxxviii + 380 pp. (Junta para Ampliación de Estudios e Investigaciones Científicas. Centro de Estudios Históricos. *RFE*, Anejo XXII). (Edition, with introduction.)

300. "Lingua e dialetti." In *Enciclopedia Italiana* (Roma), XXXII (1936), 253-256. [In article on Spain. In collaboration with Ramón Menéndez Pidal.]

301. "Sobre la función de la literatura." *Revista Mexicana de Literatura, ?* 1936.

302. "Sobre el prurito de novedad y sus riesgos." *Nac*, Oct. 31 [?], 1936.

303. "Separatismos en Madrid: La devastación de El Pardo." *Sol*, Jan. 24, 1936.

304. "Ingleses y españoles." *Sol*, Feb. 5, 1936.

305. "El Supremo y los libros de texto." *Sol*, [Feb. ?, Nov. ?] 8, 1936.

306. "Las elecciones: España, moral de siglos." *Sol*, Feb. 25, 1936.

307. "Maldad y bondad de los exámenes." *Sol*, June 24, 1936.

308. "Algo de verdad." *Sol*, July 15, 1936.

309. Review: Rojas, Ricardo: *Cervantes. Tierra Firme*, II (1936), 319-320.

**1937**

310. "El mito de la realeza en Inglaterra." *Caras y Caretas*, Jan. 6, 1937.

311. "El nuevo diccionario de la Academia." *Nac*, Jan. 7, 1937.

312. "Unamuno." *Nac*, Feb. 21, 1937.

313. "Más sobre Unamuno." *Nac*, Mar. 14, 1937.

314. "Sobre el sentido de conversar." *Nac*, Apr. 18, 1937.

315. "Francisco Giner." *Nac*, June 6, 1937.

316. "Frente a *Juvenilia*" (de Miguel Cané). *Nac*, Aug. 29, 1937.

**1938**

317. "En torno al *Facundo* de Sarmiento." *Sur* (Buenos Aires), VIII (1938), 26-34.

318. "De Américo Castro a Alfonso Reyes." *La Nueva Democracia*, New York, Feb. 3, 1938. [A personal letter published by permission in an *homenaje* to Alfonso Reyes. The letter discusses the war in Spain.]

**1939**

319. Miguel Cané. *Juvenilia*. Buenos Aires: Ediciones Estrada, 1939. xiii + 140 pp. (*Biblioteca de Clásicos Argentinos*, I) [Edition, with introduction.]

320. "El Don Juan de Tirso y el de Moliére como personajes barrocos." In *Hommage à Ernest Martinenche. Études hispaniques et americaines.* Paris: Éditions d' Artrey, 1939, 92-111.

**1940**

321. *The Meaning of Spanish Civilization.* Princeton, N. J.: Princeton University Press, 1940. 29 pp. [Address delivered by Américo Castro on

the occasion of his inauguration as Emory L. Ford Professor of Spanish at Princeton University.]

322. "Lo hispánico y el erasmismo." *Revista de Filología Hispánica* (Buenos Aires), II (1940), 1-34 (Part I) and IV (1942), 1-66 (Parts II and III). (Reprinted, with "Los prólogos al *Quijote*," Buenos Aires, Instituto de Filología, Universidad de Buenos Aires, 1942, 126 pp. Enlarged edition, entitled *Aspectos del vivir hispánico. Espiritualismo, mesianismo, actitud personal en los siglos XIV al XVI*, Santiago de Chile, Editorial Cruz del Sur, 1949, 168 pp.)

323. "Sobre la relación entre ambas Américas. *Revista Iberoamericana* (México, D. F.), II (1940), No. 3, 26-34. (Also in *Sur* [Buenos Aires], X [1940], No. 69, 71-79. Translation, "On the Relations Between the Americas," Washington D. C., Division of Intellectual Cooperation, Pan American Union, 1940.)

**1941**

324. *Iberoamérica. Su presente y su pasado*. New York: The Dryden Press, 1941. xiv + 267 pp. [*2nd ed.*, revised and enlarged, *ibid.*, 1946, xiv + 304 pp. *3rd ed.*, revised and enlarged, in collaboration with Raymond S. Willis, *ibid.*, 1954, xi + 322 pp.]

325. *La peculiaridad lingüística rioplatense y su sentido histórico*. Buenos Aires: Losada, 1941. 159 pp. [*2nd ed.*, revised, Madrid, Taurus Ediciones, 1961, 152 pp.]

326. "Los prólogos al *Quijote*." *Revista de Filología Hispánica* (Buenos Aires), III (1941), 313-338. [Reprinted, with "Lo hispánico y el erasmismo," Buenos Aires, Instituto de Filología, Universidad de Buenos Aires, 1942, 126 pp. Translation, "The Prefaces to *Don Quijote*," *Philological Quarterly* (Iowa City, Iowa), XXI (1942). 65-96.]

**1942**

327. Introduction to *The Poetry of Jorge Guillén* by Frances A. Pleak. Princeton, N. J.: Princeton University Press, 1942. [Translation, revised, "*Cántico* de Jorge Guillén," *Insula* (Buenos Aires), I (1943), 3-16.]

328. "Spanish Literature." *Bulletin of the Polish Institute of Arts and Sciences in America* (New York), I (1942-43), 511-513.

329. "La palabra *títere*." *Modern Language Notes* (Baltimore, Md.), LVII (1942), 505-510.

330. "Unas palabras complementarias." *Nosotros* (Buenos Aires), XVI (1942), Año VII, 3-10. [Apropos the publication of *La peculiaridad lingüística rioplatense*. V. No. 275.]

**1943**

331. "Lendemain de Victoire." *Journal Français d'Amérique*, June 5, 1943.

**1944**

332. *Castilla la gentil*. México, D. F.: Editorial Cultura, 1944. 16 pp.

333. Introduction to *Ciprés de púrpura. Poesías* by Sarah Bollo. Montevideo: Impresora Uruguaya, 1944.

**1945**

334. Antonio de Guevara. *El villano del Danubio y otros fragmentos.* Princeton, N. J.: Princeton University Press, 1945. xxvi + 22 pp. (*Princeton Texts in Literature and the History of Thought. Romance Section.* No. 5). [Edition, with introduction, of selections from *Libro áureo de Marco Aurelio* and *Epístolas familiares*.]

335. "Antonio de Guevara: Un hombre y un estilo del siglo XVI." *Boletín del Instituto Caro y Cuervo* (Bogotá), I (1945), No. 1, 3-24.

336. "¿Es posible una unión latina?" *Insula* (Buenos Aires), III (1945), 121-123.

337. "Islamic Words in the Spanish Language." *Word* (New York), I (1945), 214-215.

**1946**

338. "La comedia clásica"; "Lo picaresco en Cervantes." In *El concepto contemporáneo de España. Antología de ensayos* (1895-1931), edited by Angel del Río and M. J. Benardete. Buenos Aires: Losada, 1946, 591-616. [Reproduced from *Obras* of Tirso de Molina, 1922, and *El pensamiento de Cervantes*. V. Nos. 2/104.]

**1947**

339. "Angel Ganivet"; "Jorge Guillén"; "Ramón Menéndez Pidal"; "Miguel de Unamuno." In *Columbia Dictionary of Modern European Literature*. New York: Columbia University Press, 1947.

340. "Irradiaciones del vivir hispánico." *Las Españas* (México, D. F.), Nov. 29, 1947.

341. "La poesía de Jorge Guillén." *Insula* (Buenos Aires), V (1947).

342. "La estructura del *Quijote*." *Realidad* (Buenos Aires), II (1947), No. 5, 145-170. [Continuation, "La palabra escrita y el *Quijote*," *Asomante* (San Juan, P. R.), III (1947), No. 3, 7-31. English translation of both articles, "Incarnation in *Don Quijote*," in *Cervantes Across the Centuries*, edited by A. Flores and M. J. Benardete, New York, The Dryden Press, 1947, 136-178. Translation by Alda Croce of "La palabra escrita y el *Quijote*," "La parola scritta e il *Don Chisciotte*," *Lo Spettatore Italiano* (Roma), VII (1954), No. 9, 411-422.]

343. "*El celoso extremeño* de Cervantes." *Sur* (Buenos Aires) XVI (1947), 45-75.

**1948**

344. *España en su historia. Cristianos, moros y judíos*. Buenos Aires: Losada, 1948. 709 pp. [*Editions: La realidad histórica de España.*, México, D. F., Editorial Porrúa, 1954, 684 pp. (A new version, revised and enlarged.). *The Structure of Spanish History*, Princeton, N. J., Princeton University Press, 1954, xiii + 689 pp. (A new edition, revised and enlarged. Translation by Edmund L. King.). *La realidad histórica de España. Primera Parte*, México, D. F., Editorial Porrúa, 1962, xxix + 480 pp. (*2nd ed.*, revised. *Segunda Parte* in preparation.). *Translations*: "Ritterorden, Heiliger Krieg, Duldsamkeit," *Hochland* (München), 1952,

401-413. (Translation by S. Thieme-Paetow of "Ordenes militares, Guerra Santa, Tolerancia" from *España en su historia.*). *La Spagna nella sua realtà*, Firenze, Sansoni, 1955, 664 pp. (Translation by Letizia Falzone and Giuseppe Cardillo of *La realidad histórica*, 1954.). "Der 'Thron der Seele'," in *Spanische Geisteswelt* by Fritz Schalk, Baden-Baden, Holle Verlag, 1957, 283-294. (Translation by Suzanne Heintz of "El trono de la propia alma" from *La realidad histórica*, 1954.). *Spanien. Vision und Wirklichkeit*, Köln, Kiepenheuer und Witsch, 1957, 720 pp. (Translation by Suzanne Heintz of *La realidad histórica*, 1954.). *Réalité de l'Espagne. Histoire et Valeurs*, Paris, Librairie C. Klincksieck, 1963, xxiv + 715 pp. (Translation by Max Campserveux of *La realidad histórica*, 1954.).]

345. Introduction to *La vida de Lazarillo de Tormes y de sus fortunas y adversidades*, edited by E. W. Hesse and H. F. Williams. Madison, Wis.: University of Wisconsin Press, 1948.

346. "La ejemplaridad de las novelas cervantinas." *Nueva Revista de Filología Hispánica* (México, D. F.), II (1948), 319-332. (Translation by Oreste Macrí, "Esemplarità delle novelle Cervantine," *Paragone* (Firenze), VI (1955), No. 68 1-17.

**1949**

347. *Aspectos del vivir hispánico. Espiritualismo, mesianismo, actitud personal en los siglos XIV al XVI*. See No. 322.

348. "Spanish Literature." In *Collier's Encyclopedia*, editions from 1949 to 1970.

349. "Respuesta a Leo Spitzer." *NRFH*, III (1949), 149-158.

350. "El enfoque histórico y la no hispanidad de los visigodos." *NRFH*, III (1949), 217-263.

**1950**

351. *Ensayo de historiología. Analogías y diferencias entre hispanos y musulmanes*. New York: F. C. Feger, 1950. 44 pp.

**1951**

352. "Antiguo español *fijodalgo* → ibn-al-ḫoms." *Romance Philology* (Berkeley, Calif.), IV (1950-51), 47-53.

353. "Con motivo de *fijodalgo*." *Nueva Revista de Filología Hispánica* (México, D. F.), V (1951), 69-71.

**1952**

354. "Mozarabic poetry and Castile: a Rejoinder to Mr. Leo Spitzer." *Comparative Literature*, IV (1952), 188-189.

355. "El *libro de buen amor* del Arcipreste de Hita." *Comparative Literature* (Eugene, Ore.), IV (1952), 193-213.

356. "Un aspecto del pensar hispano-judío." *Hispania* (Wallingford, Conn.), XXXV (1952), 161-172.

357. "La *novedad* y las *nuevas*." *Hispanic Review*, XX (1952), 149-153.

358. "Ritterorden, Heiliger Krieg, Duldsamkeit." *Hochland* (Munich), 1952, págs. 401-413. [See No. 344.]

359. "Minorías y mayorías." *México en la Cultura*, Aug. 31, 1952.

360. "Ante el valle de México." *Novedades* (México), Oct. 19, 1952.

**1953**

361. "Complejidad de la historia." *El Comercial* (Lima), May 31, 1953.

362. "Arte y naturaleza como círculos abiertos." *Nacional*, Jan. 5, 1953.

363. "Minorías y mayorías." *Nacional*, Feb. 5, 1953. [Probably the same as 359.]

364. "Cómo y dónde estamos." *Nacional*, March 12, 1953.

365. "Al escribir en español." *Nacional*, April 3, 1953.

366. "La historia y lo histórico." *Nacional*, June 4, July 16, 1953.

367. "Don Juan y Eneas." *Nacional*, Aug. 3, 1953.

368. "El estoicismo hispano visto de cerca." *Nacional*, Nov. 12, 1953.

369. "Tolerancia y deísmo." *Nacional*, Nov. 26, 1953.

370. "En el umbral de la historia." *NRFH*, VII ( 1953 ), 242-245.

371. "Una nueva y remota poesía." *Temas*, V ( 1953 ), April, pp. 20-24.

**1954**

372. *La realidad histórica de España*. See No. 344.

373. *The Structure of Spanish History*. See No. 344.

374. "La tarea de historiar." *Cuadernos* (Paris), 1954, No. 4, 21-25.

375. "Acerca de la histórica inseguridad de los españoles." *Cuadernos* (Paris), 1954, No. 5, 82-84. (Reproduced from *La realidad histórica de España*. V. No. 344.)

376. "The Presence of the Sultan Saladin in the Romance Literatures." *Diogenes* (London), Dec., 1954. [Translated by Edmund L. King.]

377. "Acerca del castellano escrito en torno a Alfonso el Sabio." *Filologia Romanza* (Torino), I ( 1954 ), No. 4, 1-11.

378. "La parola scritta e il Don Chisciotte." See No. 342.

379. "Acerca de no entenderse." *Nacional*, March 10, 1954.

380. "El juego de esquinas." *Nacional*, March 18, 1954.

381. "Rinconete y Cortadillo, o el perspectivismo en literatura." *Nacional*, April 1, 1954.

382. "Mérida: una lejanía muy próxima." *Nacional*, April 26, 1954.

383. "Desde el Golfo de Nápoles." *Nacional*, June 24, 1954.

384. "Amores en Castelnuovo." *Nacional*, July 18, 1954.

385. "Los americanos vistos desde fuera." [*Nacional*? ], Sept. 17, 1954.

386. "Jerarquía." *Nacional*, Oct. 14, 1954.

387. "No entender y no convencerse." *Nacional*, Dec. 9, 16, 1954.

388. "En torno a la edición de la *Gramática* de Bello." *Revista Nacional de Cultura* (Caracas), No. 102 (Jan.-Feb., 1954), 21-27.

389. *La Spagna nella sua realtà storica.* See No. 344.

**1955**

390. "Ensanchamiento de las ideas acerca del hombre." *Cuadernos* (Paris), 1955, 49-52.

391. "Esemplarità delle novelle Cervantine." See No. 346.

392. Lecture [title not given] at the Circolo Linguistico, Florence, June 1955 [in French].

393. "Don Juan de Austria en el Nápoles histórico y en el poético." *Quaderni Iberi-Americani* (Torino), III, No. 17 (June, 1955), 1-3.

394. "Humanidades." *Universitas Emeritensis (Mérida, Venezuela), Nueva Epoca, Año II, Jan., 1955, 7-9.*

395. "Así habló el sicomoro a los amantes." *Temas*, X (1955), Oct., pp. 64-66.

396. "Nacionalismos culturales: ficción y elusión." *Nacional*, Dec. 1, 15, 1955.

**1956**

397. *Dos ensayos: Descripción, narración, historiografía. Discrepancias y mal entender*. México, D. F.: Editorial Porrúa, 1956. 74 pp.

398. *Semblanzas y estudios españoles.* Homenaje ofrecido a Don Américo Castro por sus ex-alumnos de Princeton University. Princeton, N. J., 1956. lvi + 438 pp. [Printed in Spain by Ediciones Insula. Distributor in the United States: Franz C. Feger, Spanish Books, 17 E. 22nd St., New York. Contains many of the previously cited articles and studies.]

399. "*Rinconete e Cortadillo*, o il prospettivismo in letteratura." *Lo Spettatore Italiano* (Roma), IX (1956), 167-171. [Translation by Elena Croce.]

400. "Emigrados." *Cuadernos*, No. 17, March 1956, pp. 5-14.

401. "En los Alpes." *Nacional*, Aug. 30, 1956.

402. "Ser y valer." *Nacional*, Nov. 29, 1956.

403. "Granada en 1764." *Nacional*, Dec. 1, 2, 1956.

404. "Literatura y sociedad." *Revista Mexicana de Literatura* (México, D. F.), II, No. 8 (Nov.-Dec., 1956), 25-30.

**1957**

405. *Hacia Cervantes*. Madrid: Taurus Ediciones, 1957. xxxi + 350 pp. [2nd ed., 1960, xxxi + 392 pp. 3rd ed., 499 pp.]

406. *Spanien. Vision und Wirklichkeit*. See No. 344.

407. "Der 'Thron de Seele'." See No. 344.

408. "De grata recordación: Juan Valera y Alberto Jiménez." *Cuadernos*, 1957, No. 22, 5-14.

409. "Ser y Valer: Dos dimensiones del pasado historiable." *Cuadernos*, 1957, No. 24, 2-12.

410. "Trigo aventurero." *Nacional*, Feb. 14, 1957.

411. "Humanología." *Nacional*, Aug. 24, 1957 [?].

412. "Razas enfrentadas." *Nacional*, Aug. ?, 1967.

413. "A Note on *The Structure of Spanish History*." *Speculum* (Cambridge, Mass.), XXXII (1957), 222-223. [Rejoinder to Father A. K. Ziegler.]

414. "Unter der Herrschaft der Dinge." [Answers to seven questions: "Sieben Fragen an Europäer" (Castro, Priestly, Schmid, Schumann, Schröeder, Silone)] *Frankfurter Allgemeine Zeitung*, Christmas 1957.

**1958**

415. *Origen, ser y existir de los españoles*. Madrid: Taurus Ediciones, 1958. 176 pp.

416. *Santiago de España*. Buenos Aires: Emecé Editores, 1958. 156 pp.

417. "En Santiago de Compostela." In *Homaxe a Ramón Otero Pedrayo, no LXX aniversario do seu nacimiento*. Vigo: Editorial Galaxia, 1958, 21-25. (Also in *La Noche* [Santiago de Compostela], July 25, 1958, 1-2.)

418. "Claridad y precisión historiográficas." *Cuadernos*, 1958, No. 33, 3-13. [Translation by V. Sabatelli, "Chiarezza e precisione nella historiografia." *Il Verri* (Milano), III (1959), 12-36.]

**1959**

419. "El drama de la honra en España y en su literatura." *Cuadernos*, 1959, No. 38, 3-15 (Part I) and No. 39, 16-28 (Part II). [Expanded treatment, *De la Edad Conflictiva. El drama de la honra en España y en su literatura*, Madrid, Taurus Ediciones, 1961, 223 pp.]

**1960**

420. *Hacia Cervantes*. See No. 405.

421. "Españolidad y europeización del *Quijote*." Introduction to *El ingenioso hidalgo don Quijote de la Mancha*. México, D. F.: Editorial Porrúa, 1960, vii-lxix. [Also in *2nd ed.*, 1962.]

422. *La peculiaridad lingüística ríoplatense y su sentido histórico*. See No. 325.

**1961**

423. *De la Edad Conflictiva. El drama de la honra en España y en su literatura*. See No. 419.

424. *La realidad histórica de España. Primera Parte*. See No. 344.

425. "*Hijodalgo*: Un injerto semítico en la vida española." *Papeles de Son Armadans* (Palma de Mallorca), 1961, No. LVIII, 9-21.

426. "Empire: The Golden Years." In *Spain Today* (supplement), *The Atlantic* (Boston), Jan., 1961, 77-80. [Translation by Edmund L. King.]

427. "The Spanish People." In *Image of Spain* (special issue), *The Texas Quarterly* (Austin, Tex.), IV (1961), No. 1, 1-14. [Translation by Edmund L. King.]

**1962**

428. "Nuestro idioma como expresión de vida, instrumento de cultura y exigencia de responsabilidad." *Educación* (San Juan, P. R.), XI (1962), 11-28.

429. "El pueblo español." *Educación* (San Juan, P. R.), XI (1962), 43-57.

430. "Prólogo" to a new edition of *Don Quijote.* México: Porrúa, 1962.

431. "Razones para españoles." *Papeles de Son Armadans,* 26, No. 78, September 1962, pp. 245-275.

**1963**

432. "Homenaje a una sombra ilustre." *Residencia.* Commemorative issue published in México, D. F., Dec. 1963.

**1964**

433. "El 'nosotros' de las historias." *Revista de Occidente,* 2nd series, II, No. 15, June 1964, pp. 259-282.

434. "España es así." Madrid: *Servicio Informativo Español,* 1964.

**1965**

435. *"La Celestina" como contienda literaria (castas y casticismos).* Madrid: Revista de Occidente, 1965.

436. *Los españoles: cómo llegaron a serlo.* Madrid: Taurus, 1965. [Revision of *Origen, ser y existir de los españoles.* See no. 415.]

437. "Los españoles no han sido como dicen los libros al uso." *Papeles de Son Armadans*, 38, No. 112, July 1965, pp. 33-40.

438. "Introducción en 1965" [to a reissue of *La realidad histórica de España*]. México: Porrúa, 1965. See nos. 344, 372.

439. *Le drame de l'honneur*. Avant-propos de Marcel Bataillon. Paris: Klingsieck, 1965. [Trans. of *De la edad conflictiva*. See no. 423.]

**1966**

440. "Mon interpretation de l'histoire des espagnols." *Cahiers du Sud*, Nos. 390, 391, 1966.

441. "Sobre 'yo amanezco' y 'yo anochezco'. *Boletín de la Real Academia Española*, XLVI, cuaderno 78, May-August 1966, pp. 187-190. [Reply to an article by Eugenio Coseriu in *NRFH*, XV (1961), pp. 4-15.]

442. "Sobre lo precario de las relaciones económicas entre Espãna y las Indias." Preface to Javier Malagón, *Estudios de historia y derecho*, México: Universidad Veracruzana, 1966.

443. "Cómo y por qué fue dualmente conflictiva la literatura del siglo XVI." *Papeles de Son Armadans*, 42, No. 126, September 1966, pp. 229-248.

444. *Cervantes y los casticismos españoles*. Madrid: Alfaguara, 1966.

**1967**

445. "En el cincuentenario de nuestra asociación." [American Association of the Teachers of Spanish and Portuguese]. (*Hispania*, L 1967), Dec.

446. "Sobre el no querer entender nuestra historia." *Insula*, No. 247, June 1967.

447. "Media un milenio entre las palabras *España* y *español*." *Insula*, No. 252, Nov. 1967.

448. "En defensa de la Editorial Porrúa, S.A. Ciudad de México." *MLN*, Vol. 82, No. 2, March 1967, pp. 222-224.

449. "El *Quijote*, taller de existencialidad." *Revista de Occidente*, 2nd series, No. 52, July 1967, pp. 1-33.

450. "El cómo y el por qué de Cide Hamete Benengeli." *Mundo Nuevo*, II, 8 (1967), pp. 5-9.

**1968**

451. "Cervantes se nos desliza en 'El celoso extremeño.'" *Papeles de Son Armadans*, February-March 1968, pp. 205-222.

**1969**

452. "De la España que aún no conocía." *Estudios Filológicos*, Valdivia, No. 5, 1969, pp. 7-58. [Same as the introduction to the volumes published under the same title in 1971.]

453. "Perspektive des Schelmenromans." Darmstadt, 1969. [Trans., by Gottlieb Blumenstock, of "Perspectiva de la novela picaresca" in *Hacia Cervantes*.]

454. *Vida de Lope de Vega*. 2nd ed. with supplementary notes by Fernando Lázaro Carreter, Salamanca: Anaya, 1969.

**1970**

455. *"Español, palabra extranjera: razones y motivos*. Madrid: Cuadernos Taurus, No. 89, 1970.

456. *L'età dei conflitti*. Milan: Ricciardi, 1970. [Trans., by Leonardo Commarano, of *De la edad conflictiva*. See no. 423.]

**1971**

457. "Estudio preliminar" [to *Don Quijote*]. Madrid: E.M.E.S.A., 1971. Also published separately under the title "Como veo ahora el *Quijote*."

458. *De la España que aún no conocía*. 3 vols. Mexico: Finisterre, 1971. [Miscellaneous essays, mostly from before 1936 and first published mainly in the daily press.]

459. *The Spaniards: An Introduction to their History*. Tr. by Willard F. King (chaps. II-XII) and Selma Margaretten (Preface and chaps. I, XIII, and XIV). Berkeley, Los Angeles, and London: Univ. of California Press, 1971. [A thorough reworking of chaps. I-VII of *The Structure of Spanish History* (see no. 373) plus new chapters.]

**1972**

460. *El pensamiento de Cervantes*. 2nd ed. with notes by the author and Julio Rodríguez Puértolas. Barcelona: Noguer, 1972. [Although the text is that of the 1st edition (1925), the additional notes amount to a considerable revision and, to the extent possible, an adjustment of the original text to the author's views in 1972.]

461. *Teresa la Santa. Gracián y los separatismos. Con otros ensayos.* Madrid: Alfaguara, 1972. [Reprints of essays from 1929 and earlier. A substantial introduction brings out the author's different view of Santa Teresa in 1971 and there are occasional updating notes to the other essays.]

**1973**

462. *Españoles al margen.* Selección y prólogo de Pedro Carrero Eras, Madrid: Ediciones Júcar, 1973. [Reprints of miscellaneous essays.]

463. *Sobre el nombre y el quién de los españoles*. Madrid: Taurus, 1973. [Reworking of "Español", palabra extranjera (1970) and *Los españoles: como llegaron a serlo* (1965).]

**1977**

464. *An Idea of History: Selected essays of Américo Castro.* Edited and translated from the Spanish by Stephen Gilman and Edmund L. King, with an introduction by Roy Harvey Pearce. Columbus: Ohio State University Press, 1977.

**1980**

465. "Sobre el *Quijote* (adición en 1972)." *Insula*, Nos. 400-401, March-April 1980, pp. 1 and 34.

**1983**

466. *"El caballero de Olmedo."* In *Essays on Hispanic Literature in Honor of Edmund L. King* (London: Tamesis, 1983), pp. 31-44.

467. *España en su historia.* Barcelona: Editorial Crítica, 1983. [The text of the original 1948 edition with a brief introductory note by the author's daughter explaining that it is being reissued because of the status it has acquired as an epoch-making classic.]

**Writings of Undetermined Date**

468. "Breves razones: el mal paso de la Segunda Enseñanza." *Sol.* [A. C.'s notation on clipping: "antes de 1931."]

469. "Una cierta historia universal." *Sol.* [1932 or later.]

470. "Cuestiones lingüísticas en América." *Sol.*

471. "Explicación del romance 'Cabalga Diego Laínez.'" Lecture in Madison, Wisconsin, 1938-'39?.

472. "History from the Point of View of the 'We'." Lecture. n.d.

473. "Humorismo hispanoportugués." [MS., 3 pp., n. d.]

474. "Juicio y terror frente a Europa." [MS. for *Excél*, dated July 22, no year.]

475. "Nacionalismo y criticismo." MS. for *La Nación.* Signed "Madrid, dic. 1924." Notation of A. C. "Traspapelada. No vale nada. —julio 1928."]

476. "Nacionalismo y escepticismo." 23 Dec., no year. [1924: Apparently a version of "Nacionalismo y criticismo," Dec. 1924.] Not published.

477. "Radical unidad de los pueblos de habla inglesa." Talk prepared for the BBC. Not broadcast. Published?

478. "Un recuerdo de Jorge Manrique." *Excél*, [ca. 1929?]

479. "Sobre la Ciudad Universitaria de París." MS for *Excél*, 18 oct. ?.

# I. Remembering Américo Castro

# Entre la memoria y la esperanza: recuerdos de don Américo Castro

Julio Rodríguez Puértolas
*Universidad Autónoma de Madrid*

Conocí a don Américo Castro aquí en los Estados Unidos, en primer lugar gracias a sus libros, unos libros que en la Universidad española, donde yo me había formado—por así decir—parecían no existir. No voy a narrar el deslumbramiento que esas lecturas produjeron en mí. Producto de ellas fue un modesto artículo que publiqué en la *Revista Hispánica Moderna*, "En los ochenta años de don Américo Castro", como consecuencia del cual don Américo me escribió una extraordinaria carta a Buffalo, donde yo enseñaba a la sazón, primera de otras muchas que habrían de seguir hasta pocos meses antes de su muerte:

> Mi querido amigo: me llegan aquí su [. . .] carta, su muy generoso artículo sobre mis muchos años y el [. . .] análisis sobre el *Mío Cid*, que echa por la calle de en medio. Yo había señalado lo de su actitud con los moros ("de ellos nos serviremos"). Este año está siendo para mí de grandes bienes, no obstante arreciar las idioteces desorientadoras de que trato en *Insula* (julio último). Sus tan benévolas razones, al poner en su punto de realidad la angustiosa situación de nuestro grande y desorientado país, obligan a gratitud profunda. En esa revista no se reseñan mis libros; las revistas profesionales son foco de ignorancia resentida, y creen desmerecer si hablan de *lo que es*, en la literatura o en la vida de los españoles. Sus nobles páginas han sido incluso publicadas con gran retraso. Todo lo cual en último término me parece muy bien, pues de ese modo queda trazada la línea entre quienes entienden y quienes perseveran en los mitos (Paulino Garagorri escribió un artículo en el cual me llama "mitoclasta nacional") [. . .] Otra bien augurada *straw in the wind* es que J. Jiménez Lozano haya organizado su libro *Meditación española sobre la libertad religiosa*, Destino, Barcelona, sobre las mismas ideas en que Ud. y yo coincidimos [. . .] Sus magníficas páginas valen para mí como un *shot in the arm*, y valen como un rayo de esperanza, no para mí (que pronto seré ceniza), sino para este país sin ventura, tan por bajo como colectividad de lo creado por tanta persona

> maravillosa como en él ha habido. Ayer estuve en el Prado, y admirando a Goya, veía en aquel titán la furia grandiosa, rebelde, de quien supo resolver en belleza bien dispuesta las maravillas, el horror, la idiotez de medio siglo español [. . .] (Madrid, 20-IX-1967).

Un año más tarde de recibir esta carta, me trasladaba a UCLA, llevado, entre otras razones, por el deseo de estar cerca de Américo Castro. Por desgracia, éste acababa de regresar a España para instalarse allí definitivamente, así que hube de esperar a conocerle en persona durante mis viajes a Madrid. Continué recibiendo sus cartas, en que manifestaba de modo tan agudo como brillante matices de su pensamiento, al tiempo que comentaba con generosidad desacostumbrada mis publicaciones, que yo le iba enviando. He aquí algunas muestras de esas cartas, que considero bien significativas:

> Mi querido amigo: le agradezco su [. . .] estudio de Rojas Zorrilla, tan interesante por lo que dice como por lo suscitado. Mi fundamental pregunta (no objeción) se refiere a la distinción hegeliana entre esencia y existencia humanas. El hombre es saber estar-siendo-haciendo, en sí y con otros; ese estar haciendo incluye un estar valorando (anhelando, prefiriendo, rechazando). Lo que llama Marx "ídolos" siempre existe: lo prometido en el Alcorán, el trabajo santificado del calvinista, la espera de la edad de oro que mantiene al marxista [. . .] dentro del partido (cuando yo tenía 20 años cantaba con otros en París que "l'Internationale *sera* le genre humain"). Tengo un manual de ortodoxia marxista en cuyo final se describe la Edad de Oro casi como don Quijote.
>
> Lo característico del *español* (cuando esa palabra comienza a adoptarse por cristianos, mudéjares y judíos a fines del siglo XIII) fue valorar sus actos y sus creencias en vista de su persona: no de la acción, sino de su quién. *Valgo yo* por pelear contra los moros (el maestre padre de Jorge Manrique); valgo por hacer lo que el cristiano no hace (edificios, artesanías, por resistirle aún en Granada, por ser todavía capaz hacia 1280 de ayudar a Sancho el Bravo contra el rey Alfonso; en la guerra de Granada, dirá Abén Humeya, que ellos, los moros, han señoreado España durante 900 años; a fines del siglo XVI esbozan una religión sincretista, sin Trinidad, en la que cree el arzobispo de Granada—ya escribí bastante sobre esto). El judío se preciaba de su ascendencia y de su ciencia. A principios del siglo XV el rabí Arragel decía que los españoles judíos eran "corona y diadema de la hebrea transmigración"; por eso siguen hoy día llamándose españoles, *sephardim.* Para el semita la sangre es sagrada; había durante la Reconquista "musulmanes viejos y nuevos". La creencia en la

dimensión genealógica *para todos* (no sólo para el noble como en Europa) se generalizó entre españoles; sobre todo adquirió importancia desmesurada al convertirse Castilla en potencia imperial, casi súbitamente. Cuanto más semitizado iba estando el español cristiano, tanto más arreciaba su recelo de no ser genealógicamente cristiano. Supongo conoce ese texto de L. de Vega (*Edad Conflictiva*) en donde Cristo demuestra su limpieza, por parte de María, en la corte celestial, exhibiendo como ejecutoria el evangelio de San Mateo. La incultura era prueba de hidalguía, por ser cultos los judíos. En *Pap. Son Armadans*, febrero-marzo, 1968, cito ese formidable texto: los descendientes de judíos iban a la guerra SÓLO "como médicos y cirujanos". Una de las hidalguías cantó el quiquiriquí a las otras dos, y así se hizo y se deshizo el imperio español. El *honor* se identificó con la *opinión* como forzoso resultado del fundamento extrapersonal, trascendente, de la dignidad de la persona. La sociedad española se hizo necesariamente *castiza*, y la noción de persona quedó disuelta en el mar de la colectividad. Por tal motivo se hizo necesario que los consejeros de Carlos V descendieran de cuatro abuelos analfabetos. No me parece sea exacto lo de Van Beysterveldt (hace medio siglo yo pensaba algo así como eso) que se trate de una "défiguration de l'âme humaine". Un israelí actual siente y valora en ese caso (formalmente) como un español del 1600: ante todo ser judío descendido de otros.

Su artículo me ha hecho resumir y precisar mis modos de pensar. Lo notable en el caso de la casta cristiano vieja era el rechazo de la ley vieja de los judíos, y la no aceptación de la *novedad* cristiana. El Evangelio y el bautismo innovaban a la persona teóricamente, pero, de hecho no servían de nada. Porque lo rechazado no era la herejía, el cristianismo simulado (lo cual era en cierto modo defendible), sino el hecho de la ascendencia por santa y cristiana que fuese la persona. A don Lucas del Cigarral le echan en cara lo "moderno" de su apellido: indiano, converso y cornudo. Los españoles se unificaron por aceptar todos el mismo principio hidalguizante. Si a Cervantes le hubieran concedido un "oficio" en Indias, habría publicado la *Numancia* con los inflados elogios del rey y del duque de Alba, y no hubiera escrito ni los entremeses ni el *Quijote*. Algunos españoles se rebelaban contra el criterio vigente acerca de cómo ser persona, mas no pudieron o no supieron constituir grupos disidentes de "occidentalismo", fundados en una axiología secularizada. Hoy se está produciendo un fenómeno comparable: los estructuralismos y formalismos tienden a desvirtuar el valor y el sentido individual de la persona. Llaman *alienado* al no inmerso en el *Opus Dei*, el *American Way of Life*, el marxismo, etc. Son cada vez más raros quienes, como Ud., estiman la dimensión literaria de la expresión humana.

Lamento que vaya Ud. a California cuando mis circunstancias me han oligado a venirme aquí—me siento algo "alienado" y a la vez siendo yo mismo [. . .] (Madrid, 23-VI-1968).

Mi querido Rodríguez Puértolas: celebro le llegara la mía. Ignoraba le hubieran escrito sobre el proyecto de Taurus. Mucho agradezco—y me honra—se interese en ayudar a la causa de la verdad *pro Hispania*. Mi situación es algo embarazosa: ¿qué puedo decirle? Quizá únicamente esto: quienes hoy o callan, o mienten, o calumnian (*El Norte de Castilla* aludió con sorna—amistosa para mí—al bulo que habrán lanzado—imagino yo—o los nazis, o el *opus*, o algunos otros hijos de Dios: soy rabino mayor en una sinagoga de N. York). Ya dije yo en un libro que no podía ser judío, ni siquiera cristiano nuevo, dado que mis abuelos, los cuatro, habían sido del "estamento" de los labradores, perfectamente analfabetos, y yo apto para ser consejero de Carlos V.

Ciertos idiotas, de varia procedencia, repiten con insistencia que todo el problema de la incultura española se debió a la Contrerreforma. Nadie quiere que en España haya habido judíos, ni se acerca al quemante problema de la reducción de la cultura intelectual de los españoles a un nivel de prolongada sequía. Salvo contadísimas excepciones (Araya en Chile, Garagorri en la *Rev. de Occ.*, y algún otro), nadie se acerca al tema: quiénes y cómo fueron los españoles; *qué* hizo posible su evidente valía, su literatura y arte estupendos, su dinamismo arrollador, etc.; *qué* determinó su agotamiento, su agostamiento cultural, *su no secularización*, por ende, su marginalismo respecto de Europa [. . .] (Madrid, 9-XI-1968).

En su piso de la calle del Segre, en Madrid, conocí por fin personalmente a don Américo, así como a su esposa y a su hija. Un piso lleno de luz, de libros, de sabiduría y de humanidad. Mucho de lo que hoy sé, allí lo aprendí, conversando con don Américo. Cierta calurosa noche de verano, en 1969, me llevó a cenar a un restaurante italiano próximo a su casa (después, curiosa y acaso alegóricamente, convertido en restaurante árabe). No sin temor por mi parte, me hizo atravesar el tráfico de la calle sin esperar a las necesarias luces verdes; don Américo, en efecto, cruzaba la calzada, entre coches, con unos pasitos menudos, casi a saltos, que me recordaban los de un pájaro. Superado el peligro, refugiados en el restaurante, comenzó a hablar. A una mesa cercana se sentaba un grupo de españoles, entre ellos una famosa cantante moderna, joven y atractiva, quien, sorprendentemente, hablaba de Antonio

Machado. Lo notó don Américo, hizo algún comentario sobre el tema de dicha conversación, y acabó elogiando la belleza de la mujer que hablaba. Y de pronto, sin transición, una pregunta suya: "Sr. Rodríguez Puértolas, ¿usted querría ayudarme a hacer una reedición de *El pensamiento de Cervantes*?" Me sentí confuso y abrumado, pero la confianza en mí demostrada y el *challenge* que la tarea suponía me hicieron, acaso atolondradamente, contestar de modo afirmativo. Así fue, en efecto, como surgió el proyecto de esa nueva edición. Don Américo me dio un ejemplar de 1925—que después me regaló y que conservo celosamente—repleto de cientos de anotaciones manuscritas y de papelitos a máquina pegados en las páginas oportunas. Eran notas, observaciones, ampliaciones, modificaciones, etc., hechas a lo largo de cincuenta años, en papeles de todos los tamaños y colores, en los márgenes. Casi todas fueron incorporadas a la nueva edición por mí, en un trabajo que consistió, además, en actualizar la bibliografía cervantina y en hacer una serie de notas propias en los pasajes que me pareció necesario. De las notas de don Américo no incorporadas, citaré a continuación un par de ellas. Frente al título *El pensamiento de Cervantes*, aparece lo siguiente, en el mencionado ejemplar: "Mejor: Cervantes como reflejo de la ideología del Renacimiento"; junto a *ideología*, aparecen tachadas otras dos posibilidades rechazadas: *psicología* y *moral*. La segunda anotación es más extensa; en la primera hoja en blanco del libro, escribió esto don Américo:

> Este libro necesita dos partes:
>
> A) Cervantes término de la evolución literaria del siglo XVI: solución artística del problema planteado por la *Celestina* (cuyo eco está en la poética, claro es). Cervantes arrastra los temas, percibe su sentido.
>
> B) Cervantes refleja un momento crítico de la ideología de Europa (Contrarreforma).
>
> D) [*sic*] Cuando hablamos del *pensamiento* de Cervantes, no se dice nada extraordinario, que suscite claves y misterio; todo escritor (todo artista egregio) *tiene algún pensamiento*. De este libro puede pues salir una nueva manera de considerar la crítica literaria española: *elevar el plano*. (Me sugiere este plan la reseña de Cirot, al decir "sa vraie pensée nous échappe un peu").

Confieso que una vez embarcado en la fascinante tarea de ordenar la nueva edición de *El pensamiento de Cervantes* me asaltaron una serie de dudas, sobre todo cuando don Américo quiso repasar en cierto momento mi tarea, y en especial por haber incorporado a mis propias notas estudios y comentarios de críticos como Noël Salomon y Pierre Vilar, que no eran precisamente santos de la devoción de Américo Castro. El cual leyó todo y no hizo la mínima objeción; dicho sea esto en honor de la verdad y para contradecir la extendida opinión de la intransigencia castriana para con quienes no pensaban como él. Algunas cartas de don Américo, relativas al proceso de formación del nuevo *Pensamiento*, ilustrarán lo dicho. Por ejemplo:

> [. . .] Mi libro no puede ponerse al día, sencillamente porque eso exigiría escribir otro libro. No cabe entrar en modificaciones o rectificaciones que consistan en algo más que en ocasionalmente referir a lo dicho por mí, o por Ud., o por alguien, porque si no sería preciso cambiarlo todo, es decir, hacer algo como poner en estilo gótico una iglesia románica. El lector debe tener siempre presente que eso fue escrito entre 1920 y 25 [. . .] Se puede decir en la Introducción de 1970 (imagino que eso estará listo a comienzos de 1970) que las notas de Ud. van marcadas con dobles corchetes. Explicaré en una página introductoria lo que hemos hecho, a fin de que el lector sepa a qué atenerse. En suma: es imposible embutir un nuevo libro en el viejo. Quizá baste con que yo diga en dos párrafos de mi introducción en qué consiste el cambio radical de mi modo de enfocar a Cervantes en 1925 y en 1970; y con que Ud., en sus notas refiera lo hecho por mí, en casos muy *sensitive*, como en eso de la "hipocresía", que fue lo que más cisco armó. Bastará con referir a la crítica, tan enmascarada por Cervantes, de las paparruchas del Sacro Monte de Granada, sobre lo cual nadie—esto sí hay que recalcarlo—nadie ha dicho nada entre 1967 [*sic*] y 1970; en lo del *Celoso Extremeño*, hasta ahora tampoco comentado por nadie. "Mirábase el uno al otro, a otros tiembla la barba . . . " ¿de dónde es este trozo de un romance? No me acuerdo. Si Ud. no lo sabe tampoco, pregúntele de mi parte a Joe Silverman, que está en Santa Cruz y se sabe el Romancero [. . .]
>
> Estoy viejísimo, y me cansa incluso escribir cartas. Ir ahí a conferenciar supone hablar y estar tenso antes y después de la conferencia, comer con amigos. Todo gratísimo, seductor, pero . . . Me pasa, ya sabe, lo que a los querubines a quienes el Supremo Hacedor invitaba cortésmente a tomar asiento: "¿con qué?", respondían los angelitos. Carecen de posaderas, ya sabe [. . .] (Madrid, 28-IX-1969).
>
> Querido Rodríguez Puértolas: gracias por su carta del 13 y por las correcciones a mi libro. Por eso no quería yo reeditarlo; me faltan fuerzas y tiempo, y libros. Haría falta repasar todo el pensamiento humanístico, es decir, no hacer sino eso. Ni idea de esa conferencia dada en Berlín sobre Cervantes, perdida —imagino—cuando se llevaron cuanto tenía en casa en

1939. Como no salgo de casa, no sé cómo encontrar el libro de Burdach. Para trabajos de esa clase tendría que estar junto a nuestras bibliotecas (en USA). Sus observaciones son muy discretas. Al releer ahora el libro (tomé el ejemplar que tengo y contemplo como un fósil), me doy cuenta de que él y yo no somos ya los mismos. Escribiré una brevísima introducción para decir que exhumo ese libro a causa del interés que muchos manifiestan sentir por él, y para darle a Ud. las gracias por haber hecho posible su reedición. Muy bien su idea de dar una bibliografía de lo hecho por mí después de 1925 [. . .] (Madrid, 19-XII-1969).

Querido Rodríguez Puértolas: Nasta noche (como dicen los mejicanos) llegó el *Pensamiento*. Gracias. Me puse a ello dejando todo lo demás. Llevo a cuestas fardos muy pesados, y se me viene ahora encima esta mole [. . .] Sus notas me parecen muy adecuadas y oportunas. Vea el título que propongo, y mi "Nota del autor". Lo de Ud. se llamará "Advertencia del anotador" o algo así. Leo por encima mis adiciones, doy un vistazo a lo suyo, y que la providencia bibliográfica vele por esa obra, que me han forzado a sacar del limbo, su adecuado lugar. A lo mejor, sin embargo, puede pasar con este libro lo que a los niños no deseados, y Ud. y yo nos encariñamos con el engendro [. . .] (Madrid, 8-I-1970).

Terminado el nuevo *Pensamiento de Cervantes*, continuó mi correspondencia con don Américo; sus cartas siguieron siempre siendo tan iluminadoras como amables para mí. Baste un ejemplo:

[. . .] En el número de febrero de *Urogallo* ha salido su gran reseña de la novela de J. Goytisolo [*Reivindicación del conde don Julián*] y de mi *Español [palabra extranjera]*. Mil gracias por sus generosas palabras a favor de nosotros, dos pobres heresiarcas. Creo haberle dicho que Lapesa publicó en *Ya* un artículo sobre mi Cuaderno Taurus (me parece se lo envié a Ud.). Total, que su espléndido "anuncio", el artículo de Marcos en *Rev. Occ.*, de diciembre, y lo de Lapesa, harán que se muevan algo las insensibles aguas de la ignorancia local (Madrid, 19-II-1971).

El curso académico 1971-1972 lo pasé como profesor visitante en España, en la recién creada Universidad de Alicante. Poco antes de la Semana Santa de 1972, recebí una carta de don Américo en que me pedía le buscase un hotel tranquilo para descansar unos días:

Querido Rodríguez Puértolas: estoy muy cansado; llevo una larga temporada sin haber tenido unos días de sol y reposo. Pienso que tal vez haya ahí o

> *por ahí cerca*, un hotel aislado del mundanal jaleo, con posibilidades de sol y con campo paseable. Por supuesto, nadie (fuera de Ud.) tendría que saber que yo estoy ahí. El conversar es para mí desastroso: cuanto más interesante, peor. El hotel tendría que estar *no* en la ciudad, a ser posible con vista al mar. Querría ver cómo reacciona mi vetusto cuerpo a una semana de sol, aire no contaminado y algo de ejercicio físico. Me han hecho toda clase de análisis y no han hallado sino . . . viejitis multiplicada por muchos malos ratos. La Costa del Sol me parece más turistificada que esa. La proximidad de Ud. es, desde luego, un gran aliciente. Me hago cargo de que en marzo el cielo se nubla en todas partes, y que cualquier intento de buscar aire limpio y soleado es una lotería. Pero Ud. tendrá bastante experiencia climatológica. Un millón de gracias anticipadas, y un gran abrazo [. . .] (Madrid, 5-III-1972).

Finalmente, Américo Castro se alojó en un hotel de la ciudad de Alicante, frente al mar. Los periodistas locales le encontraron inmediatamente, claro está, y en la prensa alicantina aparecieron varias entrevistas y declaraciones de don Américo. Durante esos días, inolvidables para mí, tuve ocasión de hablar larga y tranquilamente con él, de llevarle a conocer lugares pintorescos de la región, de visitar el imponente castillo de Santa Bárbara, que domina Alicante. Por cierto, que en la entrada principal del mismo don Américo se fijó en unos viejos cañones que llevaban el escudo de la Rusia Imperial, e inmediatamente los identificó como pertenecientes a los barcos comprados por Fernando VII a Rusia con objeto de enviarlos contra la América Hispana que luchaba por su independencia; los barcos, como se sabe, nunca llegaron allá, dado su mal estado.

Muchas son las cosas que recuerdo de mis conversaciones alicantinas con don Américo Castro, desde anécdotas divertidas hasta evocaciones de grandes figuras de la cultura española contemporánea. Entre las primeras, aquella en que en cierta ocasión, en el momento de elegir el menú de un almuerzo, don Américo me preguntó qué pescado era el que en la carta figuraba como *emperador*. Se trataba del *pez-espada*, llamado en varias partes de España, más popularmente, con tan cesáreo nombre. Don Américo no lo dudó: pidió *emperador*, y en el momento de empezar a atacarlo, me dijo: "Esto es como comerse un filete de Carlos V".

El 30 de marzo de 1972, antes de marcharse de Alicante, don Américo nos escribía así, a mí y a mi mujer:

> Mis buenos amigos: hubiera querido ir a verles para decirles "adiós" y darles gracias por la interesante excursión, pero me siento muy caído. La

> estancia aquí no me ha servido para mejorar la salud. Vino el Dr. Caldas y mañana comeré en su casa (en *Muchamiel!*) si me siento con más ánimos que en este momento. Aprovecharé para preguntarle si sabe qué puede ser una enfermedad sin otro síntoma que el de sentirse rematadamente mal. Los análisis no dan nada. Deseándoles toda clase de bienes, suyo muy afectuosamente (Alicante, 30-III-1972).

Sin embargo, todavía nos vimos. Se presentó de improviso en casa, nervioso, angustiado, terriblemente afligido: había perdido el anillo de bodas de su esposa—ya para entonces fallecida—, que llevaba en la mano junto al suyo propio, y quería saber si lo habíamos encontrado, acaso, en nuestro coche, en el cual habíamos hecho poco antes una excursión. Lo buscamos inútilmente: el anillo no apareció. Don Américo regresó a su hotel absolutamente hundido. Se marchaba a Madrid al día siguiente. Nunca más le volví a ver. Pero con gran sorpresa y alegría por nuestra parte, veinticuatro horas después recibíamos una notita de don Américo, en que decía:

> Queridos: al hacerme el equipaje una de las camareras halló mi anillo en una maleta. Sorprendente todo ello. Lo importante es que me voy a casa con mejor ánimo. Tenía que comunicárselo ya que tanta lata les he dado. Un buen abrazo de despedida para toda la familia—sin olvidar a esa importantísima menudencia [mi hija, entonces de dos años de edad]. Muy suyo . . . (Alicante, 31-III-1972).

Por lo demás, y para terminar, ¿qué puedo añadir? Se ha dicho que la mía ha sido una generación sin maestros. Así es, en buena medida. Mas he de decir que yo encontré, por fin, un auténtico maestro en don Américo Castro. Su recuerdo, sus enseñanzas, han marcado mi vida y mi trabajo. De él he aprendido—salvadas todas las inevitables distancias—una serie de cosas fundamentales. Inflexibilidad en todos los asuntos en que hay que ser inflexible. Un tipo de humanismo y de humanidad frente a tanta indignidad que rodea nuestras vidas y en muchas ocasiones nuestra propia profesión. Y sobre todo, sobre todo, aquella frase suya que acaso—al menos para mí—resume todo su pensamiento y su obra: *seamos dueños y no siervos de nuestra Historia.* Es decir, una lección inmarcesible para el presente y para el futuro.

# Semblanza de Américo Castro

Robert Kirsner
*University of Miami*

¡Cuarenta años de memorias personales—y seis años más de oídas! Si, como cantaba Carlos Gardel, "veinte años no son nada," créaseme, cuarenta años de recuerdos *castrianos* valen una eternidad. (Hay que rogar al público, entre paréntesis, que no se confunda el término *castriano* con *castrista*; la primera denominación se refiere a la escuela que fundó el gran Maestro en Princeton y nada tiene que ver con la política del tocayo advenedizo caribeño. En Miami, sobre todo, discreción es referirse al Castro que aquí honramos como "Castro, el bueno.")

Fue en junio del '45 cuando por primera vez lo conocí personalmente, pero ya unos seis años antes había oído hablar de él con reverencia y admiración en una clase que yo daba con un profesor que había presenciado la majestad de Castro. Dillwyn F. Ratcliff, que así se llamaba aquel profesor, quien años más tarde había de ser mi colega mayor ejemplar, solía recordar su experiencia de estudiante en Columbia University, y en particular el año que estuvo de Profesor Visitante Américo Castro, allá por el '24 o '25. Cuando hablaba de don Américo, siempre decía "el gran Castro." Contaba Ratcliff a sus alumnos como en unos momentos difíciles de su examen graduado, le preguntó "el gran Castro" que explicara "¿por qué *haber* se convierte en *habrá* en tiempo futuro?" (Recordemos que era todavía don Américo bastante filólogo en aquella época.) Pues, siguiendo con lo que se contaba, Ratcliff quedó paralizado sin saber cómo contestar y apenas logró balbucear, "Yo no lo sé." Entonces, habló Castro y con benévola risa exclamó, "Pues, ¡hombre!, yo tampoco lo sé." Refería Ratcliff como además de *salvarlo*, le había enseñado Castro que confesar ignorancia no siempre rebaja; en algunos casos enaltece.

Cuando comparecí ante don Américo Castro (para mí era como presentarme ante un tribunal) ese junio que se situaba entre el fin de la guerra en Europa y en Asia, estaba a mi lado Albert Brent. Eramos él y yo los dos nuevos alumnos, los dos ya con título de Master of Arts, creyendo que bastante sabíamos, y los dos con un miedo pavoroso. Intentábamos razonar que no había por qué sentirnos incómodos, pero el corazón de cada cual parecía no hacerle caso a la lógica nuestra. Nos apoyábamos el uno en el otro. Impresionante fue la figura de don Américo, imponente en su aspecto, afable en su trato. Lo primero que hizo fue preguntarnos si nuestra situación económica nos permitía vivir decentemente y si algo nos hacía falta. Después fue a lo profesional: con gentileza nos dío a entender nuestras flaquezas, animándonos a superarlas. A mí me recordó, como habían hecho los maestros españoles de mi niñez, que había que pronunciar las *eses*. En aquel entonces, escribía don Américo su explosiva obra que ha formado época, *España en su historia. Cristianos, moros y judíos,* y al hacer posible que recibiéramos becas se había ilusionado con la posibilidad de que yo me dedicara a una tesis sobre mis antepasados, y Brent, habiendo sido profesor de Latín, a un tema medieval. Pero los dos habíamos de desilusionarlo, casi tanto como es costumbre que hagan los hijos con los padres. No obstante, como buen *padre* comprensivo, llegó a ceder y a recibirnos con los defectos que se achacan a quienes se dedican al estudio literario del siglo XIX.

Llegar a una tesis aceptable, en realidad, fue un proceso largo. La primera mía, es decir, la que había de ser mi tesis, en torno al proceso creativo del Rabino Sem Tob (algo como *El pensamiento del Rabino Sem Tob* o *Vida y obra de Sem Tob*) tuvo corta vida; apenas *duró* veinte pliegos. Era costumbre de don Américo pedir que se le enseñara los primeros veinte pliegos antes de seguir adelante. Decía él que ya con eso podíase mostrar que se sabía más que nadie sobre el asunto determinado. Pues, lo mío se lo leyó estando yo en su despacho, esperando el fallo. Tanto le desagradó que los hizo pedazos mientras sólo se oía su "psch, psch . . . ." Como compensación propuso a Mosén Diego de Valera, y unos meses después se repitió para mí el funesto, "psch . . . ." (La vida es pura magia porque hoy en día me hace gracia.) Fue en diciembre del '47, cuando ya estábamos para ir de viaje por las vacaciones navideñas, que Brent y yo nos cargamos de coraje y fuímos al despacho de don Américo, decididos a jugárnosla y confesarnos décimononistas inveterados. Sin embargo, fuímos nosostros quienes nos quedamos asombrados. Ya don Américo anticipaba nuestra confesión, que a nosotros mismos parecía un arrebato, y no permitió que se hiciera en tono defensivo, como si pidiéramos disculpa—que de hecho pensábamos hacer. Al vernos, ya exclamaba, "a ver, ya sé a lo que vienen; pues bien, adelante cada uno con lo suyo." A mí me dijo, "Está muy bien lo de Galdós; no se ha captado muy bien su concepto de España. Se equivocaba la generación del '98. ¿Por qué no lo aclara usted con una tesis?" Y yo que entraba con Galdós en la boca, pero en efecto sin saber qué iba a hacer, no sólo recibía la anhelada bendición sino una dádiva inesperada, el asunto de la tesis.

Las clases de don Américo eran únicas en toda la extensión de la palabra. En primer lugar, tenían hora de comienzo pero fin determinado no existía; nadie se habría atrevido a preguntar por qué no se fijaba la hora en que terminaban. Empezaban a las siete de la tarde porque para entonces, como había averiguado don Américo, ya habían cenado los alumnos en el Graduate College, y los que explicábamos clases también ya habíamos cumplido con nuestras obligaciones. De modo que estábamos libres para quedarnos hasta la hora que fuera, que variaba entre las diez y cerca de la media noche. Si nos habíamos portado bien, en el plano intelectual, claro está, y si no pasaba de las once cuando cerraba Viedt's, lugar para helados y bocados, nos convidaba don Américo a tomar un *ice cream soda*, que era su bebida predilecta. En cambio, a veces se salía cabizbajo, dispuesto uno a darse de baja e irse a Columbia o Harvard si fuera necesario. Se sentía uno a veces inculto, condenado para siempre a vivir en el marco positivista en que se le había formado. Mucho trabajo costaba salirse de las líneas de un horizonte opaco. Ya por los arrastrados pasos que daba, ya por los alegres silbidos de alegres melodías, adivinaba mi esposa cómo había sido la clase, si estaba para imprecaciones o si me sentía el hombre más feliz del mundo. ¡Don Américo era quien dominaba el mundo! El respeto que infundía la mera apariencia de don Américo era algo espectacular, aun para una universidad como Princeton que no carecía de grandes personajes. Al entrar él en el aula, un seminario de la Biblioteca, los alumnos se ponían de pie, como soldados rasos que rinden homenaje a su general. No se hacía con ningún otro profesor. Decía don Américo, "por favor, que no es necesario," pero se sentía halagado; se le veía en la cara lo contento que estaba. Tambíen era él de carne y hueso, y vanidad tampoco le faltaba. Su carácter compasivo, su magnanimidad paternal, se revelaba cuando había visita en la clase. Delante de los distinguidos huéspedes, poetas, escritores y profesores de renombre, que también habían sido sus alumnos, nos alababa y hacía unos elogios tan inusitados que no nos reconocíamos nosostros. Nos parecía que se hablaba de personas imaginarias. Por supuesto que callados nos quedábamos con temor a destruir los castillos en el aire. (De joven, fácil es confundir *el ser* con *el querer ser*.) En fin, el sueño nos servía hasta la próxima vez cuando "en familia" se nos reñiría por no saber el árabe, el hebreo, el griego y tantas otras cosas dignas de haberse aprendido.

Delante de don Américo no se podía hablar mal de nadie, vivo o muerto. Siempre que se intentaba hacer un comentario despectivo o sencillamente criticar a otro profesor, salía él con su famosa frase, "Hombre, si no fuera así, sería perfecto." Manifestar desprecio por un escritor era inadmisible; si alguien, por ejemplo, calificaba a Campoamor como poeta de segunda o tercera categoría, preguntaba Castro, "¿Y usted, qué poesía tiene usted escrita?" En un libro siempre había algo de bueno. Predicaba él el valor de la palabra escrita y exigía el respecto debido a quien había "sudado sangre" haciendo el texto. Las obras literarias de todas las épocas se apreciaban como *actuales*; todas eran contemporáneas en sus momentos dados. En primer plano de lector se vivía cada obra como coetáneo del autor, experimentándola como parte íntegra del público original al que iba dirigida. Autor, obra y lector formaban el irreductible entrelace artístico. El *yo literario* del autor y su *yo personal* no habían de mal interpretarse; ni eran el mismo *yo*, ni dejaban de serlo. He aquí la problemática creativa. Lo significativo era captar el ánimo del autor, su *yo* del taller literario. Había que analizar cuánto había logrado. ¿Había logrado su fin, o hasta se había superado? Reinaba la orientación textual; leer el texto bien leído era el primer mandamiento—y había que dar prueba de haberlo hecho antes de ponerse uno a filosofar en torno a la literatura y a la cuestión de perspectiva histórica.

Fuera de la clase, había recreo y también más clase. A don Américo le encantaba corregir tanto en inglés como en español. Lo gracioso es que mientras en castellano era un *oráculo*, en el idioma anglosajón mezclaba dichos y modismos del siglo 17 con lo moderno. Recuerdo que cuando vino don Rafael Lapesa como Profesor Visitante me nombró don Américo a mí como su maestro de inglés, advirtiéndonos a los dos, que estábamos en relación inversa de maestro-estudiante respecto al inglés, que nos fijáramos en Shakespeare para hablar bien el inglés (don Américo que en vez de *cleric* prefería la palabra *clerk* también iba de lo antiguo a lo moderno y refiriéndose a los primeros Presidentes de Los Estados Unidos como grandes pensadores liberales decía "that Bunch"; había palabras en inglés que le cautivaban. Insistía en que *ptomaine* se pronunciara *ptomAine*. Y delante de él no se hacía de otra forma. En su casa había tertulias, ¡pero qué tertulias! En la primera que estuvo mi esposa, cuando éramos novios, estaba el famoso pianista Robert M. Casadesus, y predominaba el francés. Como era la primera vez que conocía a don Américo, ella que se había especializado en ese idioma, no captó por unos veinte minutos que Castro era "nuestro oráculo," el Castro de quien tanto se hablaba. Sin embargo, había tertulias de otro tipo: un domingo cualquiera llamaba por teléfono don Américo y después de cerciorarse que uno estaba bien de salud, decía, "¿Por qué no pasan por aquí y hablamos de la tesis?"; otras reuniones se anunciaban de antemano; las más enredadas eran las que habíamos de determinar nosotros, los alumnos dispuestos a hacer el Ph.D. con alma y cuerpo. Cuando ya se sabía que iba el Maestro de viaje para dar una conferencia en una u otra universidad, aparecíamos por su casa para ofrecernos a cargar las maletas. Y si no intervenía él (doña Carmen hacía lo posible por pararlo), todo marchaba a pedir de boca. (Las más de las veces la abnegada esposa, ángel guardián para nosotros, no lo lograba). Más divertido, y más fácil, era acompañarlo de compras durante las temporadas en que doña Carmen se iba a España. Marchábamos en desfile por el A&P como podríamos imaginar que habría hecho Lázaro con el Escudero si éste hubiese tenido más que un real. Pero no era tan fácil hacer el doctorado en antaño. Hasta el estómago se arriesgaba uno. Recuerdo el domingo en que estando solo él, nos llamó para compartir lo que llamaba "una paella a la moderna," y mientras abría la lata de atún, iba preparando los huevos, las cebollas, y no sé que de cosas, lo mezcla todo, lo mete en la sartén, y las cosas, como si en contienda consigo mismas, se fríen, y vaya que si no tuvimos que digerirlas, haciendo como si el paladar fuera premiado con un exquisito manjar. Tenía razón don Américo, había inventado un nuevo plato, pero si de paella nada tenía, era tan original que tampoco se parecía a ningún otro plato en el mundo occidental. ¡Cuerpo y alma para el Ph.D.!

Estando uno en Princeton ya con Ph.D. y todo, seguía siendo alumno de don Américo—y había que seguir dando clases con él. Es decir, era de rigor. Y la verdad sea dicha, embelesado o convencido de la verdadera fe castriana, lo que sea, no se quería perder las joyas de sabiduría. ¡Tanto quedaba por aprender! Las clases de Castro eran fascinantes, dolorosas a veces, pero siempre fascinantes. No pocas veces los alumnos pasaban horas discutiendo la materia del "laboratorio intelectual," que así la llamaba el Maestro, horas y días después. Con título o sin título, se le hacía pregunta a uno, y había que haberse leído la obra de que se trataba. El "psch . . . " iba tanto para uno como para otro; el "bien dicho," aunque escaseaba, también lo recibía cualquiera. ¡Y jamás se habló mal de nadie! Aun cuando presenciamos la canallada franquista de ver los destacados textos de Tirso de Molina y Quevedo que había redactado don Américo ahora con el nombre de Castro tachado y reemplazado por falsos inmerecidos, nombres de otros redactores que se prestaban al ardid. Curioso que no lograra la política franquista borrar el nombre de la historia viva ni para el público culto de entonces ni para la posteridad.

Tres años después de salirme de Princeton, cuando le pregunté a don Américo si debía aceptar una beca que me ofrecía el Instituto de Cultura Hispánica, me dijo, "Pues claro, hay una España eterna que no tiene que ver nada con Franco; además mejor que vaya usted que uno a quien vayan a engañar." Y me pidió que me bebiera una horchata de su parte al llegar a Madrid. Cumplí aunque mucho no me gustó la bebida. Cuando se lo conté a su hija, Carmen Castro de Zubiri, se echó ella a reír. Le hizo gracia porque exclamaba ella, "a mi padre nunca le ha gustado la horchata." Era don Américo vivo ejemplo del ánimo del exilado, quien, como él decía, se forja un pasado que jamás existió. Se había imaginado que le gustaba la horchata; ya llevaba 16 años fuera de su patria. En su investigación científica enfocaba la realidad existencial de España en términos objetivos; en su dolor personal, en su añoranza espiritual, también él se forjaba ilusiones. Quizás más fácil sea adueñarse de la historia que de la vida propia de uno. Español y personalista por los cuatro costados era don Américo. Recuerdo que se le invitó a dar dos conferencias sobre Cervantes en una universidad donde yo ya estaba de profesor. Era la primera vez en veinte años que se invitaba a un hispanista. En general, venían franceses y alemanes. (Estábamos en el *Middle West*). Se decidió que en el caso de un hispanista, a diferencia de lo que se hacía con los otros, que mejor sería que se hablara en inglés. Las conferencias empezaban a las cuatro y terminaban a las cinco. Don Américo los tenía a todos casi hipnotizados, con su figura, su manera de hablar, y sobre todo con sus novedosos conceptos histórico-literarios. Hasta superó la situación, aunque al principio se quedó lelo, cuando una ancianita "baconiana" le preguntó si en realidad no había sido Francis Bacon quien escribió el *Quijote*. Las demás preguntas eran más cuerdas, pero ya marcaba el reloj las cinco y media cuando un profesor de los tantos que se encontraban en un público apiñado se levantó para salir. Don Américo lo tomó a pecho y exclamó, "Parece que he dicho algo que no le agradó al señor que se marcha." Claro que nada tenía que ver con lo dicho. Bien conocía yo al colega; simplemente tenía otros compromisos. Lo sorprendente fue que se quedara tanta gente a esa hora, no el que se fuera uno. ¡Jamás se habría imaginado que hubiera sala tan concurrida a las cinco y media de la tarde! Era la primera vez que un conferenciante superara en tal medio ambiente la tiranía norteamericana del reloj.

La experiencia castroniana es irreducible. El temor, que al principio era más bien terror, que infundía Castro disminuía bajo el orgullo (¿para qué negarlo?) que uno sentía al saber que era discípulo de Castro. Cada día aumentaba el engreimiento. La tesis con don Américo iba a ser única; habría indudablemente alumnos más cultos, brillantes, en otras universidades, pero sin la luz que alumbraban los conceptos revolucionarios de don Américo, ¿cómo habría tesis parecida? Temor y orgullo, o quizá debiera decirse respeto y orgullo, son los sentimientos que se ligan y se contienen el uno dentro del otro cuando se recrea la personalidad de Américo Castro en los años cuarenta en Princeton. Y el recuerdo emocionante crece en intensidad con los años. ¿Cómo voy a olvidar, sin sentir el latido del corazón, cuando después del examen que en Princeton llamaban "Generals," esperaba yo el dictamen del comité. Los pocos minutos parecían una eternidad. Apareció don Américo y al preguntarle yo cómo había salido del examen, me dijo, al parecer con una sonrisa que no discerní, "SUSPENSO"; me imagino que me veía medio muerto porque me estremeció con su abrazo exclamando, "Es una broma, Bōb, es una broma." Razonándolo, debo enorgullecerme pensado que mi situación permitiera tal *broma*, pero una vida más tarde y todavía siento terror al revivir la experiencia.

Don Américo estaba entusiasmado con la Universidad de Princeton; hacía elogios de la tradición princetoniana, de los grandes hombres que con ella se identificaban en sus dos siglos de vida. ¡Y cuánto más la alababa, tanto más se ponía de relieve la propia figura del gran maestro granadino! Hablaba el castellano a lo castizo perfecto, pero de vez en cuando se le escapaba un dicho andaluz; la verdad es que le agradaba mostrarse apto para las jergas que algunos de nosotros creíamos sólo de propiedad hispanoamericana. No hay que esforzarse por realzar al hombre a quien se rinde homenaje con trabajos serios como los que aquí se presentan. Yo no aspiro más que a expresar la realidad existencial mía de un valiente sabio que se propuso saltar las barreras de una "leyenda *blanca*" que se habían construído sus compatriotas, literatos e historiadores. Hasta experimentó lo que enemigos habían de suponer un bochorno al achacársele ser judío. ¡Como si se sintiera humillado si lo fuera! Pero no será Américo Castro el primer hombre *acusado* por ver lo que otros no veían. Tampoco será el último homenajeado por haber abierto camino a la inagotable verdad humana.

# Recuerdos inéditos sobre Don Américo y su medio ambiente

Juan Negrín, Jr., M. D.
*New York Medical College*

Es mi intención relatarles algunos recuerdos inéditos sobre Don Américo Castro y su medio ambiente que sin aparente hilazón vienen a mi mente. Sus contribuciones profesionales y otros aspectos académicos no serán tratados por mí y si he de referirme a ellos será indirectamente o de refilón porque son presentados en este simposium por otros participantes cuya autoridad en esos temas es bien conocida.

Durante los años treinta Don Américo Castro insiste en que la cultura española necesita de la mujer si es que dicha cultura ha de perder la parte que, según él, pudiera tener de tosquedad o de rusticidad.

Cuando así escribe fallece en 1932 la pionera de la pintura femenina de España, María Blanchard (Santander 1881, París 1932). Y, poco después comienza, todavía niña de quince años, su paso estelar por el firmamento de la eternidad el genio y figura de quien al encontrarse en este planeta y entre nosotros dejará hoy como ayer y mañana, sus huellas indelebles. Esas huellas de incomensurable potencia inspiracional afectarán cuanto hagamos y sintamos, y, no por no ser concientes de ellas dejarán de ser menos reales ni parte menos integral de cuánto cómo resultado de su efecto orlará nuestras vidas.

Desde los comienzos del año de 1939 y por más de cuarenta años dominan en España quienes dieron a luz los lemas de "Viva la Muerte", "Abajo la Inteligencia" y otros semejantes, quedando prescritas, marginadas, exiladas y censuradas cuanto pudiera significar pensamiento original, cultura, educación y espiritualidad para ser reemplazadas por odio obsesional al saber, dominando la criminalidad y el terrorismo estatales, la chabacanería, la chulería, el plagio y otras taras del caracter humano. Poco a poco comienza a recuperarse España de aquella plaga que la asola, corroe y destruye. Así va saliendo lentamente de aquel lupanar de ínfima categoría a que había sido relegada por elementos de fuera y sus mercenarios de dentro. Como resultado de ese proceso de resucitación y recuperación el Centro Cultural del Conde

Duque en Madrid organiza recientemente una exposición sobre la influencia de la mujer en la pintura española en la cual ocupa su lugar merecido las obras de María Blanchard. En el catálogo de dicha exposición aparte de la presentación debida de las obras expuestas se cita la preocupación y campaña de Don Américo Castro a favor de la participación de la mujer en la vida cultural española. Por casualidad hacia la misma fecha, y, en los mismos locales la Villa de Madrid en la presencia del Alcalde Edward Koch de Nueva York y del alcalde de Madrid Don Enrique Tierno Galván, tiene lugar un sentido homenaje a Rosita Díaz Gimeno. Dicho acto comenzó con una emocionante y detallada alocución del Profesor Tierno Galván . . .

Sin la situación existente por tantos años y que ya mencionamos, los marca-pasos de Don Américo Castro hubieran sido seguidos durante su vida por esos y otros actos semejantes. Nos consolaremos recordando el conocido aforismo de: "Más vale tarde que nunca".

Cuando Don Américo era chairman del Department of Romance Languages and Literature of Princeton University recibí una llamada telefónica requiriendo mi presencia inmediata en el Hospital de Princeton donde se encontraba su esposa víctima de un trauma cerebral. Dejando otros compromisos profesionales urgentes salí disparado para Princeton donde una vez llegado me fue posible amainar la preocupación y angustia que a todos nos asolaba. Nuestra tranquilidad retornó cuando eventualmente logramos una curación completa. Fue en esa ocasión en que abracé a Don Américo y a Doña Carmen por última vez . . . y . . . fue también por aquellos días en que reviví mi epoca de estudiante en Madrid, antes de trasladarme a Barcelona, cuando tuve la fortuna de ser externo en el servicio de medicina interna del Hospital Provincial en el cual pasaba visita y dirigía un seminario el venerable y prestigioso Don Juan Madinaveitia, padre de Doña Carmen, quien seguía enseñando a recién llegados como yo y a médicos ya formados que iban a escucharle por su saber al que daba una distinción especial su aprestada alta figura, su brillante mirada y su frondosa barba blanca. Don Juan Madinaveitia, hijo, fue distinguido gastroenterólogo. Don Antonio Madinaveitia, otro hijo de Don Juan, fue renombrado químico y los hijos de éste último: Juan, Antonio, Miguel y Carlos fueron mis compañeros de estudios en el Instituto-Escuela.

Durante los años durante los cuales Rosita y yo fuimos miembros del Advisory Council of the Department of Romance Languages and Literature of Princeton University convertido, en gran parte por el genio de Don Américo, en particular capilla pristina del saber, revivía de nuevo innumerables recuerdos que desde mi niñez e infancia han ido forjando mi formación.

Fue también durante ese período que me fue posible observar de cerca la labor del profesor Edmund King, quien supo llevar adelante con un sello de personalísima originalidad la labor iniciada por Don Américo.

Al llegar la República el año de 1931, Don Américo es nombrado Embajador de España en Alemania; por eso durante unos meses yo echaría de menos a sus hijos Carmen y Luis, también compañeros míos de bachillerato en el Instituto-Escuela. Cierto día de otoño Don Américo, descansando del ejercicio de su representación diplomática, paseaba por las afueras de Berlín por esos bosques y lagos que atraían con su belleza numerosos visitantes de la Capital y otras ciudades de Europa. Ya entonces los S.S. (Storm Troopers) y S.A. (Sturm Abteilung) de Hitler cometían sus fechorías. Un grupo de aquellos forajidos creyó que el aspecto de distinguido español con barba negra bien cuidada de Don Américo era el de un miembro de una de las razas que intentaban eliminar de la faz de la tierra. No hubo más percance durante aquel encuentro que una serie de insultos acompañados de amenazas de vapuleo. Después de la consiguiente queja diplomática aquel incidente se echó al olvido.

Don Américo me era conocido desde mi niñez como amigo de casa. Con algunos de sus contemporáneos como el Doctor Bellido, Unamuno, Río Hortega, Ortega y Gasset, Don Alberto Giménez, Beceña, De La Villa, Juan Ramón Jiménez y otros acudían de vez en cuando a tomar café después del almuerzo al Laboratorio de Fisiología de la Junta para Ampliación de Estudios en la residencia de estudiantes que fundó y dirigió Don Juan Negrín, mi padre. Esos laboratorios fueron trasladados en 1935 al Instituto de Fisiología que también fundó en la Ciudad Universitaria. Esa Ciudad Universitaria que fue de su concepción se terminó de construir siendo Secretario Ejecutivo de su Junta Constructura. Lo que hoy se conoce como Ciudad Universitaria no es sino una parte de su plan general que no se pudo realizar por razones de todos conocidas y arriba indicadas.

Proyectaré diapositivas de fotografías tomadas durante reuniones espontáneas que tenían lugar para celebrar algún descubrimiento, trabajo, o ampliación del Laboratorio de Fisiología ya citado en las cuales se reconocen las personas nombradas incluso Don Américo Castro así como el Doctor Marañon, Doctor José María Corral, Doctor José Domingo Hernández Guerra, Doctor Suárez y otros.

Son diversas y numerosas las posibles conclusiones e implicaciones de aquellas reuniones que no por ser espontáneas estaban desprovistas de contagioso entusiasmo. Para mí fue el comienzo del fin del concepto de las dos culturas: La Literaria Filosófica y Humanidades por un lado y la

Científica (Ciencias Naturales, Físicas y Exactas) por otro, pues la cultura era y sigue siendo una e indivisible y el conocimiento humano no puede progresar al son de divisiones y agrupamientos artificiales.

ALDEEU que colabora en la organización de este simposio, señoras y señores, es, sin reconocerlo, seguidor de este nuevo concepto de ayer y de ahí uno de sus atractivos para Rosita y para mí.

Esas diapositivas son también ilustración gráfica de algunas costumbres de aquellos tiempos. Frente al grupo de adultos están dos niños: uno de siete y otro de nueve años. El más alto y viejo soy yo, y el más joven es mi hermano Rómulo. Parece ser que en aquel mundo la infancia merecía una atención particular.

Pero, ¿qué significaba para el niño de entonces aquellos hombres que había detrás?

Recientemente hablaba (diciembre 1984, Instituto Mexicano de Neurología y Neurocirugía) sobre el estado mental de un niño ante aquella sabiduría impresionante. Decía entonces:

"Desde mi infancia y hasta los 12 años observaba fascinado una especie de Monte Olimpo único por la profusa sabiduría que contenía y dónde actuaban aquellos grandes maestros, para mí intocables y sin esperanza de igualar en la vida por fructífera que fuera." Más adelante me refería de nuevo a "aquellos dioses del saber quienes por tener forma humana no dejaban de poseer en mayor o menor grado de todos los defectos incluso la tendencia rencillosa y otras taras de la conducta del hombre común". "En aquel Monte Olimpo de mi fantasía infantil sin duda cada cual tenía su Zeus . . . yo no era la excepción en reconocer a Júpiter." Añadiré hoy como en aquel medio ambiente al imperar la integridad y la dignidad no había lugar para el plagio, ni la claudicación menos aún la corrupción. Así lo veía yo bajo la todopoderosa influencia y la personalidad de quién sin palabras, sin verborrea ni vacía oratoria altisonante, fue ejemplo durante toda una vida, de exhuberante generosidad sin igual, espíritu de sacrificio sin par y de un sentido del deber que va más allá de los límites de la herocidad humana.

Todavía más joven que las fotografías proyectadas jugaba, en los jardines de la residencia de estudiantes y en el jardín de recreo del Instituto-Escuela en la sección de preparatoria, con otros niños, cuyos padres eran ya muy importantes para mí pues era el padre de los Zulueta que mezclaba plantas viejas para sacar otras nuevas, cosas que los adultos llamaban *genética*. El padre de los Santullano y los Giménez que cuidaban a los viejos estudiantes (pues casi todos tenían más de veinte años) para que se portaran bien. Los mayores tan dados a nombres complicados los llamaban *pedagosos* y *educadores*. El padre de los Calandre sabía mucho de las enfermedades del corazón y decían que hacía *cardiologia*. El padre de los Castro era famoso por saber todo sobre todas las palabras raras que nadie conoce y a eso tan sencillo nuestros mayores le llamaban *filologia* nada menos, y por conocer muchos cuentos muy antiguos le llamaban también *historiador*. El padre de los Ortega era famoso porque pensaba muy bien y escribía mucho en el libro que llamaban "La Revista." Por todo ése le llamaban *filósofo* . . . Así es la gente grande.

Había otros padres famosos pero la premura del tiempo no permitirá la materialización de su existencia al día de hoy a través de un medium infantil de ayer.

Por innumerables razones y sentimientos profundos es motivo de particular emoción anotar la ausencia física entre nosotros de Doña Carmen Castro Madinaveitia, viuda de Zubiri. Don Américo se sentiría hoy muy orgulloso y feliz de que su hija Carmen con sus contribuciones personales y sus benéficas influencias, directas e indirectas, haya sabido ser uno de los ejemplos de mujeres a quienes su padre deseaba tanto que participaran en el proceso cultural español. Cultura sobresaliente que, por ser resultado del "sentido de universalidad del español", según definición del Presidente Negrín, es universal siendo esa probablemente una razon por la cual, nos encontramos hoy aquí reunidos, en homenaje a Don Américo Castro y gracias a la iniciativa, intensa labor y original pensar del Profesor Jaime Ferrán y a la ayuda de sus eficaces colaboradores el Profesor Daniel Testa y el Profesor Myron Lichtblau.

Al terminar estos recuerdos y consideraciones inéditas sobre Américo Castro y su medio ambiente es mí más ferviente deseo de que los niños de hoy, los de aquí presentes y los de los que no se encuentran en este auditorio, tengan por ustedes y sus contemporáneos, el mismo afecto, cariño, admiración y reconocimiento con que este niño de ayer recuerda en su vida adulta a Don Américo Castro y a otros grandes maestros de su entorno. Si las contribuciones de ustedes lo merecen tengo la seguridad de que así será como resultado de mecanismos que hace tiempo identificamos como relacionados con la memoria genética, la cual es inmune a todo intento de distorsión, tergiversación, propaganda, persecución y otras nocivas interferencias al desarrollo cultural del español en particular y del ser humano en general.

# The Last "Don Quijote" of Don Américo

Stephen Gilman
*Harvard University*

I should explain before beginning that what you are about to hear[1] is not mine. Rather, like Cervantes, who, after Chapter Nine, becomes a fellow reader of the novel, I shall be a fellow auditor to what don Américo tells us in his letters about his last—unfinished—major project. Only in the somewhat hasty and disorganized introduction to a 1972 edition, entitled "Cómo veo ahora el *Quijote*,"[2] do we perceive in published form an echo of his final engagement with the book he had loved and studied all his life. The letters are louder and more clear.

I have in my files some 200 dating from 1944 (written while I was in the Army) to 1972. Upon rereading them, I have been particularly impressed and moved, not by their unceasing and fascinating intellectual ferment (all who knew him or have read his works take that for granted), but rather by their attentiveness and endless generosity. This was for him so natural and spontaneous that the failure of the rest of us to live at the level of his own fervent altruism led him to expressions of puzzlement, grief, disappointment, and even rage: "So-and-so has not answered my letters"; "so-and-so has been incomprehensibly silent for weeks"; "so-and-so has not understood a word of what I am trying to say"; "so-and-so is afraid to support my views in spite of their self-evidence"; and, worst of all, "so-and-so has maliciously distorted them." Like a hostile enchanter, as we shall see.

Stupidity can be accounted for and disdained. But what the above typical comments express is the enigma of the lukewarm and impervious otherness of others for a man so generously and intensely himself. In 1950 don Américo speaks of an admired colleague:

> Las vidas de las gentes son abismos—una frase cursi y siempre exacta.

And as he grew older and felt more and more pressed for time, his impatience increased accordingly. It was comprehensible that "las iglesias del profesionalismo" should defend themselves "como demonios" against "la realidad de lo humano," but me fastidia que haya tal distancia en asuntos de tal clase entre personas tan próximas. Lo cual se explica. Casi todos tienen dificultad para enfrentarse con el *valer* de lo humano y le huyen el bulto y lo transforman en ser. (1957)

Pero no estoy dispuesto a pactar con los obcecados, y además pretenciosos, que alardean de ser exactos y *prudentes* en contraste con los audaces y poco rigurosos. (1958)

Algunos dicen que mi trabajo es "monocorde," pero ¿qué remedio? Mientras continúen "barking" que yo convierto en piedra a los españoles, y no se acepte como normal que los españoles son occidento-orientales, mi "job" no se terminará. (1963)

Lo curioso es una carta de "X"[3] de 14 pp. en la cual discute mi obra de cabo a rabo. No entiende, porque por lo visto *o yo estoy trastornado* o mis ideas no son captables. Es asombroso ver lo que tiene la gente en la cabeza, y desde qué supuestos escriben y *atacan* . . . el resultado fatal de todo ello es preguntarme yo si vale la pena continuar acumulando libros llenos de pensamiento no asimilable por los lectores. Sobre todo: se me está creando una inseguridad de estilo. Procuro poner mis cosas en la forma más clara para el lector; pero si no se me entiende, ¿qué voy a hacer? ¿Cómo escribir? (1964)

Mando . . . esta lista bibliográfica abreviada.[4] Me siento en ridículo con una lista de reseñitas y notículas. Lo mío no es eso. He incluído mis dos primeras cosas de la RFE porque parecen anunciar el curso de mi verdadera vocación—un calco de árabe (aún no recogido por el Diccionario de la Academia) y la pelea del cristiano y del judío—que todavía siguen haciéndolo sobre mis costillas. (1965)

Para lectores normales y bien intencionados todo está claro. Lo malo es que es inútil hablar normalmente de estos problemas por estar los lectores prevenidos en contra o asustadísimos. Católicos, judíos y marxistas me enfilan con sus bellaquerías (salvo contadas excepciones). (1967)

En Francia nadie dirá nada . . . Por lo visto hay bloques nacionales que no se dejan penetrar por ciertos modos de pensar. (1971)

I have cited these characteristic complaints not with the intention of concocting an amateurish profile of don Américo's mind—querulousness as the other side of generosity's coin—but rather because they are the indispensable prelude to what now concerns us: his increasingly audible "quijotización" and the final interpretation of Cervantes' masterpiece which resulted therefrom. Specifically, what I should like to underline in the passages you have just heard is the combination of an indomitable mission or "incitación" with acute consciousness of incomprehension. At times outraged, at times saddened, at times resigned—here was a man ever more in tune with the *Quijote* and with its author as he approached the end of his life.

My present audience is surely as well aware as I am of don Américo's major critical sallies into the literary, philological, and historical Spain of Cervantes and the *Quijote*. But even so, in order to prepare you for what you are about to hear concerning the incomplete Fifth Sally, I should like to retrace briefly their itineraries.

First came *El pensamiento de Cervantes* in 1925, a renaissance and European Cervantes designed to confound such diverse antagonists as Unamuno, German worshippers of the *Siglo de Oro*,[5] and those colleagues and compatriots who, being deaf to irony, repeated *ad nauseum* the problem-avoiding phrase, "ingenio lego." Which indicates that they did not understand at all what the words "ingenio" and "lego" signified in the context of the *Viaje del Parnaso*.

The second was the crucial breakthrough of the two Fourth Centenary essays written at the time of the composition of *España en su historia*. In them he took the *Quijote* out of the realm of ideas and restored it to life—meaning specifically that condition of vital "incitación" which don Américo shared with don Quijote and Cervantes. We did not realize it fully at the time, but the contagion of "la palabra escrita" within the *Quijote* was the same contagion with which don Américo's "palabras habladas" infected the students and auditors who were fortunate enough to attend his seminars during those years.

Next there was the Introduction to the Porrúa edition (1961), which gave precision to the commonplace assertion that Cervantes was the "inventor" of the novel. Therein we learn exactly how what was intended to be a unique creation was "invented" as a genre in the readings of Fielding, Sterne, Stendhal, Gogol, Flaubert, Dickens, Clemens and even Scott and Balzac.[6]

Finally in 1965 there appeared *Cervantes y los casticismos*. There don Américo presented the *Quijote* both as an ironical protest against the conflictiveness of "la edad conflictiva" and as an ironically touching solution. The profound friendship—nay, love—of don Quijote (descended from the "converso" Quijadas) and Sancho (comfortable inside the "cuatro dedos de enjundia de cristiano viejo" on the belly which is his given name) reminds me of Rojas' audition of the peasant, Sosia, the one really decent voice in all *La Celestina.* Mark Twain knew nothing of this, and I never had a chance to talk about it with don Américo, but the profound comradeship—nay, love—of Huck and Jim is an uncanny 19th-century American echo of this central aspect of Cervantes' novel.

But now it is time to listen again to the "maestro" and to attend directly to his accumulating "incitación" (absorption, assimilation, reprojection) as he reread and reread again the book he loved best of all:

> Aplicando a la vida en general la técnica de la novela de Cervantes (cómo está el personaje en lo que le pasa) logro establecer una base común para el krausismo y el anarquismo (don't say a word about that, squealers are everywhere), y todo en último término proviene del mismo fundamento . . . En vez del agustiniano "en el interior del hombre habita la verdad," "en el interior del hombre yace la única posibilidad de acciones justas." Con lo de fuera el español no supo qué hacerse. (1962)

> Sospecho que en todo proceso humano, las grandes aberturas hacia cualquier ancho y radiante más allá acontecen cuando las estructuras son sometidas a una presión que las pone en trance de estallar. Por eso la creación nunca surgió como floración prevista. Ya sé, que al pensar así se coloca uno en el llamado "romanticismo," hoy desdeñado. Domina hoy el frenesí explicativo: A igual a B . . . a N. Todo es relativo a algo, y nada vale por ser un absoluto en sí, un destello de lo divino. (1963)

> Estoy metido en un fregado quizá superior a mis fuerzas actuales e incluso las que tenía cuando era menos viejo. En ciencia son claros los límites entre acierto y error; todo depende de si los métodos y medios para observar funcionan o no. Pero en esto de escribir sobre el arte de Cervantes los métodos no significan mucho, y la contraprueba no es reductible a términos unívocos y rigurosamente conceptuables. Las verdades que a mí me parecen evidentes no lo son para casi nadie . . . Y a consecuencia de todo ello puedo llegar a "ver visiones" cuando no las hay. Todo esto de Cervantes es tan resbaladizo (¡lo era incluso para él!), que comencé a imaginar que mi Cide Hamete era pura fantasía. (1966)

> En MLN saldrá mi "En defensa de la editorial Porrúa," pues hace días leí las pruebas. Por fortuna me queda alguna vida (no bastante), y saldré a habérmelas contra "los gigantes." (1967)[7]

> Trato de perseguir mi librito quijotil, sin gana, y preguntándome para qué sirve este oficio de humanista cuando lo humano se deshumaniza en todas partes. (1968)

There follows a letter written from the Playa de Aro in which the lowest depths of the same despair are plumbed with grim whimsey:

> Los años, multiplicados por mi entorno dificultan la vida (esto es una vulgaridad repugnante, aunque para el interesado posee más originalidad que el descubrimiento de un nuevo sistema planetario). La familia me insta para que renuncie a La Jolla y nos instalemos en Madrid. ¿Pero qué voy a hacer en la ex-corte fuera de esperar que me lleven a mi última morada? Ya me la compraron, 13 mil pts., rather unexpensive.

But then at the end of the letter, as in his favorite lines from the *Poema del Cid*, "meció los ombros e engrameó la tiesta." Like don Quijote he was always capable of such spiritual recovery, and if we substitute the name, "Sancho," for mine, the echoes are uncanny:

> Cobremos ánimo, mi buen Steve. Por menudas que sean nuestras contribuciones, si las levantamos de nivel, si les inyectamos vida, realizaremos tareas semejantes a las de quienes intentan acercarse a las sustancias invisibles dotadas de conciencia, que vagan perdidas en espera de que alguien se ponga a hablar con ellas. La historia es en último término una humilde tarea, pero válida y real: sintonizar, cogerle la onda a una voz singular, callada y perdida en la inmensidad inaudible. En el Antiguo Testamento no había paraíso ni infierno, pero sí había el futuro inconmensurable de lo profetizado—quizá la auténtica literatura no sea sino eso, mensajes captables para los grandes y mínimos mesías del futuro. (8 agosto, 1968?)[8]

The same sense of mission and loneliness pervades the ever shorter and more staccato letters which follow:

> Veo tan claro el asunto español, que es lástima no tener ya fuerzas para dejarlo bien en claro. Lo penoso del caso es la idea de ser remediable la al parecer irremediable deficiencia de este pueblo, aunque necesitaría yo 40 años menos para haber intentado fundar una secta, partido o lo que fuese, cuyo tema central habría sido quitarle al español la vergüenza de ser como ha sido. (1970)

> Era esencial probar que en España tuvo especial sentido el tema de *uno solo* frente a los casi todos. Mateo Alemán hizo su juego sobre ese tablero, y lo perdió; Cervantes lo ganó. (1971)

Finally let us listen to his ultimate dream of becoming the shepherd "Quijotiz" in pastoral North America. Doña Carmen has died and he is fully alone:

> Mi sueño de novela pastoril en U. S. toma esta forma en mis noches solitarias: una familia sin niños . . . una casa donde yo pagaría el 50% de los gastos . . . no lejos de Widener o de Firestone libraries . . . (1972?)

Don Américo was not just his own ultimate don Quijote; he was also his own ultimate Cervantes, the same Cervantes who informed Avellaneda "que no se escribe con las canas sino con el entendimiento, el cual suele mejorarse con los años." So that in conclusion we must listen for an answer to the question: what kind of an interpretation of the text emerges from the above "literaturización de la vida"? Not surprisingly the *Quijote* is now read, not as hypocritical but as subversive—at once revolutionary *and* sophisticated—in contrast to the *Guzmán*. Its hero is a living weapon against "gigantismos" of all kinds.

> Nosotros leemos ya (yo lo he hecho durante largos años) el *Quijote* sin darnos cuenta de lo que hay en él de rumor de implacable batalla, de una batalla entre dos ejércitos que mutuamente se exterminaban, aunque el rumor de aquella contienda y sus motivaciones continúen estando perdurablemente vivos. (1966)

> El *Quijote* no es una "comédie humaine" sino una huida y superación de ella, una salvación en la conciencia de la personalidad *secularizada* y en espectáculos coloreados por irónicas intenciones. Me parece que el *Quijote* embiste contra los gigantismos, así como los escritores ascéticos denunciaban ingenuamente los males y pecados del mundo a fin de preparar una vida perfecta en el otro mundo. Cervantes, como los negros de "black power," se dijo: "We want it now!" And there it was. (1967)

> Cervantes sueña con la quimérica posibilidad de meter en cintura, de "desacralizar" el pueblo español . . . La opinión, las creencias públicas, son ridículas y a la postre nocivas y odiosas. Por lo mismo es zaherida y desestimada la poderosa clase de los caballeros, junto con la de los "teólogos." (1967)

> En el fondo de *La Celestina* yace un problema de "human rights." Hay, me parece, una latente (o *imposible*) simpatía hacia la Vieja, las muchachas de su prostíbulo y el mozo mal oliente.
>
> ¿Qué vería Cervantes en *La Celestina*? Tal vez diga algo sobre el paralelismo entre el caballero inactivo, figura de tapiz, y el hidalgo aburrido, figura de libro de caballerías, cargado de la furia combativa y demoledora que Rojas infundió en "los de abajo." El grito de Areúsa de querer ser *libre* va a adquirir estructura novelística y positiva en Cervantes. (1970)

> Me falta por otra parte tiempo y fuerza para insistir en lo español del *Quijote*: Cervantes no brega contra la sociedad que lo echa a un lado (como Lázaro, o Guzmán, o Gracián); ni busca refugio en la soledad de los campos (lo pastoril, Fray Luis) . . . Cervantes se subleva y *pronuncia* contra toda forma de prepotencia (los ricos, los frailes, los señores, la teología y la ignorancia de aquellos asnos que creían posible escribir "versos castellanos" en tiempo de los Apóstoles). Cervantes hace comprensible la *necesaria* demencia de don Quijote. Y sobre el aire de la ignara (en 1600) España se alza la indestructible personalidad de don Quijote. (1971)

*¡Don Américo "ha dicho!"*

Now, if in conclusion, I should be asked which of the five sallies followed the "correct" direction (to mix Marxist with Cervantine terminology), I should have to reply that they are all correct. This is not to agree with Stanley Fish's mad extension of "Rezeptionstheorie" nor to deny the existence of misleading, erroneous, and even treacherous readings of the *Quijote*. They began with Avellaneda, passed through Gracián, Voltaire and de Sanctis (whose remarks particularly irritated don Américo), and now culminate in Vladimir Nabokov's atrocious and ridiculous Harvard lectures. What we have heard here and in our previous reading is a unique process of organic growth. Don Américo employed a marvellous image: all resplendent human creations seek "dancing partners" across future centuries. What the *Quijote* found in the 1920's was a philological Fred Astaire, and he went on dancing with it historically and aesthetically until the day of his death. He learned and lived and grew to the measure of all the rhythms and melodies to which we have referred. We cannot afford to be deaf or blind to any of them.

## Notes

[1] Because of the essentially oral nature of the letters here to be cited, it seems proper to conserve my original oral presentation.

[2] "Estudio introducción a la edición de *El ingenioso hidalgo don Quijote de la Mancha," Editorial Magisterio Español*, Madrid, 1971.

[3] An exceedingly distinguished colleague who shall be nameless.

[4] The reference is to the bibliography prepared for *Collected Studies in Honor of Américo Castro's Eightieth Year*, ed. M. C. Hornik, Oxford, 1965.

[5] Not just Victor Klemperer, whose 1922 essay is not cited in *El Pensamiento*, but also Helmut Hatzfeld and even Karl Vossler. See my "The Problem of the Spanish Renaissance," *Folio*, Brockport, N. Y., 1977, pp. 37-54.

[6] In Scott's first novel *Waverly*, he begins by presenting his young alter ego as a Quixotic reader. As for Balzac, the first novel to be included in *La Comédie* centers on the first of the 19th-century female "Alonso Quijanos," Augustine Guillaume in *La Maison du Chat-qui-pelote.*

[7] The reference is to don Américo's reply to a hostile review-article by Eugenio Asensio which had appeared in the same journal the year before, in the course of which the latter accused the publisher of "mercantil astucia," a phrase less typical of a "gigante" than of a "malandrín."

[8] Since don Américo's letters were not intended for publication (some were marked "confidential" and others [not cited here] "to be destroyed"), he at times failed to give the year. My dates followed by a question mark are based on the context.

# II. Américo Castro at Work

# Américo Castro in Morocco: The Origins of a Theory?

Samuel G. Armistead
*University of California, Davis*

It would be an impossible task to specify all the complex circumstances, influences, and motivations that combined to bring about Américo Castro's post-Civil War "conversion"—and I think we must use the term in a quasi-religious sense—from one of Spain's most distinguished philologists and literary critics to a philosopher of his country's history and culture whose brilliant, uniquely original insights were to revolutionize our perspectives on the problem of the origins of Spain and of its later development.[1] What I would like to do here, however, is to point out just one of many early experiences that may, in part, have suggested to Don Américo, years later, his innovative formulation of medieval Spain as a tri-religious society and of Spanish culture as the result of the dynamic interaction of those three religious groups, or *castas*, as Don Américo would call them.

Before continuing, however, I would like to look back, to a moment some 25 years ago, to April 1961, when, with intense curiosity and considerable excitement, I was to receive in the mail, in Los Angeles, a very important, unique package of papers. As you all know, for almost 30 years now, I have been working, together with my dear friends, Professors Joseph H. Silverman and Israel J. Katz, on a collaborative project to collect and edit the traditional literature of the Sephardic Jews.[2] We had often spoken with Don Américo concerning our ongoing work and he, in turn, had expressed keen interest in what we were attempting to do. Now, with only the briefest note, saying merely that he was sending us "algunos romances," Don Américo had decided to place in our hands all the unedited materials from his Moroccan field trip during the Winter and Spring of 1922-1923.

I remember, from when I was in graduate school, here at Princeton, that Don Américo would recall from time to time, in his classes, some colorful detail of his dialectological work in Spain and in Morocco. He told us of unforgettable experiences: He remembered collecting a version of the ballad of *La muerte del príncipe don Juan*—a direct link between the Middle Ages and the modern oral tradition—from a group of peasant women, at work in a field, harvesting wheat, in Zamora province; or he recalled the incredible isolation of rural Leonese villages, where the inhabitants were so utterly unaccustomed to outsiders, that Don Américo had to crouch behind a sort of wooden screen, constructed of boards, jotting down his linguistic notes, in hiding, as it were, while the local priest read to the village women the appropriate questions on lexicon and phonology from a previously prepared list.[3] Or again, Don Américo evoked the dreadful poverty of the Moroccan Jewish quarters (*mellaḥs*), where, one day, as he was interviewing the great *tetuaní* ballad singer, Maqnín Bensimbrá, he happened to look behind him, only to notice the approach of a leper, who was reaching out to pluck at his sleeve and beg for alms.[4] Don Américo remembered jumping to his feet, seizing a wooden stool he had been sitting on, and shouting in Arabic: "Emši, emši!", thus avoiding a somewhat daunting encounter. But except for such scattered recollections, vividly narrated and, in April, 1961, just as vividly recalled, I had little idea of the exact content or the extent of Don Américo's unedited Moroccan manuscripts. Now, with no little emotion, I was about to see just what those materials contained.

My expectations were to be fully rewarded. What we may call the "Castro MSS" consist of three series of hand written materials: One series (I), of 142 pages, contains transcriptions of traditional poetry; another (II), of 213 pages, is devoted to linguistic notes and to transcriptions of folktales; and a third series (III) of small cards (a total of 270 of them) also embodies linguistic field notes, as well as notes from Don Américo's extensive readings of Golden Age texts and studies on Judeo-Spanish dialects, as well as other diverse, but pertinent information. There is also a small packet of photographs (and their negatives), seemingly taken by Don Américo himself, representing contemporary views of Tetuán and Xauen, and including pictures of several of his informants. The material is diverse in content and incredibly rich. One can safely say: "A don Américo no se le escapaba nada." Keenly observant of every aspect of local culture, he gives us, for example, a detailed description of the traditional dress which Jewish *novias* wore at their weddings;[5] he tells us how to make an *adafina*, a sort of kosher *cocido madrileño*, traditionally eaten on the Sabbath;[6] there are accounts of how to make magical charms (*fechizos*),[7] of owl lore,[8] of superstitions, curses, folkspeech, and proverbs.[9] In sum: There is, here, a plethora of diverse and fascinating information about a Moroccan Jewish culture, which, today, more than 60 years later, has now largely become a memory.

Don Américo, who, as of 1922, had already published his authoritative study of the Leonese dialect (1913), had translated Meyer-Lübke's *Einführung* (1914), and had edited medieval Leonese *fueros* (1916) and Castilian *aranceles* (1921), was superbly equipped to record every nuance of the conservative, archaic dialect of the Moroccan Sephardic communities.[10] His notes attest to a constant and scrupulous attention to lexical and phonological details. As dialectological documents, his transcriptions are invaluable and, as contributions to the study of folktales and traditional poetry, they are equally important. There are a total of 62 different ballad types, 21 folktale texts, six wedding songs, and five dirges. Don Américo's ballad collection is inestimable, in that most of the texts are from the town of Xauen, an isolated, extremely conservative mountain community, 63 kms. to the south of Tetuán, from which, to my knowledge, no other ballads have ever been collected (either previously or since).[11]

Américo Castro's Moroccan field work was, then, unique. He was a pioneer in exploring the North African Judeo-Spanish dialects and their folkliterature. True: There had been certain earlier attempts.[12] But Don Américo's incomparable preparation in Peninsular dialectology and in historical linguistics puts his approach to Moroccan Judeo-Spanish in a completely different category from that of any previous scholar. And all the major contributions on the Moroccan dialect (Benoliel 1926-1952; Wagner 1931; Bénichou 1945; Alvar 1969, 1971; Martínez Ruiz 1960, 1966) were to be published later—in most cases much later—, when Moroccan Judeo-Spanish had experienced a massive and protracted influence from modern Spanish.[13] But, in 1922-1923, when Don Américo observed the language of the Jews of Morocco, this inexorable process had hardly just begun to take its course. Here Don Américo found a form of Spanish which could not but have brought to him, in almost every phrase, in almost every word, in almost every sound, some echo of the Spanish Middle Ages, of the *Fueros leoneses* or of the medieval customs ledgers, which he had so flawlessly edited, just a few years before. His notes record in scrupulous detail characteristic phonological, morphological, and lexical features of this remarkable language, which today have essentially disappeared from the modernized speech of Morrocan Jews.[14] Looking specifically at medievalisms, which are essential to the thesis of the present paper, here, of course, are preserved, in all their archaic vigor, the medieval palatal fricatives [ž] and [š], characteristic of all the Judeo-Spanish dialects. So Don Américo's transcriptions give us *aguža, oveža,* and *abeža*, over against *dišo, dešar*, and *bruša.* The voiced and voiceless alveolar pair, [z] and [s], is also preserved: *kaza* and *roza* as against *pasa* and *asúkwar*. Initial *f*- is maintained in a host of forms: *foyo, fechizo, fada, ferver*, and *forno*; though *ḥarto* gives us the first step toward the sound's disappearance, as in *izo, igo, ermozo, aba*, and *ondo*.[15] Don Américo also recorded a host of archaic lexical items, whose medieval resonances are only too obvious: *afalagar, agora, brial, conducho, mercar, levar* (=*llevar*), *matar* ('to strike'), *hendo* (=*haciendo*), reflecting medieval *fer* ('hacer'). Together with such medievalisms, both phonological and lexical, what is equally important, I believe, for Don Américo's appreciation of the Moroccan Judeo-Spanish dialect and its cultural, sociological, and religious context, is the enormous, pervasive impact of Moroccan Colloquial Arabic on the speech of the North African Jews.[16] Here is perhaps the only form of Romance speech that has essentially taken over, intact, the Semitic consonant system in all its complexity and has continued to use it as an integral part of this Hispanic dialect.[17] There was, in Moroccan Judeo-Spanish, little or no assimilation, no Hispanization of the Arabic sounds; where Arabic phonemes differ from Spanish, they are taken over "as is" and become part of the dialect's phonological repertoire. So, in Moroccan Judeo-Spanish, *ḥā* is distinguished from *hā*; ᶜ*ain* from *ġain; qāf* from *kāf*.[18] The effect of hearing *ḥakitía* spoken for the first time is startling indeed, when we come up against such verbs as *waḥlear*, ᶜ*ainear*, ᶜ*audear, ġarqear, qaddear, qarqbear*, meaning, respectively, 'to bother', 'to cast a spell', 'to repeat', 'to sink', 'to get by', and 'to snap'.[19] And not only did Arabic influence lexicon and phonology, but it also influenced the semantics of the Spanish vocabulary of the Moroccan Jews. Various Judeo-Spanish words, as we have shown elsewhere, have been adapted to the semantic fields covered by the corresponding words in Moroccan Arabic. Thus, the word *reinado* came to mean not only 'kingdom', but also 'personal belongings', on the model of Arabic *malik, milk, mamlaka*.[20] From a notation in Don Américo's MSS, it is quite clear that he also perceived the presence of such semantic calques in Moroccan Judeo-Spanish,[21] thus anticipating the identification of various pseudomorphic formations (like *ojo* / ᶜ*ain*; *poridat* / *ḫalaṣa; correr* / *ġāra*; etc.), which were to become essential to the thesis he developed in *La realidad histórica de España*.[22]

To sum up: In the Moroccan *mellaḥs*, in 1922 and 1923, Don Américo was able to observe, at first hand, a Hispanic community which, up to that moment, had continued to speak its own distinctive dialect—a dialect which, in many ways, represented a striking survival of the language of medieval Spain. That dialect, too, had experienced a massive influence from Arabic, on its phonology, its lexicon, and even on the semantic content of some of its Hispanic words. In Morocco, Don Américo also was able to experience a tri-religious society quite different from any society in Western Europe, but very much like the society he would later describe in his penetrating re-evaluation of medieval Spain. The Judeo-Spanish dialect of Tetuán and the other Moroccan communities offers innumerable instances of just how important such a tri-religious concept really was. As José Benoliel pointed out, in *ḥakitía*, a different verb is used to refer to reading, for example, according to whether one means books in European languages, Hebrew religious texts, or Muslim writings: So one will use either *leer, meldar*, or *qarear*, as the case requires. Again, with regard to prayer, *rezar* is for Christians, *dizer tefil-lá* is for Jews, and *sal-lear* is for Muslims. A Christian wedding is *un cazamiento*, a Jewish wedding *una boda* (or *una ḥuppá*), and, for Muslims, *un ᶜers*. Many more examples could be listed.[23] The point is that, in a society such as that of modern Morocco—or of medieval Spain—many essential features and activities of everyday life were profoundly affected by the essential factor of to which of the three religions—*las tres leyes*—an individual happened to belong. So, a number of crucially important elements are present here: an archaizing, highly conservative society of Hispanic origin; a form of essentially medieval Spanish; a language and a society influenced, in innumerable ways, by the Arabic language and by Islamic culture; a religion-oriented community, in which the awareness, and the coexistence, of the three religions was of vital importance. In my view, Morocco must have had a profound effect upon Don Américo; his experiences in the *mellaḥs*, in the *juderías*, must have provided him with vivid perceptions and must have set him to thinking of medieval Spain from new and original perspectives. His subsequent re-evaluation of the Spanish Middle Ages should be reconsidered in the light of his Moroccan experience.[24] For when the wrenching trauma, the tragedy of exile and of the Spanish Civil War, impelled him to meditate on the problems of his country's past, those memories of Morocco, together with innumerable other distillations of his vast erudition, must, it seems to me, have had their crucial rôle in Don Américo's brilliant representation of the reality of Spanish history.

## Notes

[1] On Castro's thought, see José Luis Gómez-Martínez, *Américo Castro y el origen de los españoles: Historia de una polémica* (Madrid: Gredos, 1975); Aniano Peña,

*Américo Castro y su visión de España y de Cervantes* (Madrid: Gredos, 1975); Guillermo Araya, *El pensamiento de Américo Castro* (Madrid: Alianza, 1983).

[2] For a recent summary of our work, see S. G. Armistead, J. H. Silverman, and I. J. Katz, *Judeo-Spanish Ballads from Oral Tradition*: I. *Epic Ballads* (Berkeley-Los Angeles: University of California Press, 1986), pp. 4-21.

[3] One reflection of Castro's Leonese explorations is his perceptive paper, "Romance de la mujer que fue a la guerra," originally a lecture delivered at the Ateneo in February 1919 (*Lengua, enseñanza y literatura* [Madrid: Victoriano Suárez, 1924], pp. 259-280); another was his monographic study of the dialect of Zamora: *Contribución al estudio del dialecto leonés de Zamora* (Madrid: Bernardo Rodríguez, 1913). For more on Castro's Leonese field work, see my article, "The Ballad of *Celinos* at Uña de Quintana (In the Footsteps of Américo Castro)," *Essays on Hispanic Literature in Honor of Edmund L. King*, ed. Sylvia Molloy and Luis Fernández Cifuentes (London: Tamesis, 1983), pp. 13-21.

[4] On the ballad singer, Maqnín Bensimbrá, who also sang for Manuel Manrique de Lara in 1915 and 1916, see S. G. Armistead et al., *El Romancero judeo-español en el Archivo Menéndez Pidal: Catálogo-Indice de romances y canciones*, 3 vols. (Madrid: C.S.M.P., 1978), I, 61; III, 128-130, 137). Don Américo's notes offer additional data on Maqnín: "75 años. Nació Tetuán. A los 40 años estuvo 4 años en Salanik y Alejandría . . . ; en Tánxer 'cazí a mi iža'. No sabe leer ni escribir . . . Maqní ha andado mucho por casas contando cuentos, algo como bufona . . . " (MS III, card 209). In 1915, Manrique gives her age as 65 years. Don Américo also provides supplementary data on another of Manrique's major informants: Sol Acrich, 61 years (as of 1916). See *Catálogo-Indice*, I, 61; III, 135-136. Don Américo notes: "Sol Benasáya (cuando era mosita, alḥázba), ahora es bibda se llama Sol Akríš. No sabe . . . qué edad tiene (unos 65). Fue a Río Martín, Tánžar (15 días), žibaltál (15 días), Sebta (un mes). No sabe leer. Sus padres, abuelos de Tetuán" (MS II, fol. 61).

[5] The description (MS II, fols. 194-195), including various important comparative lexical notes, is too long to be reproduced here. For photographs of such dresses, see Manuel Alvar, *Cantos de boda judeo-españoles* (Madrid: C.S.I.C., 1971), pp. 144-145; Oro A. Librowicz, *Florilegio de romances sefardíes de la diáspora* (Madrid: C.S.M.P., 1980), pp. 126 ff. (plates).

[6] "El viernes se prepara adafina los que no gustan de picante. Se compone de carne o mano de ganado (vaca) i dispués se le agrega bwebos como se quiera, papa [patata en jaketía], garbansos pocos, asafrán, pimienta, canela, másia (la especia más ermoza para la adafina), nues noskáda: se mete en una óya; para que no se queme las pápah que están ensima, ponemos encima un plato roto, dentro de la óya, para que no se tosten las papas. Ensima una cobertera: se manda al horno, se le pone una

cobertera, tapada con masa, para que le entre humo" (MS III, card 212). For a similar description, see Juan Martínez Ruiz, "Textos judeo-españoles de Alcazarquivir (Marruecos) (1948-1951)," *RDTP*, 19 (1963), 78-115: pp. 102-103. *Adafina* is from Ar. *dafana* 'to bury, inter, inhume; to hide, conceal, keep secret'; Morocc. Ar. *dfen* (same meanings) (Henri Mercier, *Dict. arabe-français* [Rabat: "La Porte," 1951], s.v.). For a picture of *adafina* being cooked in an *adafinero*, see Alvar, *Cantos*, pp. 40-41; also 38, n. 42.

[7] "*Un feĉizo*: Se puede azer kon un pelo de la kabesa, tomándole ese pelo de la kabesa y aljándole en un pañito i le meterás debašo de una fésa i tomarás un papelito otro i pondrás el nombre de la que quieres. Se quedará dos o trez días debašo de la fesa. A los dos o tres días, sákalé; métele en el borsío y por el sitio que sabes por donde pasa eya, toma ese pañito (¡ke no te vaya a mirar eya!) i tírase debašo de las patas que le traspase ['pasar por encima']. Si ya le traspasó, ya está como una loca por él . . . " (MS II, fols. 117 vo.-118 ro.). *Fésa* = *fuesa*; Cast. *fosa*. Hair is, of course, of utmost importance in folk-belief. See Wayland D. Hand, *Magical Medicine* (Berkeley-Los Angeles: University of California Press, 1980), p. 336. For beliefs and rituals quite similar to our Moroccan Sephardic text, see W. D. Hand, *Popular Beliefs and Superstitions from North Carolina*, 2 vols. (Durham: Duke University Press, 1961), I, nos. 4231-4244. For some Eastern Sephardic charms ("para hacer odiar o amar"), see Michael Molho, *Usos y costumbres de los sefardíes de Salónica* (Madrid: C.S.I.C., 1950), pp. 282-283. For Moroccan Muslim *maḥabbas* (love charms) and other concoctions involving hair, walking over the charm, and burying it in a grave, see Edward Westermarck, *Ritual and Belief in Morocco*, 2 vols. (New Hyde Park, New York: University Books, 1968), I, 361, 572-574, 577; II, 194, 332, 339, 556.

[8] Owls were greatly feared in Tetúan, as being especially harmful to children. One of Don Américo's informants offers an impressive evocation of the malevolent owl, in the dead of night, perched on the top of the communal oven or on the iron grille work of some upper window, uttering devastating, but incomprehensible curses against the children of the *mellaḥ*: "bruša ('chouette'), *feĉizos*: No mira 'e día i de noĉe mira. Baldonan una baldisjón mwi mala i no la comprendemos i esa baldisjón ¿ké es? De noĉe siempre se pone en la kúpa (kúbba) del forno o en los šu:báik ['reja'] del terrado i ai dize su baldisjón a las criaturas . . . " (MS II, fol. 117); "*la bruša* 'la leĉuza' (nadie dice lechuza): cuando cojen una la llevan por las casas y las mujeres que crían le echan leche en la boca. Creen que la presencia de la lechuza en la casa hace enfermar a los chicos" (MS II, card 230). When a child becomes ill, it is said to be "aireado de la del terrado 'enfermo por influencia de la lechuza'" (MS III, card 4). *Kúpa* or *kúbba* is Ar. *qubba* 'cupola, dome'; Morocc. Ar. *qobba* (same meaning) (Mercier); *šubáik* is one of the two plurals of Morocc. Ar. *šebbak*, pl. *šbabek*, *šbayk* 'grille; treillis; grillage' (Mercier), corresponding to Ar. *šubbāk*,

*šabābīk*. For more on North African beliefs about owls (which throw some light on the second passage quoted here), see S. G. Armistead and James T. Monroe, "*Albas, Mammas*, and Code-Switching in the *Kharjas*: A Reply to Keith Whinnom," *La Corónica*, 11:2 (1982-1983), 174-207: pp. 185-187. Note also Westermarck, I, 166.

[9] Just a few examples: Coal was called *el blanco*. See Max L. Wagner, *Caracteres generales del judeo-español de Oriente* (Madrid: Hernando, 1930), p. 33. In Morocc. Ar., *byaḍ* means both 'white' and 'coal' (Mercier). The number five was to be mentioned only under certain circumstances: "Se evita el número 5. Si tiene 5 hijos y se le pregunta:—¿Kuántos ižos tienes?—Tu mano" (MS III, card 5 vo.). In Morocc. Ar., *ḫamsa* designates both the number 'five' and the "hand of Fāṭima" which is painted on walls and doors to ward off evil influences. See Westermarck, I, 448-449, 452-453 et alibi. There are various traditional curses: "¡Se le entinte el mazál! 'Se le ponga negra la suerte'"; and, with identical meaning: "Ke se bea kwesta foyín" (=hollín); "Ke se bea kwesta sisko" (MS III, card 8 vo.). On Moroccan Sephardic curses, see José Benoliel, "Dialecto judeo-hispano-marroquí o ḥakitía," *BRAE*, 13 (1926), 209-233, 342-363, 507-538; 14 (1927), 137-168, 196-234, 357-373, 566-580; 15 (1928), 47-61, 188-223; 32 (1952), 225-289: pp. 152-158; also S. G. Armistead, Vernon A. Chamberlin, and J. H. Silverman, "An Early 20th-Century Characterization of Moroccan Judeo-Spanish: Ricardo Ruiz Orsatti (1905)," *Mediterranean Language Review* (in press). Don Américo also recorded proverbs (together with other forms of folkspeech): "Mi nuera la garrida, diskwé ke laba desfoyina"; "El pan de la boba, el forno lo adoba; el pan de la aguda, el forno le demuda (Todo depende del horno en el pan)"; "El mazál de la fea, la ermoza le deséa" (MS III, cards 8 vo., 10, 11). Benoliel recorded the following variants: "Mi nuera la polida, discués de blanquear desfollina"; "El pan de la boba, el forno lo adoba (El horno corrige los defectos del pan . . .)"; "El mazzal de la fea, la hermozza le dessea" (pp. 229, 228, 218).

[10] On these publications, see the bibliography in A. Castro, *Semblanzas y estudios españoles* (Princeton: Insula, 1956), pp. xxvii-liii.

[11] We have now made a preliminary transcription of Don Américo's collection of traditional poetry and plan, in the not too distant future, *Deo volente*, to be able to complete an annotated edition, as a first step toward editing all the manuscript materials. For some examples of the texts collected by Don Américo, see S. G. Armistead and J. H. Silverman, "Un aspecto desatendido de la obra de Américo Castro," *Estudios sobre la obra de Américo Castro*, ed. Pedro Laín Entralgo (Madrid: Taurus, 1971), pp. 181-190.

[12] For early work on Moroccan Judeo-Spanish, see Armistead, Chamberlin, and Silverman, "An Early 20th-Century Characterization."

[13] For a review of scholarship on Moroccan Judeo-Spanish, see Marius Sala, *Le Judéo-Espagnol* (The Hague: Mouton, 1976), especially pp. 21-23. On the

modernization of the dialect, see Iacob M. Hassán, "De los restos dejados por el judeoespañol en el español de los judíos del Norte de Africa," *Actas del XI Congreso Internacional de Lingüística y Filología Románica, Madrid 1965* (Madrid: C.S.I.C., 1969), pp. 2127-2140.

[14] For example, a voiced alveolar spirant, [z], will become interdental across word boundaries, giving us such pronunciations as [kèd̝ésto] and [trèd̝ížas] for *¿Qué es esto?* and *tres hijas*. A voiceless velar stop, [k], before semiconsonantal [j], will front to dental position and *¿Quién quiere?* will be pronounced [tjén tjére]. The back vowel [u] will produce an epenthetic semiconsonantal [w] after a following consonant (or N + C), so *un cantar, un gato, su cavallo, aunque*, and *nunca* turn into *un kwantar, un gwato, su kwavayo, aunkwe,* and *nunkwa.* But after [f], semiconsonantal [w] will disappear to give *fi, fe, feron, fente, ferte,* and *fego* (*=fui, fue, fueron, fuente, fuerte,* and *fuego*). The multiple trill [r̄] seems hardly to have existed in the dialect when Castro heard it, at least in words of Hispanic origin: He records *coren, choros, arastra, gueras, tiera, serar*. A voiceless bilabial stop [p], before semiconsonantal [w], has velarized, producing forms like *kwerta, kwesta, kwedo, kweblo,* and *diskwés* (*=puerta, puesta, puedo, pueblo,* and *después*). Benoliel takes note of *trez hižos, loz años*, etc., but not of the transition from [z] to [d̝] (p. 229); he recognizes the evolution of [k] to "una especie de *t* fricativa," as well as forms like *luguar, žuguar, nuncua* (p. 230); he records *fersa, ferte, fesa* (p. 189) and *encuerco* (*=emporcar*), *cuesta* 'puesta' (pp. 355, 52). Though he notes that "*r* inicial se pronuncia como una sola *r*, a no ser en casos especiales" (p. 228), he does not mention any absence of word-internal multiple trills. In a crucially important article, Paul Bénichou studies the erosion of many of these features in the dialect as spoken in the 1940s and observes that "*rr* se pronuncia normalmente en medio de palabra" ("Observaciones sobre el judeo-español de Marruecos," *RFH*, 7 [1945], 209-257: pp. 213, 219-220).

[15] Note Juan Martínez Ruiz, "*F*-, *H*- aspirada y *H*- muda en el judeo-español de Alcazarquivir," *Tamuda*, 5 (1957), 150-161.

[16] See the important studies of Bénichou, "Observaciones," pp. 224-229, and Juan Martínez Ruiz, "Arabismos en el judeoespañol de Alcazarquivir (Marruecos), 1948-1951," *RFE*, 49 (1966), 39-71; "Lenguas en contacto: Judeoespañol y árabe marroquí: Interferencias léxicas, fonéticas y sintácticas," *Actas del Cuarto Congreso Internacional de Hispanistas (celebrado en Salamanca, agosto de 1971)*, 2 vols. (Salamanca: Universidad de Salamanca, 1982), II, 237-249.

[17] The only possible modern exception to such a statement may perhaps be, or have been, Pantesco, where, at least in toponyms, "esiste un suono gutturale profondo . . . che . . . riflette confusamente il *hha* ed il *kha* arabici," but this cannot really be compared to the numerous Arabic phonemes absorbed by Moroccan

Judeo-Spanish. See G. De Gregorio and C. F. Seybold, "Sugli elementi arabi nel dialetto e nella toponomastica dell'isola di Pantellerìa," *Studi Glottologici Italiani*, 2 (1901), 225-238: p. 229. The situation of Moroccan Judeo-Spanish reminds us, rather, of what must have existed in Mozarabic and perhaps also in certain early modalities of Morisco speech.

[18] On the presence of these phonemes, see Benoliel, pp. 346-347. Most of these sounds have ceased to be distinguished by younger generations of Sephardim (even though they may occasionally use a dialect word in informal, in-group conversation).

[19] Respectively, from Morocc. Ar. *waḥla* 'difficulty'; [c]*ayn* 'eye; evil eye'; [c]*aud* 'to begin again'; *ġerreq* 'to drown, sink'; *qadd* 'to equalize'; *qerqeb* 'to chatter (of teeth)' (Mercier). Benoliel lists abundant additional forms. Concerning *ḥakitía*, see Paul Bénichou's important article, "Sobre la voz *ḥakitía*," *HR*, 50 (1982), 473-478.

[20] See S. G. Armistead and J. H. Silverman, *En torno al romancero sefardí: Hispanismo y balcanismo de la tradición judeo-española* (Madrid: S.M.P., 1982), pp. 200-207.

[21] In a marginal note, Don Américo writes: "libre = ḥorra," anticipating, by over half a century, our "discovery" that Morocc. J.-Sp. *libre* 'virgin' is a semantic calque from Arabic *ḥorra*, meaning both 'free' and 'virgin' (*En torno*, pp. 203-207). For other pseudomorphic formations, see Don Amércio's brief report on his Moroccan trip: "Entre los hebreos marroquíes: La lengua española de Marruecos," *Revista Hispano-Africana*, 1:5 (1922), 145-146.

[22] See A. Castro, *La realidad histórica de España* (Mexico City: Porrúa, 1954), pp. 106-112.

[23] See Benoliel, pp. 362, 510, and our commentary, *En torno*, pp. 143-145 and nn. 30-32. Don Américo notes another curious manifestation of the constant presence of religious distinctions in Moroccan society: In *ḥakitía* the traditional names for the fingers, starting with the thumb, are recorded as *grégo*, *kistjáno*, *moro*, *žudjó*, and *el séfer* (MS II, fol. 115).

[24] To my knowledge, only Peña (p. 12, n. 3) takes note of the Moroccan trip (through our article, "Un aspecto desatendido," 1971). Despite Don Américo's own all too modest claim of "escasa competencia en temas arábigos" (*España en su historia* [Buenos Aires: Losada, 1948], p. 215, n. 1; Peña, p. 12, n. 4), it should be observed that his field notes contain a good number of etymologies and even entire phrases gracefully written in Arabic script, with none of the hesitation or ineptitude that might characterize the writing of a neophyte. For more on this, see Pedro Martínez Montávez, "Lectura de Américo Castro por un arabista: Apuntes e impresiones," *Revista del Instituto Egipcio de Estudios Islámicos en Madrid*, 22 (1983-1984), 21-42.

# Américo Castro and the Secret Spanish Civil War

Joseph H. Silverman
*University of California, Santa Cruz*

In 1957, responding, as he often did, to a distorted analysis of one of his works, Américo Castro observed that "the ways in which individuals and peoples are alike are comparatively easy to discern." He was interested, however, "in the more elusive problem of how they are different."[1] *The Structure of Spanish History*, in fact, "rests upon the assumption that differences in style, whether in life or in art, are meaningful, and that a distinctive style of collective life constitutes the expression of a reality" *(loc. cit.)*. Claude Lévi-Strauss would have endorsed Castro's position, since for him the ultimate purpose of anthropological study is to discover in what ways societies differ from one another: "As in linguistics, it is the discontinuities which constitute the true subject matter of anthropology."[2] In other words, differentiation is the prerequisite of signification. For this reason, Castro would always insist that there is no humanity in the abstract, that there are only peoples and nations, which in the peculiarities of their character assume universal significance and responsiblity.

From as early as 1955, Don Américo has had a distinguished and fervently consistent opponent, whose magnificent obsession it has been to prove in every way possible that *España no es diferente*; that it is, for all intents and purposes, no different than any other Western European nation. Over and over again, José Antonio Maravall will minimize the differentiating modalities of historical and literary phenomena in his determination to undermine Castro's efforts to perceive and elucidate differences. For example, Maravall writes, "la visión profético-mesiánico-imperialista no es manifestación de una 'morada española', sino resultado de la situación histórica europea al final de la Edad Media, que repercute en España con ligero retraso y se conserva más largo tiempo,"[3] or, "en la plena fase del Medievo, los españoles que sobre tantos puntos piensan como piensan los europeos de la época, responden . . . no a una autenticidad hispánica, sino a una corriente doctrinal que viene del norte de los Pirineos" (p. 33a-b). An important caveat from Don Ramón Menéndez Pidal has meant little to

Maravall: "Not to attempt to grasp those profound national differences that lie beneath a surface unity is not to realize that our great distance from the observed phenomena, our meager familiarity with them, is the reason we perceive so dimly the numerous differences between them that reality presents. And so we fall into the ingenuous simplicity of the observer who cannot recognize the difference in individuals of a race he is unfamiliar with and concludes that all Chinese look alike. The *medievality* common to the various peoples of western Europe prevents us from perceiving the individual *nationality* of each one of them."[4]

As far as Maravall is concerned, the *Celestina* is a product of social changes and the pessimistic determinism of the times. "El hecho se da en España como en todo el occidente europeo y casi no hay pasaje en *La Celestina* que no pueda interpretarse en directa dependencia de estos cambios, sin apelar a pretendidas peculiaridades del carácter hispánico."[5] It is to this pervasive international historico-spiritual attitude and not to psychological reasons and even less to the racial background of the author that one must attribute the fact that the joviality we find in the *Libro de buen amor* has disappeared from the pages of *La Celestina* (p. 26, n. 17).

As early as 1940, Don Américo had observed: "Haría falta un libro para describir adecuadamente la nueva situación—íntima y social—que determina el horizonte vital de Castilla a medida que avanza el siglo XV. No es ésta la sazón para intentarlo. Baste decir que al contemplar tantos hechos concurrentes, religiosos y profanos, descubrimos el sentido que los vivifica y que haría posible su historia. Entre los desgarrones de la particularísima Edad Media castellana—nube a la vez de alborada y de ocaso—aparece un nuevo personaje en la escena histórica: el pueblo castellano, el mismo que desencadenará su energía frenética en Granada, Africa, Europa y América."[6] Addressing himself directly to Maravall, in 1965, he wrote: "Me interesan las Comunidades y sus conexiones con la casta judeoespañola como un aspecto de la realidad de la historia española, imposible de explicar desde un punto de vista puramente sociológico y abstractamente europeo . . . El señor Maravall presenta como una idea abstracta la de la creencia paulina en el 'cuerpo místico cuya cabeza era Cristo', tan central para Erasmo. Pero las reiteraciones de ideas . . . nada significan vistas en hileras temporales . . . Si se elude lo que de veras acontecía y desesperaba a un grupo valiosísimo de castellanos, entonces es fácil buscar conexiones con doctrinas de cualquier lugar y tiempo en donde se manifestara el anhelo de convivir en un propósito o en una creencia . . . Pero en cada uno de esos casos o instancias, se parte de una determinada y singular situación, y se persigue una particular finalidad."[7] The point, of course, is what Gracián had taught aphoristically in his *Art of Worldly Wisdom:* "No basta la substancia, requiérese también la circunstancia . . . Tiene gran parte en las cosas el cómo" (no. XIV). Or, as Don Américo would say in 1972, "Las cosas son y existen como una función de quienes las hacen tema de su vivir."[8] In other words, despite the fact that Castro and Maravall might have been dealing with the same things, we must always remember that the same things in different contexts, viewed from different perspectives, lived in different circumstances—emotionally, intellectually, and axiologically—, lose their identity and become, for the perceiving mind, a succession of different things.[9] Whereas Castro strove constantly to illuminate particular circumstances and modes in all their nuances and difficult detail, Maravall has preferred to make of them "mero tema sociológico and europeizable,"[10] systematically minimizing or obliterating—and I dare now to speak openly—anything that might give prominence to the Jew or New Christian in Hispanic life. There is nothing more immoral—Ortega reminds us—than to diminish the world by means of our obsessions and blindness, to reduce reality and to erase through our imagination portions of what it truly is. Elsewhere, Ortega developed this same notion while lamenting Spain's expulsion of Moors and Jews, in the belief that it could "suprimir realidades y construir el mundo a su gusto en nombre de una idea."[11]

Always on the lookout, it would seem, for new ways to diminish the impact and prestige of Castro's views—he avoids mentioning him in a book on the *Celestina* and even in a two-volume treatise on the sixteenth and seventeenth centuries entitled *Estado moderno y mentalidad social* (Madrid: Revista de Occidente,1972)—Maravall recently reaffirmed that he had finally rectified an absolutely false and profoundly disturbing assertion, namely, that the "descalificación social del trabajo mecánico [es] un fenómeno particular diferencialmente hispánico," whereas—he insists—it is a phenomenon repeated throughout all Europe.[12] Maravall singles out Master Alejo Venegas as an object of scorn, calling him *el frailecito*, because "con una natural ignorancia de la naturaleza del fenómeno a que quería referirse . . . escribió (in the 16th century) algo tan fuera de razón como lo de que 'en sola España se tiene por deshonra el oficio mecánico'" (p. 150). Venegas, of course, was trying to indicate what special connotations were attached to work in the context of Hispanic life. It would seem, then, that all the hullabaloo, and by that I mean, ironically, all the documented studies of distinguished historians, theologians, and literary critics about purity of blood, about honor and infamy, about work being associated with Moors and Jews—so inextricably bound up with Spanish life during the Conflictive Age—is merely the expression of an "epidemia de folklorismo que haría de la historia de España una zona cerrada a todo intento de explicación económico-social, no ya de inspiración marxista, sino de cualquier tipo historiológico y científico, reemplazado por una mera arbitrariedad diferencialista."[13] It is scarcely necessary to mention that the brunt of this outlandish attack is Américo Castro. No, insists Maravall, Spain is not different, not even where work and honor and purity of blood are concerned. The components of Spain's secret civil war between Old and New Christians are but one more aspect of the country's all-European personality. This Civil War is still being fought today on paper and in public forums by "antisemitas europeizantes"[14]—the expression is Don Américo's—and scholars like Albert Sicroff and Francisco Márquez, for example, whose splendid new publications on the Moriscos include a painfully accurate portrait of Spain "autodevorándose con la *limpieza* y la *honra*."[15] In the latest issue of the *Hispanic Review* Márquez responds to Maravall with these trenchant observations: "no se daban fuera de España las consecuencias que en el terreno intelectual causaba el fenómeno de la limpieza de sangre. Era ésta privativa a la península ibérica y resultaba incomprensible fuera de ella . . . Los ejemplos europeos eruditamente aducidos [por Maravall] no sólo se aplicaban a situaciones de raíz humana muy diversa, sino que distaron de ser históricamente decisivos ni eficaces a la larga, muy en contraste con todo lo ocurrido en España."[16]

I wonder what disparaging diminutive Maravall will use to describe Jaime Vicens Vives for writing that "Castile's failure to comprehend the capitalist world made it impossible for her to compete with Europe . . . Precisely those who did possess money . . . petrified it in construction (churches, palaces, and monasteries) or sanctified it in works of art. But none of them succumbed to the temptation to engage in industry, or even simply in commerce. Behind this mentality one can detect not only Castilian haughtiness, but also a fear of risking one's honor—in a case such as this, honor would be distinguished from a supposedly Judaic ideal of usury and of illicit gains. And once again this brings to the fore the theme of the 'New Christian' that fills so many pages of the history of Castile's inner life during the sixteenth and seventeenth centuries."[17] Or would Maravall assume that Vicens was describing a situation "[que] se repite en todos los países europeos"?[18]

I tremble to think how Maravall will treat Antonio Domínguez Ortiz for daring to write: "Lo que constituyó la auténtica peculiaridad española no fue su estructura jerárquica, sino la existencia paralela, o más bien sobrepuesta a ella, de otra jerarquía basada en la distinción entre cristianos viejos y nuevos. Esta era una herencia medieval que los demás estados europeos no tuvieron, o en tan pequeña medida que sus huellas fueron pronto absorbidas, mientras que en España . . . la división se ahondó y se institucionalizó con las famosas pruebas de limpieza de sangre, una práctica que a los extranjeros, incluidos los pontífices, causaba asombro y disgusto. Tal fue el hecho diferencial hispánico en materia social, y si no es la clave que lo explica todo, sí es un factor imprescindible para la comprensión de nuestra esencia nacional en aquellos siglos."[19] For Maravall, nevertheless, the Hispanic sense of honor and infamy has been given too much attention, too much individualizing significance, and the preoccupation with purity of blood is the expression of an epidemic of old wives' tales. "Hay que renunciar de una vez a esa tesis de la 'obsesión por la pureza de sangre'; ¿dónde queda la mencionada obsesión, fuera de algunos escritores de hoy?"[20] And yet, Marcel Bataillon can state categorically that the accusation of tainted blood was the worst form of calumny imaginable.[21] And a clergyman from Toledo maintains that not to be of pure blood, or rather, not to appear as such, is the worst misfortune that can befall an individual in Spain's Golden Age,[22] "transida de arriba abajo por la codicia de honra."[23]

Still, Keith Whinnom can write, with irritating insensitivity, that, "the situation of the *conversos* of Rojas's generation really does not appear to have been as bleak as Gilman has painted it."[24] And, as if to belie the insecurity behind his weakly emphatic "really" (he also has recourse to "certainly" and "hardly" to bolster other questionable observations), he declares, with brazenly revisionist zeal and, "admittedly," a deplorable lack of evidence for his extremist views, "that from 1492 to 1505 . . . as many as ninety-nine out of every hundred *conversos* lived [in some paradisiacal sanctuary] unmolested by the Inquisition; and the figure can be pushed higher [!!] if we believe that the majority of those brought to trial were in fact crypto-Judaizers and not genuine Christians . . . " (p. 59, n. 21)[25]

In 1967, the great French historian Pierre Chaunu declared that the *comedia nueva* could not be understood without bearing in mind the statutes of purity of blood and the anti-Semitic madness of Spanish society in the XVIth and XVIIth centuries.[26] Five years later, Maravall would announce that "references to blood [in the Golden Age drama] do not allude to the tainted blood of converts from Judaism, but rather to the difference—fundamental in all social regimes based on hereditary nobility, as was Spain's and that of all European countries—between the good blood of nobles and the base blood of plebeians."[27]

On more than one occasion I have shown this statement to be incorrect.[28] I should like to conclude my remarks today with another brief demonstration of why Maravall's obsessively chimeric urge to make Spain identical to all other European nations has led him to distort Spanish history and its theater as well.

My analysis is part of a longer study, now in press, which responds to Maravall's thesis that the Spanish *comedia* is, above all, a social and political tool.[29] If, in 1935, Rudolph Schevill declared that "the improvised nature of [Lope de Vega's] plays prevented his superb art from making the theatre an instrument of social criticism and analysis, turning it chiefly into an enchanting source of popular entertainment,"[30] Maravall will generalize that the Spanish *comedia* as a genre is the vehicle for a great campaign of social propaganda. Moreover, it has no ethical dimension nor purpose, its pedagogical value is minimal, and, the theater of Juan Ruiz de Alarcón, whatever moralizing or political meaning it might convey, "es inocuo, tópico y generalizador, para no comprometerse en ninguna crítica específicamente significativa."[31] To these remarks I will reply only with the words of Eugenio Asensio and Juan Manuel Rozas that "sermons and *comedias* were the manuals of culture for the people,"[32] and that "the theater was the Ministry of Education for the masses of the seventeenth century."[33]

Now, I'd like to examine an aspect of the dénouement of *La verdad sospechosa* in light of the various polemical issues I have just outlined. I'll review briefly the pertinent details of the plot, so that we can better appreciate the aspect of the work I want to clarify. Don Juan de Sosa is a gentleman who has applied for admittance to the Order of Calatrava. But for more than two years his efforts have been unsuccessful, due to certain "impedimentos" (Act I, v. 966). His fiancée, Jacinta, is a calculating, unromantic opportunist, who is about to reject Don Juan because of the Calatrava delay and because Don García has appeared on the scene as a possibly more attractive suitor. In the manuscript of the play and in the version published in 1630 appear the following verses that Jacinta was to speak in her moment of great indecision with regard to marrying Don Juan:

> ¿Hay más dura sujeción
> que la fama y opinión,
> en la principal mujer?
> ¿Hay grillos como tener
> calidad y obligación?
> ¿Que lo mismo que debía

hacerme bien, me haga mal,
y contra orden natural,
venga a ser desdicha mía
ser yo rica y principal?
Puse en don Juan mi afición
por su talle y discreción,
y el hábito detenido
de sus bodas me ha podido
impedir la ejecución.
¡O, fuerte, insufrible fuero
que prefiera injustamente,
lo vano a lo verdadero,
y que el sujeto que quiero
pierda por un accidente!
(Act I, after v. 975)

And yet Alarcón deleted these extraordinary verses in the definitive version of the play. Why would he remove perhaps the most moving and impassioned verses that he ever wrote, a passage that offers a clear and penetrating view of the social reality of the times and the suffocating power of the honor code? The fact is that these verses of noble protest that challenge the constricting norms of conventional life are too heroic for Jacinta, a woman who lacks authenticity and passion, and who is incapable of seeing beyond the prejudices of her society. And so, although reluctantly, I'd imagine, Alarcón removed them, for in their decency they were untrue to Jacinta's personality.

In the final scenes of the play the subject of Don Juan's *hábito* resurfaces, but this time with the good news that his application has been approved . . . after only two years of investigating every branch and twig of his genealogical tree. On learning what has happened, Don Juan de Luna, the father of Jacinta's friend Lucrecia, exclaims:

Por cierta cosa
tuve siempre el vencer, que el cielo ayuda
la verdad más oculta y [a]premïada;
dilación pudo haber, pero no duda.
(Act III, vv. 3008-3011)

Commenting on these verses, Louise Fothergill-Payne reveals that she has not understood them, accepts faulty punctuation, and makes some confusing observations, because she has not grasped that *premiada* in "la verdad más oculta y premïada" is not from the verb *premiar* 'remunerar, galardonar' but rather from *[a]premiar* 'oprimir, apretar'. She writes: "La sentencia, por su misma vaguedad enigmática, parece expresar algo más que un simple parabién. Sería posible que aquí Alarcón sugiriera otra verdad, no tan obvia como la que concluye la obra . . . , sino una, más encubierta y, al mismo tiempo, más positiva por dejar abierta la intervención benévola del Cielo que, en su sabiduría insondable, puede tornar un mal en un bien o un castigo en una merced. Así, ¿podemos admitir una 'verdad oculta' en *La verdad sospechosa* o sea que 'pudo aver una premiada dilación pero no duda?' ¿Se podría aplicar la sentencia al caso de García, es decir que su simplicidad, como rara virtud en la Corte, merecerá su premio, dilatado sí, pero no por eso menos seguro?"[34]

James F. Burke, accepting the same incorrect punctuation, studies the word *dilación* as a manifestation of a recondite neoplatonic concept, proceeds to discourse on Plotinus, Boethius, dilation in the Renaissance and the Baroque, and concludes that as a philosophical notion 'dilation' is rather difficult to understand.[35] More importantly, it has nothing to do with the passage he was trying to clarify via pan-European *topoi* and abstractions.

What did Don Juan de Luna say and how can we confirm it with persuasive clarity and reliable testimony? In order to understand the meaning of his words, one must have some familiarity with those aspects of Spanish life that we have been discussing and that are so frequently minimized, misinterpreted or misunderstood. To do so enables one to realize that the "verdad oculta y apremiada" to which Don Juan de Luna alluded was the truth of Don Juan de Sosa's purity of blood. Because of doubts and suspicions, probably caused by some *malsín*, some resentful and insidious informer, the investigation of his blood line continued for more than two years.

In Juan de Zalabeta's *El día de fiesta por la mañana* we read of an individual who had much in common with Don Juan de Sosa's secret enemy: "encuentra [colgados en la iglesia unos sambenitos y en uno de ellos] el apellido de un conocido suyo, a quien se le están haciendo las pruebas para un hábito. Apenas le encuentra, cuando dice entre sí: 'Aquí estás tú, y el señor pretendiente no ha sido para entrar por mis puertas? Bien sé yo que él no tiene sangre con éste [de sangre manchada], pero, primero que desenmarañe del que aquí está su apellido, ha de haber gastado más en sal que gastara conmigo en una joya'. Desde entonces empieza a pensar el camino y las palabras de hacerle gastar mucha hacienda y de tenerle suspensa mucho tiempo la honra. Por la equivocación de los apellidos halló senda para maldad tan detestable."[36] And, in the *Discurso sobre los estatutos de limpieza de sangre* of Fray Agustín Salucio, we can read that "En las informaciones [investigaciones] pasa como en otras cosas humanas: que el que tiene enemigos, aunque no tenga raza conocida de judío, ni moro, ni hereje, se dilata su pretensión por algunos años, con el enojo y coraje que se deja entender."[37]

If these references do not make sufficiently clear that Alarcón wished to denounce one of the most shameful phenomena in Spanish life, namely, the *malsinismo* that flourished during what Salucio called the secret civil war between Old and New Christians, that war which divided Spain into two factions, if these texts will not suffice to call attention to this historical reality, let us listen to the words of Don García, so often the voice of reason and sincerity in the play:

> Pudo, señor don Juan, ser oprimida
> de algún pecho de envidia emponzoñado
> verdad tan clara, pero no vencida.
> Podéis, por Dios, creer que me ha alegrado
> vuestra victoria.
> (Act III, vv. 3030-3034)

With these words Alarcón makes clear what poor Don Juan had to endure for over two years. Don García, using the same vocabulary as his future father-in-law, Don Juan de Luna—*oprimir-apremiar, verdad oculta-verdad clara, vencer,* recognized that Don Juan de Sosa had been the victim of a secret, dirty war, when he congratulates him for his victory. Moreover, his reference to "algún pecho de envidia emponzoñado" evokes a favorite theme of *converso* authors, victims in their own lives of such attacks, who, like Fray Luis de León and Antonio Enríquez Gómez, complained bitterly of "envidia emponzoñada" and "envidia ponzoñoza."[38]

This analysis—the knowledge and sensitivity that made it possible—would not have existed without the teachings of Américo Castro, a man who could write one week before his death "Llevo casi treinta años preguntándome quiénes y cómo son los que hoy llamamos 'españoles' y apenas si empieza a hacerse alguna claridad en torno al tremendo problema implicado en tales preguntas,"[39] and whose last words, written on the day he died, were "Una de las mayores dificultades para el decidido a no seudohistoriar fantasías es lograr que el lector no se contente con usar métodos de tipo seudocientífico: cifras, volúmenes, espacios geográficos, sino *funciones*" *(loc. cit.).* He, through his person, through his spoken and written words, gave my life a new dimension, and a passionate reason to think about, to understand, to enjoy, and to communicate to others, the humanity and the uniquely irresistible complexities of Hispanic literature and life.[40]

## Notes

[1] "A Note on *The Structure of Spanish History*," *Speculum*, XXXII (1957), 222-223: p. 223.

[2] See Joseph H. Silverman, "The Spanish Jews: Early References and Later Effects," *Américo Castro and the Meaning of Spanish Civilization* (Berkeley, Los Angeles, London: University of California Press, 1976), 137-65: p. 163, n. 40.

[3] "La *morada vital hispánica* y los visigodos (En torno al libro de Castro)," *Clavileño*, VI, no. 34 (1955), 28-34: p. 31a.

[4] See Silverman, "Spanish Jews," p. 157, n. 20.

[5] *El mundo social de "La Celestina,"* 2nd ed. (Madrid: Gredos, 1968), flyleaf.

[6] "Lo hispánico y el erasmismo," offprint from the *Revista de Filología Hispánica*, II (1940), 62.

[7] *"La Celestina" como contienda literaria* (Madrid: Revista de Occidente, 1965), pp. 49, 55-56.

[8] *El pensamiento de Cervantes*, ed. Julio Rodríguez-Puértolas (Barcelona-Madrid: Noguer, 1972), p. 30. As Ortega y Gasset remarked on more than one occasion: When a phenomenon is identified as specifically Spanish, there is always some wiseacre around to indicate that the same phenomenon can also be found in France, England or Germany, without realizing that what is being stressed is not the phenomenon itself, but its role and function within the national structure. So, although we may be dealing with the same things, they mean, in their respective contexts, something quite different. *"Eadem sed aliter:* las mismas cosas, sólo que de otra manera; tal es el principio que debe regir las meditaciones sobre sociedad, política, historia" (*España invertebrada*, 4th ed. [Madrid: Revista de Occidente, 1934], pp. XI-XII [1922]).

[9] See Aldous Huxley, "Tragedy and the Whole Truth," *Collected Essays* (New York: Bantam Books, 1964), 96-103: p. 101.

[10] *"La Celestina" como contienda literaria*, p. 54.

[11] See Joseph H. Silverman, "Los *hidalgos cansados* de Lope de Vega," *Homenaje al Prof. William L. Fichter*, ed. A. David Kossoff y J. Amor y Vázquez (Madrid: Castalia, 1971), 693-711: p. 703, n. 33, and J. Ortega y Gasset, "En torno a Galileo," *Obras Completas*, 6th ed. (Madrid: Revista de Occidente, 1964), V, 13-164: p. 163.

[12]"Trabajo y exclusión: El trabajador manual en el sistema social español de la primera modernidad," *Les problèmes de l'exclusion en Espagne (XVI^e^-XVII^e^ siècles)*, ed. Augustin Redondo (Paris: Publications de la Sorbonne, 1983), 135-59: p. 149.

[13]José Antonio Maravall, *Poder, honor y élites en el siglo XVII* (Madrid: Siglo Veintiuno, 1979), p. 120, n. 201.

[14]*"La Celestina" como contienda literaria*, p. 52.

[15]"El problema historiográfico de los Moriscos," *Bulletin Hispanique*, LXXXVI (1984), 61-135: p. 111.

[16]"Letrados, consejeros y justicias," *Hispanic Review*, 53 (1985), 201-27: pp. 225-26, n. 54.

[17]*Approaches to the History of Spain*, translated and edited by Joan Connelly Ullman, 2nd ed. (Berkeley, Los Angeles, London: University of California Press, 1970), pp. 98-9.

[18]"Trabajo y exclusión," p. 151.

[19]*Las clases privilegiadas en la España del Antiguo Régimen* (Madrid: Istmo, 1973), p. 14, cited by Antonio García Berrio, *Intolerancia de poder y protesta popular en el Siglo de Oro: Los debates sobre la licitud moral del teatro* (Málaga: Universidad de Málaga, 1978), p. 55, n. 99.

[20]*Poder, honor y élites en el siglo XVII*, pp. 56-7; see also p. 86: "la obsesión hacia ese tema está muy lejos de ser, seriamente, el centro de nuestra Historia en los primeros siglos modernos." For a very different approach, see Juan Ignacio Gutiérrez Nieto, "La estructura castizo-estamental de la sociedad castellana del siglo XVI," *Hispania* (Madrid), 33 (1973), 519-63.

[21]"Joan de Spinosa ami des femmes, des proverbes et de l'eau," *Homenaje a Xavier Zubiri* (Madrid, 1970), 187-96: p. 193.

[22]Ramón Gonzálvez Ruiz, "Intervención del Alcalde Ronquillo en un caso de difamación de limpieza de sangre (1538)," *Anales Toledanos*, I (1966), 57-71: p. 59.

[23]Francisco Márquez Villanueva, "El problema de los conversos: cuatro puntos cardinales," *Hispania Judaica*, ed. Josep M. Solà-Solé, Samuel G. Armistead, Joseph H. Silverman, I: *History* (Barcelona: Puvill, 1980), 51-75: p. 61.

[24]"Interpreting *La Celestina:* The Motives and the Personality of Fernando de Rojas," *Mediaeval and Renaissance Studies on Spain and Portugal in Honour of P. E. Russell* (Oxford: The Society for the Study of Mediaeval Languages and Literature, 1981), 53-68: p. 59, n. 21. For my response to a similar remark by Otis H. Green—"in real life the situation of those of doubtful ancestry was not necessarily tragic"—see "Some Aspects of Literature and Life in the Golden Age of Spain," *Estudios de literatura española ofrecidos a Marcos A. Morínigo*, ed. Isaías Lerner and Joseph H. Silverman (Madrid: Insula, 1971), 133-70: p. 145, n. 13.

To weaken Whinnom's already wavering affirmation that Fernando de Rojas was "surely" a genuine Christian (p. 60), see the textual evidence provided by Michael Ruggerio in "The Religious Message of *La Celestina*," *Folio*, no. 10 (1977), 69-81.

[25] If Whinnom would like to learn about the fate of the one *converso* (!) who was mildly inconvenienced by the Inquisition during the time frame he proposed, let him read J. Gómez-Menor Fuentes's "Un judío converso de 1498: Diego Gómez de Toledo (Semuel Abolafia) y su proceso inquisitorial," *Sefarad*, 33 (1973), 45-110: particularly pp. 46-7, 51, 57; "su *largo* proceso inquisitorial fue un *minucioso* examen de su conducta cristiana, contra la cual nada pudo probarse" (p. 64; emphasis added; surely a not unpleasant way to spend one's time; the sort of experience that would add not a tittle of bleakness to Professor Whinnom's own life). Or, let him reread Roger Highfield's "Christians, Jews and Muslims in the Same Society: The Fall of *Convivencia* in Medieval Spain," *Religious Motivation: Biographical and Sociological Problems for the Church Historian*, ed. Derek Baker (Oxford: Basil Blackwell, 1978), 121-46. Highfield mentions that on December 17, 1490 "in a paroxysm of hysteria two Jews and six *conversos* of La Guardia were killed" (p. 131). The expulsion of the Jews in 1492 was for the *conversos*, states Highfield, "only the beginning of their troubles" (*loc. cit.*). Or, let him review Angus MacKay's "Popular Movements and Pogroms in Fifteenth-Century Castile," *Past and Present*, no. 55 (1972), 33-67. MacKay notes that conversion seemed only *temporarily* "to solve many of the tensions" (p. 39), and he finds it difficult "to determine why vicious anti-*converso* movements became so prevalent during the second half of the fifteenth century" (p. 49). Or, for some idea of how nightmarish *converso* life had been even in an earlier period, he could consult Nicholas G. Round's "La rebelión toledana de 1449," *Archivum*, XVI (1966), 385-446.

Although she writes of a time only some months outside the parameters of Whinnom's arbitrarily created utopia for *conversos*, Sor Marie Despina offers a radically different view of *converso* life and the treatment *conversos* received at the hands of the Inquisition: "Sorprende a la lectura moderna el parecido de los procedimientos empleados en la Inquisición del siglo XV y el de los tribunales del *Goulag* . . . Los inquisidores ni se toman el trabajo de disimular las contradicciones que hay entre las distintas declaraciones de los acusados, impelidos por el terror, la tortura y la exasperación, contra los otros testigos de cargo" ("Las acusaciones de crimen ritual en España," *El Olivo* (Madrid), III, no. 9 (1979), 48-70: pp. 61-2. And yet, things *really* don't appear to have been *necessarily* bleak for the *conversos* of Rojas's generation!

In short, it would be advisable for Whinnom to provide substantive proof for a point of view that displays such a marked tendency toward "gratuitous misinformation . . . prejudice . . . intolerance . . . [if not] sheer recklessness"

(Keith Whinnom, review of Stephen Gilman's *The Spain of Fernando de Rojas* in the *Bulletin of Hispanic Studies*, LII [1975], 158-61: p. 161).

[26]"La société en Castille au tournant du siècle d'or," *Revue d'Histoire Économique et Sociale*, XLV (1967), 153-74: p. 156.

[27]See Silverman, "Spanish Jews," pp. 147 and 157, n. 20, and Maravall, *Teatro y literatura en la sociedad barroca* (Madrid: Seminarios y Ediciones, 1972), p. 94, n. 57.

[28]See Joseph H. Silverman, "Del otro teatro nacional de Lope de Vega: El caso insólito de *El galán escarmentado*," *Hispania*, 67 (1984), 23-7.

[29]"*La verdad sospechosa* y la secreta guerra civil española," to appear in the *Homenaje a Alonso Zamora Vicente*.

[30]"Lope de Vega and the Golden Age," *Hispanic Review*, III (1935), 179-89: p. 187.

[31]*Teatro y literatura*, pp. 22, 33, 31, 27, 32.

[32]Eugenio Asensio, "Tramoya contra poesía. Lope atacado y triunfante (1617-1622)," *Teoría y realidad en el teatro español del siglo XVII. La influencia italiana*, ed. Manuel Sito Alba (Rome: Instituto Español de Cultura, 1981), 257-70; p. 265.

[33]Juan Manuel Rozas, *Significado y doctrina del "Arte Nuevo" de Lope de Vega* (Madrid: Sociedad General Española de Librería, 1967), p. 97.

[34]"La justicia poética de *La verdad sospechosa*," *Romanische Forschungen*, 83 (1971), 588-95: p. 595. See "*La verdad sospechosa* y la secreta guerra civil española," n. 16, for more details on punctuation.

[35]"Dramatic Resolution in *La verdad sospechosa*," *Renaissance and Reformation*, XI (1975), 52-9: pp. 55-8.

[36]Ed. Cristóbal Cuevas García (Madrid: Castalia, 1983), pp. 274-5.

[37](Cieza: " . . . la fonte que mana y corre . . . ," 1975), fol. 5v.

[38]See "The Spanish Jews," pp. 158-9, n. 22 and "*La verdad sospechosa* y la secreta guerra civil española," n. 20.

[39]*Sobre el nombre y el quién de los españoles* (Madrid: Taurus, 1973), p. 401.

[40]In an article entitled "Ultimo verano en Lloret de Mar," (*ABC*, Centenario de Américo Castro, May 4, 1985), p. VII, I evoke my last conversations with Don Américo in Madrid and Lloret de Mar, the final one only two days before he died on July 25, 1972.

# La huella de Américo Castro en los estudios de lingüística española

Rafael Lapesa
*Universidad Complutense de Madrid*

Ante todo quiero expresar mi más viva gratitud a la Universidad de Princeton, a su Departamento de Lenguas y Literaturas Románicas, a su Chairman y Coordinador del presente Simposio, Profesor Surtz, y a mi cordial amigo Profesor Edmund King, por la invitación que me permite hablar hoy aquí ante ustedes. Esta invitación renueva el honor que Princeton University me confirió hace casi treinta y ocho años, cuando, a propuesta del maestro a quien hoy recordamos, vine a enseñar aquí como Profesor visitante. Princeton fue escenario de mi primer contacto con la Universidad y la vida norteamericanas: los dos semestres que aquí pasé se cuentan entre los más felices de mi existencia; no sólo por el asombro de quien venía de la España desgarrada aún por las consecuencias de la Guerra Civil; felices también por la alegría de reanudar la convivencia con don Américo, interrumpida durante casi doce años; felices además por la experiencia de la cordialidad con que mi mujer y yo fuimos acogidos por tantos princetonianos que nos brindaron su generosa amistad. Gracias por haberme permitido ver de nuevo a unos y añorar a otros en el lugar donde los conocí.

Se me ha encomendado que os hable de un aspecto secundario en la obra de Américo Castro y en la huella que su obra ha dejado. Secundario, porque cuando pensamos en el genial intérprete de la historia, la literatura y el vivir hispánicos, su labor de filólogo y lingüista queda eclipsada, empequeñecida. Él mismo la consideraba como ejercicio de una técnica indispensable para fines más ambiciosos; pero al ponerla al servicio de ellos, la ennoblecía y le confería rango de alto saber humanístico. Un escrito juvenil, de 1916, *La crítica filológica de los textos*[1] la define así:

> *La filología es una ciencia esencialmente histórica*; su problema consiste en prestar el mayor sentido que sea dable a los monumentos escritos, *reconstruyendo los estados de civilización que yacen inertes en las páginas de los textos*. Para el filólogo, aquéllos son una base sobre la cual *ha de reconstruir sistemática, es decir, científicamente, en primer lugar, la*

> *lengua, considerada en lo que tiene de realidad física*, o sea los sonidos; *luego la forma y estructura de ese lenguaje*, todo ello considerado como un momento en la evolución del idioma adscrito a cierto territorio. Mas no se detiene ahí el filólogo, *pues aunque el estudio gramatical tenga plena substantividad, cada vez se tiende más a considerar el lenguaje en su indisoluble unión con el mundo psíquico que le da vida*; además del sonido, de la forma y de la estructura de *las palabras, éstas son representativas de conceptos, de emociones y sentimientos*; y así hoy *no se estudian las palabras sino unidas a la cosa real que representen*, a cualquier orden que pertenezca esta realidad. Considerada de esa suerte, *la filología invade la historia de la civilización* en cuanto ésta se refleje especialmente en el lenguaje; pero esa amplitud, que convierte en infinito el problema de la filología, como el de todas las ciencias, halla una limitación y una prenda de exactitud en el estudio concreto del lenguaje, que le sirve de punto de partida. Representando, pues, los textos el único material sobre que podemos aplicar nuestros supuestos científicos para reconstruir una parte del pasado, es evidente que no puede entregarse su tratamiento a la incuria o al diletantismo.[2]

El joven que de este modo se expresaba, conocía ya los progresos de la fonética experimental, así como las doctrinas y métodos de los neogramáticos; pero también los alegatos formulados contra ellas por Hugo Schuchardt, a quien por entonces alababa calurosamente[3] y a cuyo método de "palabras y cosas" ha aludido; estaba al corriente de la psicología wundtiana del lenguaje, aplicada al español por Rodolfo Lenz en aquellos mismos años; había leído, sin duda, el libro de Karl Vossler *Frankreichs Kultur im Speigel seiner Sprachentwicklung*, aparecido en Heidelberg en 1915; había estudiado historia del Derecho e instituciones medievales con Eduardo de Hinojosa en el Centro de Estudios Históricos; y seguramente tenía noticia directa de la trabazón que Menéndez Pidal iba descubriendo entre los hechos y factores políticos, jurídicos, sociales y culturales presentes en la España de los siglos IX al XII, de una parte, y de otra, los caracteres, evolución y fuerza expansiva de los dialectos románicos peninsulares.

Veamos ahora lo que fue la labor filológica de Américo Castro durante los veintitrés años que median entre su primera publicación (1913) y el exilio de 1936. Reconozcamos desde luego que representa mucho menos que la brillante serie de estudios literarios inaugurada con las "Observaciones sobre el concepto del honor en los siglos XVI y XVII" (1916), proseguida con las "Alusiones a Micaela Luján en las obras de Lope de Vega" (1918), la *Vida de Lope de Vega* en colaboración con Hugo Rennert (1919), *Les Romantiques Espagnols* (1922), "Juan de Mal Lara y su *Filosofía vulgar*" (1925), y culminada con *El pensamiento de Cervantes* (1925) y *Santa Teresa y otros ensayos* (1929). Sus ediciones de Tirso, Lope y Francisco de Rojas, valiosas por el rigor de sus textos y su puntual anotación, lo son mucho más por la aguda caracterización de autores y obras y por la hondura con que penetra en los problemas literarios e históricos que plantean. La significación de Francisco de Rojas queda sorprendentemente transformada con la publicación de *Cada cual lo que le toca*,[4] drama inédito que encontró el rechazo de sus contemporáneos españoles porque la protagonista, una mujer casada, vengaba por sí misma su honor secretamente ultrajado.

Con todo, filología y lingüística ocuparon gran parte de la actividad de Castro en esos veintitrés años: desempeñó de manera ejemplar su cátedra de Historia de la Lengua Española en la Universidad de Madrid, y en ella despertó la vocación de Amado Alonso, Salvador Fernández Ramírez, Dámaso Alonso, Alonso Zamora y el que ahora os habla, aparte de los que se orientaron exclusivamente a los estudios literarios como José Fernández Montesinos, Vicente Llorens y Margot Arce. Dirigió la sección de Lexicografía en el Centro de Estudios Históricos, donde llegó a reunir un importante fichero de vocabulario español medieval, utilísimo, tanto por la abundancia de testimonios recogidos como por su variedad, pues no sólo procedían de textos literarios, sino también de escrituras notariales, fueros, inventarios y demás fuentes ilustrativas para saber cómo se vivía en la España de otros tiempos. Gracias a ese caudal y al que le proporcionaron sus abundantísimas lecturas personales pudo acompañar con asombrosa documentación "Unos aranceles de aduanas del siglo XIII",[5] respaldar sus "Adiciones hispánicas al diccionario etimológico de W. Meyer-Lübke",[6] y basar no pocas notas etimológicas, léxicas y semánticas, relativas unas al español medieval, y otras al de los Siglos de Oro o al moderno.[7] Especialmente difíciles fueron la edición y estudio de tres *Glosarios latino-españoles de la Edad Media*,[8] conservados en sendas copias escolares hechas a fines del siglo XIV o primera mitad del XV: su latín está plagado de errores a consecuencia de larga y descuidada tradición escrita, y las equivalencias romances son muchas veces disparatadas, y otras, inexplicables. Castro reconstruye, a fuera de imaginación, las formas originales, el proceso de su deturpación y la causa de las interpretaciones erróneas que los manuscritos les dan; señala los dialectalismos, casi todos aragoneses, de su romance; indaga lo que debía de ser el latín que se enseñaba en las universidades españolas antes de la reforma implantada por Nebrija; y a la luz de las deformaciones que muestran los tres glosarios, traza un excelente panorama histórico del cultismo en el castellano medieval. Clarividentes son las páginas que dedica a los latinismos introducidos por Alfonso el Sabio, a los que el monarca sustituyó valiéndose de traducción romance o forjándola, y a la proliferación de cultismos deformados desde fines del siglo XIV y durante el XV, con perduración vulgar después. Castro se revela aquí como historiador que encuadra los hechos lingüísticos en el marco de la situación cultural y vital del momento correspondiente. No era la primera vez: ya lo había hecho en estudios y ensayos muy anteriores, como "Los galicismos" (de 1917), "Evolución de la lengua española" y "El habla andaluza" (publicados en 1924);[9] en este último los caracteres y génesis del dialecto se relacionan con la manera de ser y comportarse peculiar de los andaluces.

La labor filológica de don Américo entre 1913 y 1936 comprende otras ediciones de textos medievales: la breve, pero significativa "Disputa de un cristiano y un judío", de principios del siglo XIII;[10] los *Fueros leoneses*, en colaboración con Federico de Onís (1916), y el Pentateuco de una *Biblia medieval romanceada*, en colaboración con Agustín Millares y Angel J. Battistessa (1927), primera gran publicación del Instituto de Filología de la Universidad de Buenos Aires. La gramática histórica le debe, aparte de algún estudio breve de fonética diacrónica,[11] uno importante sobre la pasiva refleja y construcciones impersonales con *se*.[12] Tradujo la *Introducción a la lingüística románica* de Meyer-Lübke (1914), que enriqueció con valiosas adiciones y notas en la tercera edición (1926); suya es también la versión española de la *Historia de la lengua latina* de Friedrich Stolz (1922). Su interés por la dialectología, que practicó en sus años mozos en una encuesta por tierras de Sanabria, se manifiesta además en su *Contribución*—también juvenil—*al estudio del dialecto leonés de Zamora* (1913) basada en documentos medievales del monasterio de Moreruela, en su ya citado artículo sobre "El habla andaluza" y en valiosas noticias sobre el español hablado por los judíos sefardíes de Tetuán y Xauen, recogidas allí personalmente en 1921 o 22.[13]

Debo señalar la constante preocupación de Castro por la enseñanza de la lengua española en la escuela, en el Bachillerato y en la Universidad. El afán pedagógico le venía a través de la Institución Libre de Enseñanza y por estar convencido de que los males de España sólo tendrían remedio con una educación eficaz. Fue constante batallador en pro de un cambio radical en la didáctica del idioma; consiguió que el Instituto-Escuela, centro-piloto dependiente, como el Centro de Estudios Históricos, de la Junta para Ampliación de Estudios, adoptase las orientaciones y métodos que él propugnaba; y la reforma así iniciada, se extendió después, a pesar de todos los pesares, a los planes generales de enseñanza, aunque su cumplimiento no haya sido todo lo satisfactorio que debiera.

Durante los años de la guerra civil, primeros de su exilio, don Américo apenas publicó sino artículos periodísticos aparecidos en *La Nación* de Buenos Aires. Fueron años de amargura y meditación, nada propicios al trabajo filológico, ya que los materiales, notas y datos acumulados a lo largo de media vida habían quedado en España. El año que pasa en la Argentina le invita a pensar en el sentido de la civilización hispánica, tema de la conferencia inaugural que pronunció en Princeton en 1940. En 1941 salen a la luz dos libros: *Iberoamérica, su presente y su pasado*, en Nueva York; *La peculiaridad lingüística rioplatense y su sentido histórico*, en Buenos Aires. Son dos libros complementarios: en *Iberoamérica* el autor hace saber a los estudiantes norteamericanos que el conjunto de países situados al Sur del suyo no es sólo un mundo pobre, políticamente inestable, con desigualdades sociales injustas, con masas de población indígena no asimiladas aún a la vida y cultura occidentales, mundo carente de ciencia y técnica propias; Castro no oculta semejantes lacras, pero destaca junto a ellas los aspectos positivos de la conquista y colonización, la temprana existencia de imprenta y universidades en la América virreinal, su floreciente literatura, las maravillas de su arte; y con igual equilibrio expone los logros y deficiencias de cada país en su historia desde la emancipación de España y en su estado presente. En cambio *La peculiaridad lingüística rioplatense*, libro destinado principalmente a argentinos, es un diagnóstico de la realidad histórico-social de su país; el síntoma en que se basa son los vulgarismos que las gentes medias y cultas de Buenos Aires admiten en su lenguaje oral; entre esos vulgarismos incluye, con especial insistencia, el *voseo* o tratamiento de *vos*, desechado en España, Méjico, Perú y otros países hispanoamericanos desde el siglo XVIII; y también hace hincapié en la extensión que ha adquirido en el coloquio general el léxico de bajos fondos, resultante de la escasa educación dada a las masas de inmigrantes incultos llegados a la Argentina desde el último tercio del siglo pasado. Castro explica estos fenómenos como consecuencia del modesto origen de la sociedad porteña, sin corte virreinal comparable a las de Méjico y Lima; y también por el aislamiento de la población rural estanciera y por la importancia del gaucho en la guerra de liberación, en las contiendas montoneras y en la dictadura de Rozas: a pesar del esfuerzo "civilizador" de Sarmiento, a pesar de las altas cotas alcanzadas por el arte y la literatura, a pesar de la intensa vida cultural de Buenos Aires y de su ilimitada "curiosidad por todos los problemas intelectuales", la sociedad argentina no ha sentido necesidad de eliminar los vulgarismos de su habla y tiende a considerarlos propios de su peculiaridad nacional. Cuarenta y tantos años después, a la vista de la pavorosa degradación del lenguaje acarreada por la "rebelión de las masas" en la sociedad de consumo de nuestros días, no podemos menos de reconocer que los males de la conversación porteña en 1937 o 1939 no eran más graves que hoy son los del coloquio diario en Madrid, New York o París; y sentimos la tentación de comprender las protestas con que el libro de Castro fue acogido por buena parte de la intelectualidad argentina; sin embargo, los acontecimientos políticos de aquel país, con el acceso del peronismo al poder, demostraron muy pronto que Castro había puesto el dedo en la llaga. Aunque en el título de la obra *La peculiaridad lingüística rioplatense* ocupe el primer lugar y *su sentido histórico* el segundo, sólo 20 páginas, de las 150 que ocupa el texto, se dedican a la descripción lingüística (aparte de las referencias al voseo). El libro fue escrito como "orientación introductoria" a un estudio más amplio del lenguaje de Buenos Aires; pero este proyecto quedó abandonado, y el autor legó a discípulos suyos los materiales reunidos. En el prólogo a la segunda edición (1960) declara sin ambages el por qué: "Absorbido por otras tareas, no me ocupo ya de cuestiones de lenguaje con finalidades puramente lingüísticas. El lenguaje me interesa como expresión y síntoma de situaciones humanas".

En una breve nota sobre "La palabra *títere*" publicada en 1942,[14] Castro demuestra cómo un hecho lingüístico trivial en apariencia puede cobrar significación inesperada si lo penetran los ojos de un historiador zahorí: *títere* es un galicismo como tantos otros; proviene del francés antiguo *titele* > *titre*, que tomó los sentidos de 'iglesia', 'monumento' y 'retablo para representaciones teatrales'; en español valió primero 'retablo de muñecos', después el muñeco mismo. En esto podía haber quedado todo: pero el lexicólogo, sin hacer referencia a la teoría de los campos semánticos, saca provecho de ella; recuerda el extranjerismo de *guiñol, polichinela, fantoche, saltimbanqui, volatín, payaso*, etc., y deduce "la falta de gusto del español" para aquellos ejercicios en que la persona humana se convierte en espectáculo o en el hazmerreír de los demás. El español representa su propio papel en la vida, a veces noblemente, a veces en forma excesiva y hasta ridícula; pero no representa bien el "papel de otro". La conclusión es impecable: "La historia de las palabras lleva siempre—debiera llevar siempre—a contemplar tras ellas aspectos esenciales de la historia humana".

De ser objeto secundario en los estudios de Castro la lingüística ha pasado a desempeñar función ancilar, *ancilla historiae*, suministradora de pruebas que corroboren las interpretaciones del historiador, o procuradora de indicios que les puedan abrir nuevos caminos. Durante seis años—los que van de 1942 a 1948, don Américo parece haberla repudiado: lo que podría estar más cercano a ella, el artículo *Antonio de Guevara. Un hombre y un estilo del siglo XVI* (1945), se orienta hacia la personalidad de Guevara y su reflejo en el estilo más que a un análisis del estilo mismo. Pero en 1948 el *magnum opus* de Castro, *España en su historia*,[15] demuestra que la sierva se ha convertido en lebrel que avizora y levanta presas codiciables. El campo más rico en hallazgos—muy discutidos algunos—es el de las que Castro llama *seudomorfosis*, esto es, calcos semánticos del árabe, palabras o expresiones completamente romances en cuanto al origen y evolución formal de su significante, pero parcial o totalmente arabizadas en su contenido significativo, pues han adquirido acepciones nuevas por la presencia mental de una palabra árabe con la que tenían común algún otro sentido. Tal es el caso de *acero*, que valió 'filo agudo' y 'energía, fuerza' según el árabe *ḍokra* 'acero de la espada', 'agudeza de su filo' y 'vehemencia, fuerza'; *amanecer* y *anochecer*, personalizados al ser atribuidos a un sujeto para indicar su situación o estado en el momento de llegar el día o la noche ("*anochecí* en Madrid y *amanecí* en Zaragoza", "*anocheció* sano y *amaneció* muerto"), según la forma IV de los verbos árabes *ṣabaha* ('aṣbaha) y *masà* ('amsà);[16] *correr* 'depredar' ("agora *córrem* las tierras" Cid 964), según el árabe *gawara*, que significaba 'correr' y 'razziar, depredar' (*corredor* 'algarero'; cfr. *almogávar*); *infante* 'niño', 'hijo de familia noble', 'hijo de rey', sentidos que tiene el árabe *walad* 'hijo', 'niño' y 'heredero del trono'; *poridat* 'secreto' 'intimidad' según acepciones que poseen los derivados del verbo árabe *χalaṣa* 'ser puro';[17] *quinto* 'quinta parte del botín, reservada al rey o señor', según el árabe *al-χoms; vergüença* 'lealtad, deber de ayudar a otro, de protegerlo', según los árabes *'ār* y *ḥayaya* (moḥayayat). El árabe llama 'hijo de una cosa' a quien está caracterizado por su relación con ella; el rico es *ibn-al-dunya* 'hijo de la riqueza', el ladrón, *ibn-al-layl* 'hijo de la noche'; de igual modo el malvado es en español medieval *hi de malicias* o *fi de nemiga*; *"fillo de justicia"* 'el justo' y *"fillo de prodition"* 'el traidor' 'el alevoso' en el jurista aragonés del siglo XIII Vidal Mayor; *"hijo del naipe"* 'jugador que siempre gana', *"hijo de la piedra"* 'expósito' en Cervantes; *hijo de la fortuna* 'afortunado' (Autoridades), en Méjico *"hijo de la gran suerte"*.[18] Probablemente, como observa Corominas, *hijo de Madrid* 'madrileño', *hijo de Málaga* 'malagueño', uso exclusivo de los tres romances peninsulares, corresponde al árabe *ibn-al-madīna* 'ciudadano', usual hoy en Egipto. Con esto llegamos a una de las "seudomorfosis" propuestas por Castro que ha sido más controvertida: la de *hidalgo, hijo d'algo*, definido por Alfonso el Sabio como "hijo de bienes"; *algo* aparece repetidamente en el español medieval con el sentido de 'bienes, hacienda'. Castro relacionó este *algo* con el árabe *al-χoms* 'quinto del botín', pero las dificultades fonéticas y morfológicas para aceptarlo son grandes, y *aliquod* aparece en textos visigóticos referido ya a bienes materiales; pero esto no invalida el arabismo subyacente en el primer elemento del compuesto, en ese *hijo de*, y así lo ha reconocido etimólogo tan riguroso como Joan Corominas, injustificadamente reacio a admitir el arabismo semántico en los casos del citado *poridat* y en el de *nuevas*, otra de las "seudomorfosis" batalladas: en español medieval *nuevas* significa 'acaecimiento', 'suceso', 'relato' y 'noticia' como en otras lenguas románicas; pero además tiene las acepciones de 'hazaña' y 'renombre, fama', ajenas a otros romances, pero no a los árabes *hadiθ, huduθ*, que poseen también las tres primeras mencionadas. Con el aliento de todos estos hallazgos, Castro dio también como "seudomorfosis" inspiradas por calco del árabe otros casos que después retiró en atención a objeciones ajenas o por autocrítica; pero acogió otros aportados por diversos investigadores (*plata, adelantado, hazaña, "grandes* de España").[19] Descubre Castro además que, al adoptar la vida española prácticas religiosas o sociales de origen musulmán, se han reproducido con palabras romances las fórmulas árabes correspondientes; así las bendiciones *"que Dios guarde", "que Dios mantenga"*, que antaño acompañaban a la mención del rey, señor u otra autoridad; la exclamación entusiasta "*bendita sea la madre que te parió*", que tiene también antecedente en los Evangelios, el "*si Dios quiere*" con que limitamos nuestras afirmaciones respecto al futuro, o el *"Dios le ampare"* que se dice al mendigo. A la fraseología árabe corresponde también la expresión "*asno cargado de ciencia*" 'erudito de cortos alcances', expresión procedente de una sura del Corán, etc. Es de notar que al lado del arabismo subterráneo, Castro ha reconocido más tarde la posibilidad de hebraísmo en el caso de *hijo dalgo, hidalgo*, ya que en hebreo *ben tovim* es 'hijo de los *buenos* o de bienes', y en castellano se atestigua *hijos de buenos* como 'hidalgos, nobles', y *buenos* como 'principales', 'hidalgos', 'nobles'.[20]

Cuestión capital para la historia de España es el origen occitano de la palabra *español*, procedente de *hispaniŏlus*, que de haber dejado derivado indígena hubiera dado *españuelo*. *Español* es en nuestra lengua un neologismo del siglo XIII, hecho que junto a su proveniencia occitana, había probado tras concienzudo estudio el romanista suizo Paul Aebischer en 1948.[21] Pero Castro ilumina los resultados a que había llegado Aebischer dándoles muy superior alcance histórico:[22] en los siglos primeros de su lucha contra los moros el lazo común a los varios núcleos cristianos que defendían su independencia era su religión, opuesta a la islámica, mientras el nombre de *Hispania* o *Spania* designaba con frecuencia la parte—mayor parte—de la Península, ocupada por los mahometanos. El diminutivo **hispanioli*, convertido en gentilicio de oriundez, como otros muchos con igual sufijo en Italia (*romagnuolo, campagnuolo*, etc.) y en el Midi francés (*boussagol*, 'natural de Boussagues', *cévennol* 'de los Cévennes'), hubo de surgir al norte del Pirineo y aplicarse a los hispano-godos allí refugiados cuando sobrevino la invasión musulmana. En el siglo XII la Reconquista había avanzado lo suficiente para que *España* no significase ya 'la España mora': el Cantar del Mío Cid dice de su héroe: "*Oy los reyes de España* sos parientes son", con referencia exclusiva a reyes cristianos. Desde entonces se echó de menos un adjetivo que incluyese a todos sus vasallos, agrupados en la común empresa de recobrar la tierra que todavía estaba en poder de los invasores; y el occitanismo (o catalanismo ¿quién puede excluir las ironías de la historia?) *español* vino a cubrir ese vacío. Naturalmente, no es ninguna deshonra nacional el que *español* tenga origen provenzal: la gran inmigración "franca" de los siglos XI al XIII, procedente casi toda de Occitania, se incorporó sin residuos a las formas de vida españolas. A este propósito recordé hace años que Jorge Manrique, máximo poeta de la actitud castellana frente al mundo, la vida y la muerte, tuvo entre sus antepasados a Ermesinda de Narbona, casada en el siglo XII con el conde de Lara don Malric, señor de Molina; y que de don Ponz, noble occitano, asentado en tierra leonesa bajo Alfonso VII, descendía Juan Ponce de León, el conquistador que descubrió la Florida buscando la fuente de la eterna juventud.

Mientras tanto don Américo iba forjando el instrumental teórico de su propia manera de historiar, sin que dejara nunca de preocuparle cómo encajar en su armazón doctrinal los fenómenos del lenguaje. Cuando en febrero de 1948, apenas llegado a Princeton, le pedí instrucciones sobre mi inmediato quehacer docente, me espetó: "Lapesa, yo querría que usted diera un curso sobre caracteres sintácticos del español donde se refleje la forma de vida hispánica". El asombro y la sorpresa me hicieron responder: "Don Américo, áteme usted esas moscas por el rabo". Leyendo, todavía en pruebas de imprenta, *España en su historia*, empecé a encaminarme hacia el fondo de la cuestión, que creí resolver mediante el concepto humboldtiano de la forma interior de lenguaje, según lo había aplicado Amado Alonso a varios rasgos peculiares de la lexicología y sintaxis hispánicas. Con ello y con lo mucho que el nuevo libro de Castro sugería, salí del apuro, creo que con el decoro debido. Lo malo fue que, cuando en 1954 apareció *La realidad histórica de España*, me encontré con que don Américo formulaba con precisión los conceptos de *morada vital* y *vividura*, negando que equivaliesen a la

*Weltanschauung* o cosmovisión, a la que desde W. von Humboldt se venía vinculando la forma interior de lenguaje. Tomando como punto de partida la frase de Quevedo: "Yo no tengo suficiencia de estoico, mas tengo afición a los estoicos", don Américo asienta:

> El genio personalista e integrador de lo mental y de sus circunstancias exteriores, sitúa a los españoles en los antípodas del estoicismo, si este término es referido a una metafísica y comportamiento moral prietamente ensamblados. El estoico consideraba "inhumanos" los enlaces entre la conciencia razonante y lo exterior a ella. Tomando este firme punto de mira, la distinción entre *ser* y *estar*, y el ensanche del uso de este último desde el siglo XVI, aparecen como reflejos de la nada estoica vividura española . . .
>
> En francés se dice "elle *est* belle" y "elle *est* en danger", y lo mismo acontece en inglés y alemán. El español diferencia "*es* linda" y "*está* en peligro"; en el segundo caso se expresa la vivencia de las circustancias peligrosas: "la *estoy* sintiendo en peligro". Nos hallamos, pues, ante un proceso expresivo vitalmente abierto y polimórfico, imposible de categorizar lógica y estáticamente; la expresión de las vivencias del hablante es tan amplia como la expresión artística, aquí latente bajo la gramaticalización de *estar*. La lengua nos lleva así no sólo a su "forma interior", descubierta por W. von Humboldt, sino al funcionamiento de la morada vital, en este caso, de la hispánica. (. . .) Cada lengua es como el rumor que sale de las distintas moradas de la vida, cada una con su tono, ritmo y matiz peculiares.[23]

Ahora bien, la forma interior de una lengua no es correlato de una concepción puramente intelectual del mundo. Tal vez los filósofos del lenguaje hayan tendido a subrayar abusivamente los aspectos lógicos y estáticos de esa *Weltanschauung*, que al ser "visión" o "intuición" del mundo, tiene por sí misma aspectos imaginativos y afectivos ligados al vivir. De hecho los lingüistas no la han desvinculado de la experiencia vital. Según Amado Alonso "La idea de Humboldt se desdobla para aplicarse al lenguaje, don genérico del hombre, y a las lenguas o idiomas diferentes constituidos por los hombres. 'Lenguaje' es categorización, don de lenguaje es don de categorizar, de agrupar y clasificar, y toda significación idiomática es por esencia categorial". Cosa distinta es la forma interior de cada lengua: "En la masa continua y amorfa que ofrecen la realidad y la experiencia, los hombres de cada lengua han ido rayando límites, destacando perfiles e imprimiendo formas, no según las cosas son (¿quién, Dios mío, sabe cómo es la realidad en sí misma?), sino procediendo con su interés vital, con las experiencias acumuladas generación tras generación y con las fantasías y apetitos que en esa organización interna del idioma hallan su expresión colectiva". Cuando Amado Alonso aplica su teoría de la forma lingüística interior a un ejemplo desde entonces clásico, el lenguaje gauchesco, no la relacionó con una cosmovisión conceptual y abstracta: si la nomenclatura del gaucho para designar pelajes del caballo es numerosísima, mientras la referente a la vegetación se reduce a cuatro términos solamente, ello es consecuencia de vivencias reiteradas;[24] por lo tanto, correlato de algo cercano a lo que Castro había de llamar después "morada vital". Por mi parte, al tratar hace veinte años de las posibilidades de aplicar la idea de la "forma interior" a la sintaxis histórica, planteé la condición previa de que "habría que desconectarla del idealismo filosófico, alejarla del plano en que se especula con el espíritu de los pueblos y otras abstracciones más o menos fantasmales, y traerla al de las tradiciones, hábitos, formas de vida y creaciones colectivas, caso asequible a la investigación metódica.[25] Aunque no empleara expresamente los términos de "morada vital" ni "vividura", estaban implícitos en el de "formas de vida". Ya entonces hice hincapié en que la forma interior no era estructura fijada de una vez y para siempre, sino surgida en el devenir de la lengua y modificada, ampliada o restringida a lo largo del tiempo. Recientemiente he vuelto a insistir en este carácter cambiante.[26]

He hablado ya de la huella impresa por la labor lingüística y filológica de Américo Castro durante su profesorado en la Universidad de Madrid. Voy a referirme ahora a la repercusión lingüística de las novedades teóricas y metodológicas que formuló a partir de *España en su historia*, esto es, en los 24 últimos años de su vida. No me limitaré a las aportaciones de quienes declaran seguir orientaciones o tesis de Castro, sino también las que responden a ellas sin decirlo; y asimismo las que intentando combatirlas, redundan, a pesar de todo, en favor suyo.

En primer lugar la controversia sobre las "seudomorfosis", españolas en el significante y árabes o hebreas en el significado, no se limitó a los ya mencionados ataques de Spitzer y Coseriu, a algunas concesiones de Castro y a vibrantes réplicas suyas en otros casos. La polémica atrajo la atención de investigadores que han probado cuánta riqueza existe en la cantera de los calcos semánticos hispano-semíticos. Don Américo pudo incorporar alguno de estos ejemplos a las sucesivas ediciones de *La realidad histórica de España*, según dije en su lugar; pero otros ya no llegaron a tiempo: así los aducidos por H.L.A. van Wijk en 1971, entre ellos *con bien* 'felizmente' (<ár.

*bi-hayr*, hebreo *beṭob*); *criar* carne, cabello, plumas, etc. (<ár. *rabbā*, forma segunda de *rabā*); *faz* o *haz* 'cara opuesta al envés de una cosa' (<ár. *wağh*); *llenar o henchir el ojo* 'satisfacer plenamente' 'contentar' (<ár. *mala'a-l-*$^{c}$*ain*); la *señora de la traición* 'la traidora', la *señora del parecer* 'la bien parecida', "una provincia *sennora de diez cibdades*" 'que tenía diez ciudades' (Zifar), "una bazía de açófar nueva . . . que *era señora de un escudo* 'que valía un escudo' (Cervantes), acepciones todas habituales en los ár. clásicos *du, dat* 'dueño o dueña, poseedor o poseedora de algo', y en sus equivalentes magrebíes actuales *mula, mulat*.[27] Fernando de La Granja ha escrito con más extensión sobre *llenar el ojo*,[28] había identificado antes "Cuentos árabes en la *Floresta española* de Melchor de Santa Cruz,"[29] y ha explicado después el origen de *las reliquias de Roa* o *la estaquilla de Roa o Coa*, frase basada en un refrán árabe atribuido al personaje proverbial *Ǧuḥa*.[30] Por otra parte Emilio García Gómez ha estudiado el refranero andalusí y ha encontrado descendientes de él en diversos refranes castellanos atestiguados en don Sem Tob, Santillana, Hernán Nuñez, Correas, etc., o recogidos en la tradición actual peninsular y sefardí.[31]

No era cosa nueva encontrar muestras de influjo sintáctico árabe en tratados político-morales y colecciones de cuentos traducidos al castellano durante el siglo XIII; pero Alvaro Galmés de Fuentes ha hecho la primera investigación seria del problema, para lo cual se ha basado en versiones del *Calila e Dimna* y de libros árabes de agricultura. Los fenómenos que estudia no son raros en la sintaxis románica, sobre todo en la medieval; pero en ella no abundan tanto que constituyan norma, mientras en la arábiga sí, lo mismo que en las traducciones analizadas. Tales son, entre otros, el uso de pronombre término de preposición en lugar de pronombre afijo al verbo sin ella ("ayuntáronse las aves *a él*", "ya encontré *a ellos*" por 'ayuntaronsel*e* las aves', 'ya *los* encontré', o en lugar del posesivo ("el cabdiello *de ellos*" 'su caudillo'); posesivo pleonástico ("*su* vida del ermitaño"); frase relativa anacolútica ("la jarra *que* yaze *en ella* muerte supitaña"); reiteración ilimitada de la conjunción copulativa ("*et* detove mi mano de ferir *e* de aviltar *e* de rrobar *e* de furtar"), etc. En árabe y en hebreo son frecuentes los giros verbales intensivos con acusativo interno u otras especies de figura etimológica, que pululan también en las traducciones castellanas de cuentos orientales ("*bramó* Çençeba muy fuerte *bramido*") y en las versiones antiguas de la Biblia ("*errando errará* la tierra", "*muchiguar muchiguaré* tu semen"). Huella sintáctica de la convivencia medieval entre gentes de las tres religiones es la perduración de construcciones como *calla callando, burla burlando,* *yendo que íbamos, al llegar que llegué*, etc., en el español clásico y aún en el moderno.[32]

Doctrinas de don Américo sobre estos y otros aspectos lingüísticos han sido incorporadas por Francisco Marcos Marín a obras suyas generales de nivel universitario, no sin valiosas aportaciones personales.[33] *And both last and least*: también están presentes en estudios míos de historia lingüística y sintaxis histórica españolas. En 1950 intenté explicar los cambios de actitud adoptados por los castellanos de los siglos X al XIV ante un fenómeno fonético—la apócope vocálica—por el significado y estimación que le prestaron según el cambiante contexto de las circunstancias históricas y las apetencias vitales y culturales de cada momento. Mi conclusión decía así:

> En su reciente libro *España en su historia* Américo Castro ha hecho revivir la dramática existencia de Castilla durante la Edad Media: "Apretujada entre la embestida islámica y la ambiciosa presión de Francia", Castilla forjó su carácter en la lucha para sobrevivir con un modo propio de ser. El comportamiento del castellano medieval respecto de las vocales finales[34] refleja las distintas vicisitudes de esa doble pugna. Factores lingüísticos internos contribuyeron a limitar el alcance de las influencias ejercidas por factores extralingüísticos. Pero siempre quedó un margen de elección entre determinadas posibilidades; y la decisión entre ellas obedeció en cada caso a razones de voluntad y prestigio. La intervención de estos móviles sólo puede adivinarse mediante la reflexión ante la Historia. La historia lingüística sólo encuentra sentido como un aspecto de la Historia general.[35]

De modo semejante los conceptos de "vividura" y "morada vital" han renovado y enriquecido para mí, como ya queda dicho, el tradicional de "forma interior de lenguaje". La prepotencia que don Américo otorga a la preocupación por la persona en el vivir hispánico me ha hecho ver la conexión que enlaza tres fenómenos sintácticos caracterizadores del castellano: uno es la distinción entre el objeto verbal de persona determinada, marcado por la preposición *a*, y el de persona indeterminada o cosa, no acompañado de preposición; otro, el leísmo, que nació como perduración ampliada del dativo regido por verbos intransitivos latinos cuya acción afectaba a persona; y el tercero, el diferente orden respectivo de sujeto y verbo cuando éste expresa una acción personal, con habitual anteposición del sujeto, y cuando el verbo expresa un acaecer, con frecuente y en no pocos casos forzosa precedencia del verbo al sujeto ("*sonó* un disparo", "*vinieron* las lluvias", "*se oyeron* gritos"). Otro grupo de fenómenos sintácticos se relaciona con el "integralismo" y "centaurismo" hispánicos puestos de relieve por Castro: así la mayor abundancia y riqueza que, en comparación con el francés y el italiano, tienen en español construcciones que ensamblan la abstracción de un primer término con el carácter concreto del segundo ("una *monada* de *chica*", "qué *maravilla* de *trenes*", "esa *miseria* de *jornal*"); la combinación del neutro *lo* con adjetivos en femenino o plural ("admiradas por *lo hermosas*", "no sabes *lo tristes* que están"), que entraña en seres concretos y existentes la cualidad abstracta; o la frecuencia—compartida con el italiano—del infinitivo acompañado por determinantes o calificativos nominales y por complementos o adverbios en régimen verbal ("*su infatigable tomar el rábano* por las hojas").[36]

Perdón por haberme extendido tanto en hablar de mi deuda doctrinal con don Américo. Era un deber reconocerla cuando fuera de aquí hay no pocos que la experimentan y la ocultan. Por otra parte era la manera más directa y personal de manifestar mi convicción de que el pensamiento de Castro puede suministrar valiosos instrumentos para la lingüística.

## Notas

[1] Publicado en el *Boletín de la Institución Libre de Enseñanza* (Madrid), XL, 1916, 26-31, y después en *Lengua, enseñanza y literatura*, Madrid, Victoriano Suárez, 1924, 171-197.

[2] Op. cit., 176-178. El subrayado es mío.

[3] "Hugo Schuchardt", artículo publicado en 1918 e incluido en *Lengua, enseñanza y literatura*, 155-170.

[4] En la colección *Teatro antiguo español: Textos y estudios*. Tomo II, Madrid, Centro de Est. Hist., 1917.

[5] *RFE*, VIII, 1921, y IX, 1922.

[6] *RFE*, V, 1918, y VI, 1919.

[7] "*De aquí a* 'hasta'", "Surto", "Guelte", "Boquirrubio" (*RFE*, III, 1916; IV, 1917, y VI, 1919); "Para mi santiguada", "Noruega, símbolo de oscuridad", "Salmantino 'alcaor'" (*Ibid.*, VI, 1919); "Marcelina", "Frazada", "Vino judiego", "Viedro", "Manjar blanco" (*Ibid.*, VII, 1920, y VIII, 1921); "Oio 'aceite'", "Nidio", "Lezne" (*Ibid.*, IX, 1922); "Badajoz" (*Ibid.*, XII, 1925); "Hacer la salva", *Mélanges . . . offerts à M. Antoine Thomas*, Paris, Champion, 1927, 285-290); "Estultar" (*RFE*, XVI, 1929); "Chavola" (*Ibid.*, XX, 1933); "Volatín" (*Ibid.*, XXII, 1935), etc.

[8] Madrid, Centro de Est. Hist., 1936.

[9] En *Lengua, enseñanza y literatura*, 52-81 y 102-139.
[10] *RFE*, I, 1914, 173-180.
[11] "Sobre *-tr-* y *-dr-* en español", *RFE*, VII, 1920, 57-60.
[12] "La pasiva refleja en español", *Hispania*, I, 1918, 81-85, y después en *La enseñanza del español en España*, Madrid, 1922, 39-53.
[13] "La lengua española en Marruecos", *Revista hispano-africana*, I, 1922, 145.
[14] *Modern Language Notes* (Lancaster Testimonial Number, LVII, 7, November, 1942, 505-510).
[15] *España en su historia*, Buenos Aires, Losada, 1948, 65-79; *La realidad histórica de España*, México, Porrúa, 1954, 106-112; 2ª ed., ibid., 1962, 216-229.
[16] Advirtió esta relación Alf Lombard ("Die Bedeutungsentwicklung zweier iberoromanischer Verba", *ZfrPh*, LVI, 1936, 637-642); pero Castro la profundiza al descubrir en ella una muestra del "integralismo" o integración de lo objetivo y lo subjetivo, propia de las formas de vida tanto musulmanas como hispánicas. Véanse objeciones de Leo Spitzer (*NRFH*, III, 1949, 142) y Eugenio Coseriu, "¿Arabismos o romanismos?" (*Ibid*., XV, 1961, 4-15), así como las correspondientes respuestas de Castro (*Ibid*., III, 1949, 151-152, y "Sobre 'yo amanezco' y 'yo anochezco'", *Bol. R. Acad. Esp*., XLVI, 1966, 187-190). Con todavía mayor insistencia en la personalización se dice en Puerto Rico, Chile y Argentina *amanecerse* 'pasar de una determinada manera la noche hasta el amanecer': "*Me amanecí* estudiando"; "anoche *me amanecí* en la fiesta".
[17] No es obstáculo para el arabismo semántico el hecho de que en latín medieval esté atestiguado *puritas* como 'fidelidad' (Corominas-Pascual, *Dicc. crít. etim. cast. e hispan*., IV, 1981, 698-699), pues no consta que en ese latín se usara también como 'intimidad' ni 'secreto'.
[18] Añado a los ejemplos de Castro los que aportan Corominas-Pascual, op. cit., III, 1980, 359-360.
[19] *La realidad histórica de España*, 1954, 110, 614; 1962, 215, 219-223, 229. En el caso de *hazaña* el préstamo léxico del árabe *hasana* 'ejemplo' experimenta en español una elevación semántica estimativa ('proeza'), y sufre el contagio fonético resultante de haberse relacionado antietimológicamente con *fazer, hazer*.
[20] *La realidad*, 2ª ed., 1962, 222-223.
[21] "El étnico *español*: un provenzalismo en castellano", *Estudios de Toponimía y Lexicología Románica*, Barcelona, C. S. I. C., 1948, 13-48.
[22] La primera vez que Castro llama la atención sobre el provenzalismo de *español*, demostrado por Aebischer, es en la segunda ed. de *La realidad hist. de Esp*. (1962, 21 y 26); amplió su exégesis en el artículo "Media un milenio entre las palabras España y español", publicado a la vez en *Insula* (nº 253, noviembre de 1967) y en *Estudios Filológicos*, nº 3, 1967, 56-66); con nueva redacción en *"Español", palabra*

*extranjera: razones y motivos*, Cuadernos Taurus, n° 89, Madrid, 1970, después parte inicial del volumen *Sobre el nombre y el quién de los españoles*, Madrid, Taurus, 1973. En esta publicación póstuma lleva como prólogo un artículo mío "Sobre el origen de la palabra *español*" aparecido en el diario *Ya* de Madrid el 14 de enero de 1971 e incluido con adiciones y puesta al día en mis *Estudios de historia lingüística española*, Madrid, Paraninfo, 1985, 132-137. *Sobre el nombre y el quién de los españoles* incluye entre los últimos escritos de Castro una fragmentaria Introducción a "Español" fechada el 16 de febrero de 1972.

[23] *La realidad hist. de Esp.*, 1954, 645-646. En la ed. de 1962, 118: "No basta con reducir las modalidades de vida a tipos de *Weltanschauungen*, de cosmovisiones, pues la vividura no es concepto estático, sino un juego dinámico entre posibilidades e imposibilidades".

[24] "Americanismo en la forma interior del lenguaje" (1935), incluido en los *Estudios lingüísticos. Temas hispano americanos*, Madrid, Gredos, 1953, 75-76 y 78-101.

[25] "Evolución sintáctica y forma lingüística interior en español", *Actas del XI Congreso Internacional de Lingüística y Filología Románicas, Madrid, 1965, I*, (Madrid, C. S. I. C., 1968) 137.

[26] Ibid., 140-141; "Comunidad lingüística y diversidad nacional en la cultura hispánica", *Actas del Simposio sobre Posibilidades y límites de una historiografía nacional, Madrid 8-10 de marzo de 1983* (Madrid, Instituto Germano-Español de la Goerres-Gesellschaft, 1984), 525-529.

[27] "Algunos arabismos semánticos y sintácticos en el español y el portugués", Homenaje a Jonás Andrés Van Praag, *Norte*, XII, n° 2, marzo-abril de 1971.

[28] *Al-Andalus*, XLI, 1976, 445-459.

[29] *Ibid.*, XXXV, 1970, 381 y sigts.

[30] *Estudios sobre el Siglo de Oro. Homenaje a Francisco Ynduráin*, Madrid, Edit. Nacional, 1984, 256-264.

[31] "Sobre un verso de Mutanabbî con dos refranes, uno de ellos pasado al español", *Al-Andalus* XXXVIII, 1973, 187 y sigts.; "Tres notas sobre el refranero español", *Homenaje a A. Rodríguez Moñino*, Madrid, Castalia, 1975, 239-253; y "Una prueba de que el refranero árabe fue incorporado en traducción al refranero español", *Al-Andalus*, XLII, 1977, 375-390.

[32] Alvaro Galmés de Fuentes, *Influencias sintácticas y estilísticas del árabe en la prosa medieval castellana*, Madrid, R. Acad. Esp., 1956; reseña de J. M. Solà Solé, *Bibliotheca Orientalis*, XV, 1958, 67-68.

[33] *Aproximación a la gramática española*, 2ª ed., Madrid, Cincel, 1974; *Lingüística y lengua española*, ibid., 1975; *Curso de gramática española*, Madrid, Cincel-Kapelusz, 1980.

[34] Me refiero a la conservación de la *-e* en el siglo X (*honore, pane, male*); a su adición a los arabismos de entonces (*alfoce, Mahómate*); a la pérdida extrema de la *-e* y a veces de la *-o* en el XII y mayor parte del XIII (*noch, nuef, part, fizist, allend, tot*, etc.); y a su reposición a partir del último cuarto del XIII y durante el XIV.

[35] "La apócope de la vocal en castellano antiguo. Intento de explicación histórica", *Estudios dedicados a R. Menéndez Pidal*, Madrid, C. S. I. C., II, 1951, 226.

[36] Hablo de todo ello en el citado art. "Evolución sintáctica y forma ling. interior en esp.", (véase nota 25) y en diferentes estudios, dispersos hoy, que espero ofrecer pronto reunidos.

# III. Américo Castro and Historiography

# The Problem of Determinism in Américo Castro's Historiography

Edmund L. King
*Princeton University*

My competence—if I have any at all—to speak about the thought of Américo Castro derives not from any significant studies I have made paralleling his own or even any systematic study of that thought itself. It derives rather from the fact that I made the first translation into any language of *España en su historia* as it was being revised to become *La realidad histórica de España.* (I may add that the Italian version is to a great extent based on *The Structure of Spanish History* and that the German translators had the English to hand while they were working.) Although Don Américo had himself written a few essays in French, I believe he had never before gone through the experience of having a large piece of his own Spanish writing translated into another language, and, as everyone with experience of such procedures knows, there is no test for the clarity and intelligibility of a text to equal the test of translation. Several persons—I had heard the number six—had made a stab at the job and either given up or perhaps been tactfully dismissed by Don Américo. I did not realize it at the time, but when he asked me to translate an introduction he had written for an American edition of *Lazarillo de Tormes*, he was actually trying me out. In due course after that trial, he telephoned me one evening in 1948 (I believe) to ask me whether I would take on *España en su historia*, to be published eventually by the Princeton University Press. Four years later, after countless sessions together in which my misunderstandings were corrected, obscurities were clarified, paragraphs were rewritten, dozens of pages in sequence were discarded to be replaced by others, and two new chapters were added, the translation was completed. In that process, the relationship between respectful novice and authoritative master became as well a relationship of what I believe was truly reciprocal, deep affection. Certainly, I had an extraordinary opportunity to see how the master's mind worked.

But before going any further, let me say what it is that such experience does not qualify me to undertake. I am not competent to enter the debate over whether Castro is right in arguing that the nation we know as *España* has its origins in what is commonly, but not by Castro, called the *reconquista*, and the interplay in that historical process between Iberian Christians, Moors, and Jews, nor am I competent to argue the validity of the evidence Castro presents in sustaining his argument. These are matters about which I know little more than what Castro has set forth. Suffice it to say that, having read Castro with the intense attention that perhaps only a translator can give to a text and having read his main critics with as much attention as I could muster, I am convinced that on the more general lines of the argument Castro is right. The arguments to the contrary make no effort to meet Castro on the serious level of the theory of history, do not face the problem of causality in historiography, and seem to me feeble when not positively puerile. Seneca and Gundisalvus are not Spaniards. They are not proto-Spaniards. Spaniards are the descendants of the Iberian Christian warriors from Pelayo to the *Reyes Católicos* and their cultural marriage partners the Moors and Jews.

What I do think it reasonable for me to attempt, on the basis of my experience working with Don Américo, is to answer certain other criticisms, at times almost cries of protest, that have been raised against the thought of Américo Castro as it developed in *España en su historia* and its bountiful sequels. These were reservations, strictures, nagging worries harbored, sometimes *in pectore* out of regard for Castro's unassailable dignity, by readers ready to accept the striking details of his tapestry but troubled by the fabric as a whole. In large part such attitudes were to be found in the liberal circles of Spain, intimidated if not silenced under the Franco regime, liberals to whom the doctrine expounded in *España en su historia* seemed, if sound, to justify the Generalissimo's dictatorship and the morbid religiosity of his allies in the higher clergy and their hauteur towards the working classes, seemed to say, after all, that the real Spaniards won the civil war.

Now surely the strongest motive behind the writing of *España en su historia* was to understand the Spanish civil war and the consequent triumph of fascism. Castro looked for the explanation in history. Although he spoke little of the matter, my impression was that from his centrist republican point of view he thought one side in the war to be just as Spanish as the other, that the extreme messianism of the left inevitably provoked the extreme messianism of the right because neither "rojos" nor "fascistas" had learned the lesson of history—they had not learned to inhabit their *morada vital* without ruining it from the inside. But some readers found another message, whose features I shall delineate boldly, without any shading, so as to bring them out sharply, even though, presented in this fashion, they have a certain air of the absurd about them: (1) that Castro has pigeon-holed, straitjacketed, Spain and Spaniards; that his approach is deterministic and leads to the view that Spain can never be other than it has been; (2) that Spain must be a nation of warriors; (3) that Spain must be a nation of fanatical believers; (4) that Spain cannot be a democracy, it must have an authoritative government; (5) that Spain is incapable of developing its own science and technology; (6) that all Spain's greatest cultural achievements are owing to Jewish and Muslim inspiration; (7) that Spain is not a European nation.

I would like to dwell only on the question of determinism, which embraces all the others, with two possible exceptions: the semitic roots of certain Spanish literary masterpieces and the idea that Spain is not a part of Europe, problems about which I shall say a few words.

No less a personage than King Juan Carlos I, visiting Mexico a year or two ago and speaking in a ceremony at the Plaza de las Tres Culturas, sustained the thesis that Spain enjoyed a privileged position as far as getting along with her Mexican sister was concerned, because Spain too was a people of three cultures, Christian, Moorish, and Jewish. Before Américo Castro it is inconceivable that a Spanish monarch should say such a thing and under such circumstances—unless, perhaps, we go back to Alfonso XI. I do not of course mean by this that I think His Majesty was imputing to Castro the idea that Cervantes was a Jew. Castro thought that Cervantes was a Catholic Christian Spaniard who almost certainly was aware of his *converso* ancestry and beyond any shadow of doubt understood the painful situation of the *converso* in the Spanish society of his time, an uneasiness, an insecurity, at times a horrifying embarrassment that permeated that entire society, whose members could no longer know for a fact whether they were Old Christians or New Christians. To demonstrate exactly how this state of mind might enter into the composition of works as different as *Don Quixote* and *Guzmán de Alfarache* can hardly be an easy critical task, but to maintain that such a state of mind had nothing to do with them must be still harder.

And I remember another occasion on which Don Juan Carlos delivered a speech on a topic I do not recall but in which I do recall that he exclaimed: "España es un país europeo." But to say such a thing in a tone of protest, of complaint, is in itself a sign not of doubt or of insecurity but of uncertainty. Castro, the most European and Europeanizing Spaniard I have ever known, never meant to say that Spain was not a European country but rather to explain the historical reasons for her uncertainty regarding her situation. I can easily imagine remembering him ask, in a tone of some exasperation: "To what Italian, to what German, to what Dane would it ever occur to protest that he is a European?" Yes, Spain is a European country, in its own peculiar way.

But back to the main question. Castro himself was obviously aware of the problem he was creating for even his more sympathetic readers, and he developed the concepts of the *morada vital* and *vividura* in an effort to avoid the label of determinism. But of course so much effort had the effect of magnifying rather than dissipating the problem, and I am not at all sure that it is not a betrayal of his thought to proceed, as some friendly critics have done, as if the problem can be resolved by an act of the will, those who would say, Castro has shown us what horrors result so long as we persist in behaving like Spaniards: let us behave in some better way. Indeed, I am not sure Castro himself was optimistic about the probability of Spain's finding a way out of the dilemma—how to be European and how to be Spanish at the same time—, but he did try to allow for a functional margin of possiblity.

How easy it would have been for Castro to write a more conventional kind of history, more lustrous than the familiar ones, more fascinating, more original in its details, more correct factually, but basically untroubling in its assumptions that there is an essential Spain whose origins go so far back into the past that we cannot find them, that begins to take on recognizable features when the Iberian peoples are Romanized, that acquires the strong profile we are familiar with when these peoples are thoroughly Christianized and become like a great river flowing eternally into the future while it enjoys the influx, the influence, of Muslim and Jewish tributaries that increase its volume and modify its color but in no way change its course. Immediately, I am provided with two words that critics, friendly or not, often use in characterizing Castro's thought, *essence* and *influence*. Let me point out, however, that Castro avoided their use absolutely and quite consciously. *Essence* would not do because an essence is unchangeable. Not *la esencia de lo español* but *la morada vital, la vividura española.* And although Castro did not like the label existential(ist) historian—he did not like any label that made him appear to belong to a school—in broad terms he clearly asked for it. (I may add that he also disliked being called, by Helmut Hatzfeld, a Romantic historian, but, since it is reasonable to see his kind of history as going back to Herder, that label too, while its coverage, like that of all such labels, is limited, has some merit.) In my early days as Castro's translator there were spots where I innocently thought that though the word *esencia* was not used by him in the Spanish its English cognate was clearly in order. But I quickly learned that the essential meaning of *essence* made it altogether unfit as even an occasional stand-in for *morada vital*.

The question of influence, the word and the concept, is a little more complicated. First of all, the concept had been dreadfully vulgarized and trivialized by thousands of "influence" studies in which the pointing out of obvious borrowings was mingled with wishful speculations concerning the invisible to produce works of slight intellectual substance. Besides, even if it could be reinvigorated, could recover its root meaning of an in-flowing, there would still remain the sense of the mainstream and one or more tributaries. Confluence perhaps would have served, except for its evocation of the very concept being avoided, and, besides, it lacked the Orteguian vitalistic aura of the every-day word *convivencia*, which was appropriated and, through an elaborate process of associations, endowed with a much weightier sense than it has in common usage. (Needless to say, this choice did nothing to ease the translator's task.)

So we have three words—*vital, vividura, convivencia*—that link Castro with European vitalist philosophy, no doubt through Ortega, in opposition to the mechanistic, and so, deterministic, view of much modern philosophy. Still, there is no doubt, I think, that what he called authentic history, the property of certain human collectivities, as distinguished from others whose past could only be described or at best be narrated, he saw as a kind of novel in which the leading character was the historical "we," placing himself in this respect at the antipodes of Unamuno's *intrahistoria*. And what character is to the actors in a novel, the *morada vital* is to the historical "we." —It is important to emphasize here, by the way, the avoidance of the use of the term "national character." We recognize the individual, sense his identity, through what we commonly call his character, and what Castro was looking for was a designation of something analogous to a person's character by which we recognize, sense the identity of, the national collectivity, something that precisely should not be called character, which is proper only to separate persons. But of course it could be argued that a *morada* is just a fancy name for a pigeonhole, that it is a prison without bars, and to the individual it is in a way more confining because he is born into it and is sentenced to remain in it for life. Yes and no.

I think we might as well admit that there is something limiting, controlling, about the *morada vital*, that to be a Spaniard is to inhabit that metaphoric place willy-nilly. What the *morada vital* does not do, however, is to control or limit the character of the individual inhabitant. The "historical we" is one thing, the individual "I" another, though the character of the "I" cannot help being affected by the "we" to which it belongs. What people fail to bear in mind is that the *morada vital* is a structure of social values shaped in a deep historical matrix. There is here none of the nonsense about Spaniards being this or that kind of psychological type—passionate, religious, impractical, lazy, intelligent, or any other. The individual Spaniard, like the individual German or the individual Italian, may be shy or may be bold, he may be intelligent or stupid, he may be verbose or laconic, etc., but he will be whatever he is in his personal psychology always in some relation of tension to the *morada vital*, a relationship which will be more or less comfortable depending upon the historical moment. That the *morada vital* will be more hospitable to certain kinds of activities than others undertaken by its inhabitants there can be no doubt.

To move outside of Spain for an example that will offend no one, let us look at the place of opera houses and symphony orchestras in Germany and Austria on the one hand and in the United States on the other. State support for such enterprises has been taken for granted in the European countries throughout the modern history of music, whereas in America, with a general musical culture in no way inferior to what is to be found, say, in Germany, orchestras, fairly numerous, and opera houses, very scarce, have had to struggle to come into existence and to sustain themselves with virtually no governmental assistance. Music and the other arts have very different places—they do, of course, have a place, but their places, I repeat, are very different—in the respective *moradas vitales*. And if tomorrow the President of the United States would persuade the Congress to provide funds for twenty regional opera houses, the fact that such an action were taking place for the first time in the 200 years of the republic's life would itself be a demonstration of the difference between the *moradas vitales*.

This leads me to the point that is often missed if not misunderstood about Castro's concept of the *morada vital*. While the individual inhabitant cannot escape from it, he is completely free according to the lights of his judgment to rebel against the *vividura* that goes on in it. Indeed, it might be said that not to do so when the *vividura* has become a morbid expression of the articles of faith that constitute the *morada vital* may very well allow the structure to destroy itself, may signify the death of a culture. This has happened in the past. It will happen again. Let me take an example from our own country, lest I commit the impertinence of telling Spaniards things that they know better than I do. If we may grant for a moment that there is validity in the concept of the *morada vital* and if we may even grant that without being a cultural historian of the United States I am plausibly able to identify significant beliefs that constitute a part of the American *morada vital*, I will say that two of the structural elements are a belief in freedom, which must mean first of all personal freedom, and a belief in equality. To take the matter of equality first, surely until recent years, for the vast majority of Americans equality applied to white people but not to blacks and other inhabitants of the *morada vital*, who, in the majority's view, simply did not belong to the "historical we." At the same time, the racial minorities were being imbued, living as they inescapably did within the *morada vital*, both through formal education and through all sorts of cultural influences—even the segregation laws themselves—with the belief that *all* men, not just white men, were equal. The *vividura* was putting the *morada vital* to the test. So far, it has survived. While some people are still more equal than others, the general equality of all citizens is certainly greater than it was in 1860—or 1960.

Or take freedom. Economic enterprise is the area of human activity in which the value of freedom is most often asserted in the United States. As long as the middle continent was available for the taking, no one thought to question the legitimacy of exploitation, but before we realized what was happening, our forests were disappearing, industrial poisons were infecting the ground water and the streams, and the atmosphere of the cities was being polluted—all in the exercise of freedom. If the process continued, the value of freedom would be vacated of all meaning, yet those who for the moment were the economic beneficiaries of the abuse were not conspicuous in seeking limitations on their freedom to exploit—to pollute, to poison, to make uninhabitable the land of freedom, as uninhabitable for the exploiters in the long run as for those who were more passive victims. Neither capital nor labor welcomed protests, but the protests began to take place. The issue is as yet unresolved, and perhaps in the nature of things will never be definitively resolved. My point is that the perverse projection of a fundamental American article of faith to the point where it was becoming self-destructive was being resisted by a minority who realized the absurdity of the paradox and initiated efforts to limit the abuse of freedom. Those who inhabit the *morada vital* can do so in an abusive fashion.

The *morada vital española*, I think Castro would have agreed, is beyond facile reduction to a handful of structuring beliefs. Those of a skeptical turn of mind might admit that the national ethos may be intuited, may be dwelling if not in the blood of Spaniards certainly in their consciousness and their subconscious, but they would deny that there is any way to capture it in words. Very well. But Castro was not so skeptical, and was not afraid to practice a form of reductionism in the interest of achieving some degree of comprehension, a procedure we cannot avoid whenever we wish to grasp an elusively elaborate living reality. And so, in explaining the *morada vital española* to American students in his little college textbook *Iberoamérica*, he reduced it to a transfigured triangle: a strong sense of seignory, an absolute faith in divine transcendence, and a sublime reluctance to engage in the production of the material goods indispensable if the society was to sustain the other two sides of its triangle. I am not going to tell Spaniards and fellow-hispanists how all this has worked for good and ill in the Hispanic world, how it has revealed itself in the Spanish *vividura* in both splendid and horrible ways. Castro himself believed that somehow by making Spaniards face the reality of their *morada vital* and how it came into being he could lead them, as if through some kind of national psychoanalysis, to accept themselves, be cured thus of what he perceived to be a national neurosis—a national inferiority complex, so to speak, what he called *la historia de una inseguridad*; of living in a world of myth rather than in their real world—and so to get on with the business of living in modern Europe. It seemed to me, however, that he grew more and more interested in laying bare that reality and less and less interested in the structural apparatus of his therapeutic method. And I don't suppose anyone can have a very clear idea about how such a process of therapy might go on. How many Spaniards, which Spaniards, have to learn the truth about their history in order to move forward securely in the modern world? When can it be said that the lesson has been learned? The way out of the apparent determinism of Castro's historiography—the principled opposition of a minority of the inhabitants to the ruination of the *morada vital* by the majority—that I have proposed here first of all does not answer those unanswerable questions and second is not Castro's proposal but my inference from his writings, though it is an inference I believe he would have accepted.

Américo Castro never found much to like in the work of Fernand Braudel, and certainly Braudel's emphasis on geography, economics, and events is not easily compatible with *La realidad histórica de España*, and the French historian is not given to the kind of theoretical excursus that ends in the formulation of such concepts as the *morada vital*. But Braudel does allow for the concept of national identity and the problem of how a people can, indeed at times must, adapt itself to new conditions and engraft upon its body new processes, new institutions, new forms of behavior, without ceasing to be itself, without abandoning what Castro would call its *morada vital*. I quote selectively from *The Mediterranean and the Mediterranean World in the Age of Philip II* (tr. Siân Reynolds, New York: Harper & Row, 1973; Vol. II, pp. 763-770): "The sign of a vital civilization is that it is able to export itself, its own ways of thinking and living . . . [And] a civilization must be able to give but also to receive and to borrow . . . But a great civilization may also be recognized in its resistance to borrowing, to certain alliances, in its rigorous selection from among the foreign influences with which it is faced . . . Throughout all the changes that have altered or destroyed civilizations, there are surprising areas of permanence. Men as individuals can be false to them, but civilizations have their own way of enduring, anchored to a few points fixed and apparently unchangeable." With this view Américo Castro could have no quarrel.

# Américo Castro y la historia

Francisco Márquez Villanueva
*Harvard University*

La relación de los españoles con su historia ha sido siempre compleja y no se halla exenta de una orilla jeremíaca. Tras la brillante puesta en marcha supuesta por la historiografía alfonsí, nuestros autores medievales empiezan pronto a plañir el olvido en que las hazañas de los españoles caen por falta de plumas para celebrarlas. Los cargos de cronistas oficiales, empezando por Juan de Mena, sirvieron después, en conjunto, como sinecuras destinadas a garantizar que sus titulares se dedicaran a cualquier actividad que no fuera escribir historia. Mientras Mabillon y sus benedictinos echan los cimientos del moderno saber histórico, cunde entre nosotros la mala hierba de los falsos cronicones, halagos de la vanidad colectiva que la misma Inquisición pretenderá abrigar bajo un manto de ortodoxia.

Pero sobre todo, el XIX, gran siglo de la historia, no produce en España ninguna figura destacada. Pomposos nombres de la Academia y el Foro, que a veces cubren el trabajo forzado de anónimos amanuenses, tratan de recuperar algo del tiempo perdido con colecciones de documentos, cuyos resultados no pasan muy allá del abrumar los plúteos con arrobas de papel impreso, *materiales* en el sentido literal de la palabra y destinados a permanecer casi tan desconocidos como antes. En lo que resulta un destino peculiar, la elaboración de conceptos y encuadres históricos la realizan entre nosotros de preferencia filólogos. Nos encontramos así en un terreno dominado hasta hoy por la trilogía Menéndez Pelayo, Menéndez Pidal y Américo Castro. De ellos sólo este último llegó, en la etapa decisiva y final de su vida, a un declarado compromiso con la historia.

La primera gran síntesis del pasado español es realizada por Menéndez Pelayo, más bien un humanista al viejo estilo que un hombre de mentalidad científica. Tuvo el adverso destino de nacer ya desfasado del pensamiento del siglo y de no llegar a iniciarse en la lingüística románica, que tan tarde llegó a apreciar y nunca a comprender. Su obra es, técnicamente hablando, una mescolanza de tosquedades y exquisiteces. Se trata, por desgracia y dentro de su innegable grandeza, de una construcción polémica y banderiza, reivindicadora de un pasado casticista e inquisitorial que se resiste a morir. La arremetida juvenil de Menéndez Pelayo respondía claramente al *desideratum* de una España que ante todo se concebía a sí misma como heredera de dicho legado y que recompensó a su paladín con cuanta humana satisfacción tenía de su mano en el siglo XIX. Vinieron después, sí, las famosas "palinodias",[1] pero hay que reconocer que el declinante don Marcelino nunca estuvo dispuesto a llevarlas hasta el punto de alterar con aquéllas las sosegadas digestiones de la España de la Restauración.

No cabe hablar de una escuela de historia española hasta la fundación del Centro de Estudios Históricos (1910) en torno a la egregia figura de don Ramón Menéndez Pidal. Máximo logro del espíritu científico y liberal en España, sorprende también hasta el desconcierto en su aceptación al menos pasiva de los planteamientos de don Marcelino. Es evidente que en dicho centro se consideraba de mal gusto[2] el abordar temas como el de la Inquisición o el del destino final de las minorías semíticas. Salió del Centro de Estudios Históricos un ejemplar espíritu de amor a la tarea y de responsabilidad erudita, pero no la menor ruptura o revisión profunda del pasado español. El desinterés en los temas de historia intelectual y religiosa,[3] que fueron sin duda su punto flaco, debió tanto a falta de tradición como a escaso deseo de entrar en ninguna polémica de fondo. Para comprenderlo, hay que tener en cuenta el clima peculiar con que la crisis del Noventayocho ha agudizado aquella relación, de por sí hiperestésica, entre el español y su historia. Publicistas y políticos (no historiadores) han cuajado a través sobre todo del ensayo la doctrina del regeneracionismo y la polémica en torno a la identidad nacional, con desembocadura en la tesis maniquea de "las dos Españas". Como resultado, el español necesita más que nunca de una historia vista como un pasado glorioso, única riqueza que no ha desaparecido de los cofres de la nacionalidad. Inmerso o tal vez arrastrado por la conciencia de época, ni don Ramón está dispuesto a sacudir al enfermo de ese sueño anestésico. Prefiere, por el contrario, encauzarlo suavemente y su Cid Campeador ofrece hoy para nosotros una deliciosa pátina de héroe y abanderado del regeneracionismo. Comprometido con un patriotismo a la defensiva, Menéndez Pidal mostró siempre una decidida aversión a cuanto pudiera verse como menoscabo de consagradas glorias nacionales, según demostró hasta el final con su actitud acerca de fray Bartolomé de las Casas.

A grandes rasgos, no es otro el panorama ante los ojos de Américo Castro en su exilio de Princeton, a comienzos de los años cuarenta. Su inmediato acicate no es otro que una atormentada reflexión sobre la guerra civil, que no puede menos de ver como punto final de un proceso histórico iniciado tras la liquidación de la España de las tres religiones en manos de los Reyes Católicos. A la hora de hacer inteligibles las causas profundas de tan luctuoso estallido, don Américo lo considera también una consecuencia de la incomprensión y el autoengaño de los españoles con su propia historia. Llega, sobre todo, el momento excesivamente dilatado de dar una respuesta liberal pero no polémica a Menéndez Pelayo y a sus *Heterodoxos*, por cuyo prólogo literalmente se ha muerto y matado en la cainita contienda. La simpatía que la figura de don Marcelino nos inspira en otros terrenos no debe cegarnos para eximirle aquí de una espantosa responsabilidad, con su reducción del ser nacional a un catolicismo anacrónico y fracasado, fuera del cual no habría siquiera derecho a titularse español. Permítaseme el *excursus* de que la guerra civil fue posible porque de hecho se hallaba entablada desde muy atrás y porque todos se habían reconciliado de antemano con la idea de un ajuste de cuentas a cualquier precio. El desenlace de exterminio resultaba inevitable para un cuerpo nacional cuyos intelectuales eran capaces de fundir la idea de patria con un catolicismo inquisitorial o de acoger, en el otro lado, aquella racionalización horrible de "arrojar aunque sea un millón de españoles a los lobos, si no queremos arrojarnos todos a los puercos".[4]

Don Américo había sido siempre un poco el *enfant terrible* y el *maverick* del Centro de Estudios Históricos.[5] Le correspondió así ser el primer español dispuesto a romper para siempre con el nacionalismo encubridor de fobias inveteradas, así como con la mutua absorción de lo político y lo religioso, que reflejaba lo peor del pasado y contribuía a perpetuarlo. Su abrazo con una historia que era preciso entender (y no loar ni denostar), llevara a donde llevase, era un gran acto de fe intelectual, a la vez que del más sano y heroico patriotismo. No ha existido probablemente más brillante ni radical ejercicio de dolorosa autognosis (no autoflagelación) y el ejemplo de este caso español no dejaría de ser provechoso para otras comunidades modernas, aún no maduras para dicha clase de discurso histórico. El concepto de España de don Américo no dependía para su grandeza de un desfile de glorias zarzueleras. Miraba cara a cara los temas difíciles o negativos que hasta entonces venían disimulándose y, sobre todo, dejaba por primera vez de contribuir con su concepto histórico a la insolidaridad de los españoles. Se hacía en su obra un gran barrido de mitos, diatribas y ocultaciones con carta de orgullosa naturaleza. Buscaba, sí, una intelección del *origen, ser y existir de los españoles,* pero en un plano funcional, no metafísico al estilo de las búsquedas decimonónicas del "carácter nacional", ni menos aún ideológico, según la vitanda fórmula de don Marcelino. "Qué es España" no era para don Américo, como para Ortega y Gasset (*España invertebrada*), una pregunta angustiada. Tampoco, como para Sánchez Albornoz, "un enigma histórico". El eterno "problema" de España, que en los años cuarenta se declaraba en la Península inexistente poco menos que por decreto,[6] era para Castro el de una historia mal planteada en su estudio y conjurable por el condigno esfuerzo de laboriosidad e inteligencia.

El gran replanteo histórico elaborado por don Américo tiene multitud de encuentros con la filosofía y con las ciencias humanas de este siglo, pero primordialmente ha de entenderse como la realización algo tardía de un programa añorado en vano por algunos espíritus españoles desde los años de crisis del Noventayocho. El joven Unamuno de *En torno al casticismo,* (1905), resistiéndose al fácil espejuelo regeneracionista, había diagnosticado cómo

> el estudio de la propia historia, que debía ser un implacable examen de conciencia, se torna, por desgracia, como fuente de apologías y apologías de vergüenzas, y de excusas y de disculpaciones y componendas con la conciencia, como medio de defensa contra la penitencia regeneradora. Apena leer trabajos de historia en que se llama glorias a nuestras mayores vergüenzas, a las *glorias* de que nos purgamos.[7]

Y un poco más abajo:

> El conocimiento desinteresado de su historia da a un pueblo valor, conocimiento de sí mismo, para despojarse de los detritus de desasimilación que embarazan su vida.[8]

El incumplido llamamiento unamuniano fue confirmado por Manuel Azaña en los días de la República como un urgente problema nacional. España no era país gobernable mientras se enseñara en sus escuelas y universidades una historia irreal y estupefaciente, conforme al síndrome descrito en *El jardín de los frailes* (1926). Su barrido era indispensable para el alumbramiento de una conciencia nacional pacífica y moderna. Sin duda tuvieron sobre don Américo gran fuerza algunos textos que hoy cabe llamar proféticos, como el discurso pronunciado el 27 de mayo de 1932 sobre el estatuto de Cataluña:

> En el estado presente de la sociedad española, nada puede hacerse de útil y valedero sin emanciparnos de la historia. Como hay personas heredosifilíticas, así España es un país heredohistórico . . . El morbo histórico que corroe hasta los huesos del ente español no se engendra en la investigación ni en la crítica o análisis de los hechos; antes, la falta de esos hábitos mentales prepara el terreno a la invasión morbosa . . . Provee de motivos patéticos a la inmensa caterva de sentimentales y vanidosos,

> semilocos, averiados por una instrucción falaz y un nacionalismo tramposo que ni siquiera se atreve a exhibir sus títulos actuales.[9]

Para don Américo ha llegado por fin esa hora ineludible de explicar el proceso histórico español fuera de toda coordenada nacionalista o ideológica. Más aún, el mismo acto de dicha toma de conciencia debe dar fe del abandono de los viejos hábitos, con una intelección capacitada para conferir al caso español un interés universal dentro del moderno saber histórico. Heredero ya de la más pura tradición filológica europea, creía don Américo llegado el momento de conferir también a la historia española una mayoría de edad en relación con el pensamiento de nuestra época. Y ahí está el magno testimonio de *España en su historia* (1948) y cuanto la siguió hasta el año 1972.

Toda esta inserción de Américo Castro en lo más ambicioso y renovador de la conciencia de su tiempo, así como su ampliación del foco y metodología de los estudios históricos, le ha sido imputada por oponentes sistemáticos en una columna de escandalosas transgresiones. Los ecos, acuerdos y desacuerdos con Unamuno y Ortega, la incorporación del pensamiento existencialista y del historicismo diltheyano, todo le ha sido echado en cara como si se tratara de una sarta de crímenes. No nos importe darles algo de lo suyo a tales detractores y comprendamos que la idea de un historiador español con semejante tipo de preocupaciones es tan desusada como para resultar en sí desconcertante y hasta subversiva. A los que estudiábamos historia en la universidad española de los años cincuenta se nos enseñaba todavía que ésta consiste en "los documentos", que como se sabe son papeles custodiados en los archivos y acerca de los cuales lo único que hace falta aprender son técnicas de transcripción paleográfica. Ya me he referido en otra ocasión[10] al dato, también "histórico", de que jamás escuché dentro de un aula los nombres de Unamuno ni de Ortega, y mucho menos el de Américo Castro, cuyo mero cuchicheo por los pasillos bastaba para infundir espanto.

El resultado de los esfuerzos de Américo Castro es una historia en "desarme", que por la primera vez une a los españoles bajo el pabellón de una experiencia común, en vez de dividirlos. El erasmista, como el converso o el inquisidor son otros tantos aspectos de acción y reacción ante una infinita gama y encadenamiento de desafíos, elaborados desde el interior de irrepetibles formas de vida. España no es una entidad ni física ni metafísica que siempre haya estado ahí, sino una realidad histórica hecha y deshecha por un determinado grupo humano que tardó mucho en llamarse "español". No veo fundamento a la objeción de que la *morada vital* constituya una jaula o artilugio determinista para el individuo ni para la sociedad.[11] Por el contrario,

Américo Castro contempla el pasado como una continua, fascinante opción de un libre albedrío y, contra las tesis marxistas, la económica es sólo una de ellas y no el motor de la historia. No le interesa el rígido trazado idealista de ningún *dauerspanier*,[12] ni tampoco erigir la estatua de una imposible "España eterna". En lugar de todo esto, una atención monopolizada por el carácter funcional del hecho histórico, que es probablemente su mayor aportación original, con independencia de la mayor o menor validez de sus tesis y soluciones en un orden de problemas concretos. Frente a la España monolítica (ya se sabe que con efímeras excepciones "heterodoxas") de Menéndez Pelayo, un haz de posibilidades que unas veces se realizan y otras se frustran en el seno de una historia que pudo haber corrido por cauces muy diferentes. De ahí su atención, por ejemplo, al problema de las minorías intelectuales y de los grupos sociales marginados, donde late tanta promesa de una historia inédita. Sabía muy bien, y por muchos años fue el único, de la mina que suponían los estudios de historia religiosa, encarecidos al mismo tiempo que fracasados en manos de Menéndez Pelayo. Don Américo publicaba ya en 1929[13] páginas memorables sobre Santa Teresa, que cuentan entre lo más sagaz escrito en materia de literatura religiosa con anterioridad a la revolución traída por Marcel Bataillon a los estudios de espiritualidad. Después de aquélla hubo una renovada atención al sentido humano y sociológico del hecho religioso, en noble compañía, pero no siempre del brazo del gran hispanista francés, como atestigua esa exploración tan difícil que es *Lo hispánico y el erasmismo* (1941-1942).

En un terreno ya específico, su máximo foco innovador consiste, como es obvio, en la valoración activa del aporte semítico, causante de una Edad Media y, por consecuencia natural, de un proceso moderno que no se deja abarcar por la mera transposición de módulos elaborados para el resto de Europa. Aunque en el fondo no hacía sino aplicar diestramente el concepto antropológico de aculturación,[14] la susceptibilidad del español con su historia bastaba para dar a la empresa un carácter revolucionario. Don Américo cometía, entre otros, el imperdonable crimen de asestar el golpe de gracia al mito neovisigótico, espinazo de una visión conservadora de la historia española y, desde la obra de Lucas de Túy, hoja de parra ocultadora de lo semítico o prevención militante contra su valoración positiva.

El problema ha resultado aquí particularmente dificultoso. Don Américo sabía que en esto esperaba a sus ideas una recia cuesta arriba y ya en 1950 recuerda cómo "el español no se interesa en estudiar más historia ni más civilización que la suya".[15] Para ejemplos en contrario hay que remontarse al siglo XVI, con la actitud del Inca Garcilaso hacia lo incaico o la del mucho más modesto Miguel de Luna[16] hacia lo islámico, sin olvidar que aun en ambos casos barren para adentro por razones de orden muy personal. La presencia seudomórfica de lo semítico, que al igual que en la lengua, detecta don Américo a modo de aportación permanente en la cultura española, despertaba y sigue despertando resistencia. Milita contra ella el reato inquisitorial que extiende sobre moros y judíos el palio de la *deshonra* y, más o menos confesadamente, sigue considerándolos como huéspedes indeseables para meter en la propia casa, sobre todo cuando ahí a las puertas se tiene a la pulcra y "Occidental" Europa. No es de extrañar tampoco que cunda en las filas académicas cierta alarma ante tamaño compromiso, sobre todo cuando éste impone la dura alternativa de prestar atención a las lenguas semíticas y los filólogos, en especial, tienen ya tanta labor entre manos a base de la latina.

Lo más extraño es, sin embargo, el relativo desinterés de arabistas y hebraístas en atender a unas tesis que, en principio, parecen ofrecerles rica promesa. El fenómeno es complejo en diversas perspectivas. Grupos sumamente cerrados sobre sí mismos por efecto de su pequeña representación en el seno del mundo académico, comparten la misma escasa proclividad de los romanistas a involucrarse activamente en el estudio de formas culturales híbridas, que dentro de su orden de prioridades se les antojan como secundarias, además de exigir un incómodo aprendizaje en áreas desusadas. En el caso concreto de España ha contado además la hipoteca ideológica que ha venido pesando sobre nuestro reciente orientalismo, tolerado a duras penas por la conciencia conservadora, que sólo ha permitido su tenue existencia a cambio de verlo en manos de personas de toda confianza por lo que hace a ortodoxia religiosa y política (frecuentemente presbíteros o asimilados). Como ha explicado James T. Monroe,[17] el dogma de este arabismo español, vagamente teñido de cierta condescendencia romántica, ha sido la inferioridad cultural, que hacía de lo islámico una barbarie disimulada y redimida si acaso por sus concomitancias con el cristianismo (tesis de *El Islam cristianizado* de Asín Palacios). Fuera del ámbito español viene a ocurrir también algo similar, aunque por razones opuestas. Musulmanes y judíos se nos parecen en hallarse estrecha y parroquialmente interesados en sus respectivas culturas, considerando su existencia en Al-ándalus-Sefarad dentro de una especie de vacío en el que todo lo cristiano es desdeñable además de odioso. Con la más tosca injusticia, don Américo es considerado en Israel como un antisemita y la orientación de sus estudiosos viene a ser la otra cara de Menéndez Pelayo, sin advertir que con ello dan la razón a éste y justifican por carambola al Santo Oficio. Cabe afirmar en este sentido que el orientalismo no se ha interesado ni puesto todavía a la altura de los problemas y metodología requeridos por los estudios de simbiosis cultural. Ya sabemos también de excepciones que confirman la regla, y por eso cabe esperar tanto de las generaciones jóvenes y del selecto grupo de arabistas y hebraístas aquí presentes. Las perspectivas abiertas por Américo Castro están llamadas a significar tarde o temprano, al igual que lo fue España misma, un fecundo terreno de encuentro para Oriente y Occidente.

Al elaborar todo un sistema innovador y alternativo para encuadre general de la historia española, don Américo no procedía a ninguna postulación de base metafísica. Sus obras están construidas como un desfile de cuestiones particulares minuciosa y lúcidamente analizadas. Las acusaciones de no ser "exhaustivo"[18] ignoran que la previa selección de problemas, áreas y fuentes con promesa de especial rendimiento constituye la única metodología posible dentro de los estudios que ahora llamamos, con Braudel, de la *longue durée*. Para don Américo sólo existe la realización indiferenciada del hecho humano en el pasado, de donde la vacuidad meramente facticia de subdividir su estudio en compartimientos estancos. Su obra es, por esencia, interdisciplinar y exige, sobre todo, una fusión de la filología y de la historia que puede considerarse a su vez como epidesarrollo de las más fecundas ideas legadas por Menéndez Pidal a su escuela. El mismo divorcio entre romanistas y orientalistas no exige como único remedio aquella casi imposible duplicación de aprendizajes, sino la abierta y factible actitud interdisciplinar de que el viejo maestro dio alto ejemplo.

Don Américo reclama para la literatura un lugar de privilegio entre las fuentes históricas, muy por delante de su consideración como almacén de materiales meramente ilustrativos a que la relegaba el positivismo. Se inicia así una metodología integradora, que deja muy atrás el mero, acostumbrado trasiego de datos en uno u otro sentido. La obra literaria no hace historia pero, aparte de hallarse irremediablemente inserta en ella, documenta reacciones, sentimientos y hechos axiológicos en un plano de profundidad vedada a ninguna otra clase de monumentos. El testimonio del poeta no es pasivo como el de la historia social o cuantitativa, sino interactivo y "profético". Su hermenéutica, por lo mismo, no es como la de otros materiales, pues incluye la integración del hecho estético que solamente la crítica literaria logra hacer visible. La literatura, se predica a su vez para el filólogo, ofrece una dimensión colectiva que interacciona con cuanto la rodea y que no desaparece de la obra más individualista o más comprometida con puros valores formales. La literatura y no la psiquiatría, es el fundamento de una legítima psicohistoria,[19] concepto que no recuerdo llegara a formular en cuanto tal don Américo, pero que claramente caía dentro de sus intereses y para cuyo desarrollo estableció sólidas bases. Historiadores y filólogos se encuentran así llamados a trabajar hombro con hombro para establecer el círculo de comprensión que hace inteligible el sentido del pasado, con máximo provecho siempre para las respectivas disciplinas.

Todo esto significa hoy día un gran camino por el cual apenas si hemos dado unos pasos. En los últimos veinte años los estudios históricos han sido abrumadoramente captados por las investigaciones de tipo social y económico, con base doctrinal marxista más o menos cercana. Aun declarándolas útiles y bienvenidas, representan con frecuencia el ápice del positivismo deshumanizador de la historia, donde las cosas y el número (productos, circulación monetaria, demografía, etc.) se vuelven más importantes que los hombres, o hasta alguna entidad geográfica (¡el Mediterráneo!) llega a asumir protagonismo. Para don Américo no había mayor negación de la historia que la pretensión de sustraerla a la complejidad del fenómeno humano, reduciéndola a "una simple estructura sin nada ulterior".[20] Opone por eso el concepto de función al de estructura y eleva el principio que es preciso llamar de "cualificación" frente al de "cuantificación". Como establece una de sus afirmaciones más memorables, "la vida humana no se somete a mensuraciones y previsiones".[21] La historia de Américo Castro rechaza así la reintroducción de la "ley histórica" del positivismo bajo el rótulo de estructuralismo (y esto se dice aparte del frecuente uso de la palabra *estructura* por don Américo, necesitado a su vez de urgente estudio). Desde este punto de vista, el afán de obviar por vía matemática la complejidad imprevisible del fenómeno humano sólo oculta el *death wish* de las Humanidades en su carrera por asimilarse a las ciencias que en tiempos se llamaron "exactas".

En otro terreno, sería preciso encarecer cúanto de entre estos estudios de última hora no hace sino confirmar hechos anticipados o perfectamente previsibles dentro del sistema de Américo Castro (por ejemplo todo lo relativo a la catastrófica economía de la España de los Austrias). Se impone recordar que la razón de un concepto histórico no es sino la de hacer visible y cargar de significación a hechos o realidades hasta el momento anómicas, así como el fijar unas condiciones válidas de inferencia y analogía. Sin el Renacimiento de Burckhardt, el Amor Cortés de Gaston Paris y el Barroco de Weisbach ¿cúantas tiendas no habrían de cerrarse? Asistido del mismo, si no mejor derecho, el uso de criterios elaborados por Américo Castro para categorizar desde dentro el hecho histórico español se pinta en cambio escandaloso para no pocos. La estrategia en tales casos es la invocación farisaica de la clase de "pruebas" *a priori* que son ajenas a la metodología de las Humanidades y a base de las cuales ni siquiera cabría "demostrar" que las lenguas románicas procedan del latín vulgar.

No importa demasiado, porque *España en su historia* alteró para siempre la sensibilidad del historiador español,[22] sea cual sea su escuela o tendencia y hasta hizo enjuiciar conforme a otro estilo a Claudio Sánchez Albornoz. Cabe decir, que, en conjunto, la visión de Américo Castro se acerca cada vez más a ser el módulo natural del fenómeno histórico de España. Lo hace, sin embargo, de un modo paulatino y con frecuencia bajo etiquetas destinadas a paliar dicha correlación, como son los recursos a la sociología del socorrido "Mediterráneo" o al principio de "exclusión" como barniz estructuralista de lo que para don Américo era toda la problemática de la *honra.* Inevitable y machadianamente "se hace camino al andar". La limpieza de sangre, que durante muchos años fue del todo ignorada o puesta todo lo más a cuenta de una curiosidad de museo, se acepta hoy, por tales o cuáles caminos, como una de las grandes palancas del pasado español. La nueva trinchera de los recalcitrantes consiste ahora en alegar que no constituía sino uno de tantos mecanismos de control implantados en toda Europa para defensa del modelo estamental o *société d'ordres*[23] del Antiguo Régimen. Algo es algo.

No debemos olvidar, por último, que la obra histórica de Américo Castro es sólo un esbozo, trazado en angustiada carrera con la brevedad de la vida, como el viejo maestro recordaba con insistencia a sus amigos. En realidad consiste en una serie de calas, una perforación de pozos en terrenos que se juzgan de importancia clave. Su valor es el de orientaciones profundas para lo mucho que queda por hacer. Ajena por definición y por partida doble a la "exhaustividad" de un positivismo ingenuo, no se halla sino tanto más lejos de constituir un cuerpo de doctrina coránica ni masorética. Don Américo no lo dejó todo *dicho* ni fue el único mortal al abrigo del error. Bajo la explosión de conocimientos sabemos hoy cosas que se ignoraban en 1972 y cada día iremos añadiendo otras. Nadie ha sido más consciente que don Américo de la provisionalidad de la tarea interpretativa, ni se ha hallado más abierto a la rectificación e incluso desautorización de grandes zonas de su propia obra. De ahí su febril darse a revisiones al reeditar sus trabajos, aspecto de nuevo sumamente incomprendido y aun echado a la peor parte por sus críticos. Su obra es un edificio felizmente inacabado, y por ello abierto a los cuatro vientos. Sus habitadores se ven así sujetos a la intemperie de un trabajo adicional de rectificación, puesta a prueba y refinamiento. Semejante tarea es en todo contraria al simplismo ("todo es judío", etc.) con que aquélla es a veces invocada aun por personas del oficio. Lo mismo cabe decir de su rodar vulgarizado por un éxito de librería no siempre servido en el gran público por su adecuada exégesis crítica. Su sentido y general llamamiento no dejan de estar, sin embargo, muy claros. La obra de Américo Castro significa un gran avance en el *nosce te ipsum* de la cultura de habla española. En cuanto tal, es base de nuevas construcciones, y en modo alguno tiene por qué ser una Iglesia, ni aun siquiera en rigor una *escuela*, terminada para comodidad y perpetuación de un puñado de discípulos. No nos hemos reunido aquí hoy bajo ese espíritu, como prueba el que la mayoría de nosotros nos estrechemos por primera vez la mano en esta conmemoración jubilosa. Sí es muy cierto, en cambio, que a todos los aquí presentes nos toca una responsabilidad personal y directa en traer a nuestro quehacer cuotidiano esa renovación depurada y laboriosa, de cara siempre al hombre (y a la mujer) en su experiencia hispana, que es el último sentido y la única verdad absoluta de la obra y del ejemplo intelectual del maestro Américo Castro.

## Notas

[1] Dámaso Alonso, *Menéndez Pelayo, crítico literario. (Las palinodias de don Marcelino)* (Madrid: Gredos, 1956).

[2] Conforme al calificado testimonio de Vicente Lloréns: "En mis años de estudiante, y aun después, se evitaba mencionar a la Inquisición dentro de la historia cultural de España. Era, en primer término, cosa de mal gusto que no casaba bien con conceptos tales como Renacimiento o Barroco . . . Cuando Marcel Bataillon, en sus primeros estudios sobre la literatura religiosa del siglo XVI, hacía referencia, como no podía menos, a la Inquisición, más de uno de sus propios amigos y admiradores torcía el gesto con desagrado" *(Aspectos sociales de la literatura española* [Madrid: Castalia, 1974], págs. 5-6).

[3] Observación de José L. Aranguren, "A new model for Hispanic history", *Américo Castro and the Meaning of Spanish Civilization* (Berkeley and Los Angeles: Un. of California Press, 1976), pág. 310. No hay que olvidar, sin embargo, el clima de guerra intelectual aplazada que se vivía bajo toda la Restauración. Ninguna mejor prueba que la carta escrita por Américo Castro a Marcel Bataillon (20 de abril de 1928) acerca de la necesidad de atenuar, conforme al criterio compartido además por don Ramón Menéndez Pidal y Dámaso Alonso, el tono heterodoxo del estudio de aquél sobre el *Enchiridion*, (Marcel Bataillon, "Erasmo, ayer y hoy", *Cuadernos Hispanoamericanos*, nn. 280-282 [octubre-diciembre, 1973], págs. 234-235).

[4] *Idearium español* en *Obras completas* (Madrid: Aguilar, 1943), I, pág. 112.

[5] Su interés en una historia más profunda antecede con mucho a 1948 y es muy visible sobre todo en su labor periodística anterior al exilio, como demuestra Albert

Sicroff, "En torno a las ideas de Américo Castro", *Actas del quinto congreso internacional de hispanistas* (Bordeaux, 1977), I, 105-119.

[6] Rafael Calvo Serer, *España sin problema* (Madrid: Rialp, 1949). Respuesta polémica a Pedro Laín Entralgo, *El problema de España* (Madrid: Seminario de Problemas Hispanoamericanos, 1948).

[7] *Obras completas* (Madrid: Escelicer, 1966), I, pág. 798.

[8] *Ibid.*, pág. 800.

[9] *Memorias políticas y de guerra* (Madrid: Afrodisio Aguado, 1976), pág. 399.

[10] Francisco Márquez Villanueva, "El encuentro con la obra de Américo Castro", *Estudios sobre la obra de Américo Castro* (Madrid: Taurus, 1971), pág. 160.

[11] Eugenio Asensio, "Américo Castro historiador: reflexiones sobre *La realidad histórica de España*", *MLN*, 81 (1966), pág. 607.

[12] Procede la objeción de Leo Spitzer, *Lingüística e historia literaria* (Madrid: Gredos, 1968), pág. 71 n.

[13] *Santa Teresa y otros ensayos* (Madrid: Historia Nueva, 1929).

[14] La decisiva incorporación de conceptos antropológicos en su obra ha sido estudiada por Oriol Pi-Sunyer, "The Historiography of Américo Castro: An Anthropological Interpretation", *Bulletin of Hispanic Studies*, 49 (1972), 40-50. Oportunas consideraciones sobre el particular en Michael E. Gerli, "History, Medieval Spanish and the Lessons of Américo Castro", *Kentucky Romance Quarterly*, 26 (1979), 169-179.

[15] *Ensayo de historiología* (New York: Franz C. Feger, 1950), pág. 18.

[16] Francisco Márquez Villanueva, "La voluntad de leyenda de Miguel de Luna", *Nueva Revista de Filología Hispánica*, 30 (1981), 359-395.

[17] *Islam and the Arabs in Spanish Scholarship* (Leiden: J. Brill, 1970).

[18] Conforme a queja de Hilda Grasotti, en uno de los puntos más bajos de la polémica Albornoz-Castro ("Plática escuderil. En réplica al ataque de Claudio Guillén a Sánchez Albornoz", *Cuadernos de Historia de España*, 31-32 [1960], pág. 252).

[19] "De ahí la ineficacia de la psicología científica para explicar la historia" (Américo Castro, *Dos ensayos* [México: Porrúa, 1956], pág. 36). Castro, "psycho-historian" *avant la lettre* según Gerli, "History, Medieval Spanish Literature and the Lessons of Américo Castro", pág. 177.

[20] *Dos ensayos*, pág. 22.

[21] *Ibid.*, pág. 29.

[22] Como observa Antonio Domínguez Ortiz, la publicación de *España en su historia* y la polémica que se siguió "indicaba que se había producido un cambio de coyuntura, que afloraba una nueva sensibilidad para estos problemas y que este cambio ni se efectuaba en un solo sentido ni era mera repercusión de hechos externos"

("Reflexiones sobre la programación de la historia en enseñanzas de grado medio", *Magister*, 3 [mayo, 1985], pág. 44).

[23] Tesis esencial de José A. Maravall, *Poder, honor y élites en el siglo XVII* (Madrid: Siglo Veintiuno, 1979).

# Class or Caste:
# A Critique of the Castro Thesis

John Beverley
*University of Pittsburgh*

The achievement of Américo Castro and his school is to have illuminated the presence and cultural action of the Islamic and Jewish populations of the Iberian Peninsula, to have shown their interaction—"convivencia y desgarro", to use Castro's phrase—with each other and with the Christian population as formative of Spain and Spanishness itself—something obscured by the historical variants of what Francisco Márquez Villanueva has called "the neo-Gothic myth"[1] of Spain as an essentially Catholic and European nation. This was in part a political achievement, because it involved an elaboration of a sense of the hispanic which both diagnosed the spiritual meanness and inauthenticity of the Franco regime and at the same time prefigured the reemergence of a pluralistic, democratic society. Castro would no doubt have enjoyed the paradox which has made a latter-day Bourbon king the main guardian of a parliamentary government headed presently by the Spanish Socialist Party.

The limitation entailed in this achievement, I will argue however, is the following: Castro and his school allow their concern with the very real and crucial problem of the Spanish Jewish community—and thence of the *converso* or New Christian population of the Golden Age—to limit their vision of other social and ideological forces present in early modern Spain, in particular those in which class status, interests, consciousness and values are determinants of behaviour just as much as (more exactly: in conjunction with) racial/religious caste ascriptions. This lack of concern with class and class struggle in the constitution of the Spanish *morada*—Castro's formula was "castes, rather than classes"[2]—, I will suggest, produces a one-sided account of even that which the school proposes as its special subject: the dynamics of Jewish and *converso* life and culture in Spain.

Let me begin by raising some questions about the methodological bases of Castro's work. Its debt to various strands of German Idealist historiography —Dilthey, for example—and to phenomenology is, I think, obvious. Here is

Castro himself explaining why he came to abandon history of ideas in a characteristic passage from the preface to *La edad conflictiva*:

> Un nuevo modo de considerar el pasado y el funcionamiento de la vida en España hizo posible superar la idea de haber sido el honor un "concepto"; en vez de llamar a eso un concepto, habría que hablar de la expresión de la vivencia del sentimiento honroso (. . .) Porque los hechos humanos, si uno no participa de la vida de quienes los habitaron, son cáscaras vacías de sentido.

The task of the historian, Castro continues, is to "convivir, (. . .) hacer lo posible por tomar el 'punto de sentimiento' de quienes se expresan en el pasado".[3]

Castro's epistemological dependence on philosophies of extreme subjectivism—I think it would be fair to characterize his historiography as existentialism applied to hispanism—is connected evidently with his emphasis on the self-conscious, living individual, the bearer of a "punto de sentimiento", as the subject of history.[4] That is the sense of that intimate "voice" that speaks in the collage of documents and texts that Castro constructs in his own writing: say, *The Koran*, or the poems of Santob, or the great soliloquy of Melibea's father at the end of the *Celestina*, or the *cancionero* of Fernando de la Torre. This voice, which carries the drama of a private self, fortified "in the castle of his own person",[5] constitutes itself *rhetorically* (I see no other way of putting it) in Castro's discourse as a metonymy for the collective subject Spain or the Spanish. The collective is simply the individual writ large: "Spain is a human entity that has functioned as a subject agent".[6] Here are some examples from *The Structure of Spanish History* (italicized pronouns are mine):

> Rebellious to law and to any norm of the state, the Spaniard was docile to the voice of tradition and to the imperative of *his* absolute person. (p. 29)

> The importance that the Spaniard attaches to the person as one of the poles of *his* existence has led *him* to make it a center of attraction and reference for everything that exists in and around *him*. Out of this condition arises a kind of imperialism of the person . . . (p. 250)

> (. . .) the Spaniard feels *himself* united to other people only when in *his* view they amount to a magnification of *his* own person, and not because they may represent ideas with a universal validity (. . .) Rather, *he* has given *himself* to those who have proposed utopian projects, because, without

> wondering about the possiblity of their achievements, *he* has *believed* in them. (p. 626)
>
> About the year 1500 Spain became Spain, and *she* turned from the receptive to the expansive attitude. (p. 641)
>
> Spain created a certain type of culture while *she* was destroying the possibility of the "other" type that was to prevail and triumph beyond her borders. (p. 642)

There is a curious and perhaps fortuitous coincidence in Castro's writing between method and object of analysis: after all, "personal absolutism" is the essence of the Spanish self, according to him. But what kind of subject is this "Spain"—"the Spanish" that is genderless (more exactly, as the italics above mark: "the Spanish" masculine, "Spain" feminine), classless, of indeterminate age, and, especially remarkable in a country like Spain, lacking any sort of regional identity? Does the "desgarro and convivencia" of Christians and Jews take precedence, historiographically, over, say, the "desgarro and convivencia" of Catalans and Castilians? Is the second explainable simply as a consequence of the first? Can the sense of "vivir desviviéndose", personal absolutism, etc. be said to characterize Spanish women in general, or are we dealing with an existential mode which is essentially masculine? Is Castro's methodology specific to the "reality" of Spanish history alone?

Castro's construction of "Spain"—"the Spanish" poses a larger question, however. Can it be said anyway that the subject is a basis for historical knowing? Does not that textual voice which embodies the "punto de sentimiento" entail precisely what Derrida has called a "metaphysics of presence"? Truth *for* the subject—as opposed to the truth *of* the subject—, psychoanalytic theory reminds us, consists not so much in a process of knowing but rather in the imaginary identification of self and other in an act of fundamental misrecognition. To give a phenomenology of the subject-form of Spanish life is in effect to describe the imaginary of a certain Spanish ego (or of certain Spanish *egos*), which is in all three of its principal caste variants in Castro's writing male, upper class (aristocratic or at least *letrado*, since it is represented by writing and literature), and more Castilian than anything else.

Castro's central slogan "caste not class" is linked in turn to a rather peculiar, Ortegaish notion that medieval Spain was not a feudal society at all, that it didn't have classes or class conflict as other parts of Europe.[7] "Caste not class" can be seen as an extension of the problematic of the subject we have just sketched. Caste has a "lived"—*vivencial*—reality that can be expressed in acute forms of self-consciousness (personal absolutism) like honor codes or the obsession with lineage. Class involves, in contrast, a logic of collective social entities which cannot simply be extrapolated from the situation of a single individual, nor from a representative sample or summary of single individuals. That is what Althusser means, for example, when he speaks of history as a process without a subject. The notion that we participate in—make—history as "free" subjects is precisely an effect of ideology, of the ways we are constituted as subjects by our culture. Castro's historiography seems, in this sense, to substitute effect for cause.

One of the major scholarly contributions of the Castro school has been around the issue of the legal test of *limpieza de sangre* and its socio-cultural implications in Golden Age Spain: so much so that it has become almost second nature in contemporary hispanism to assume that *limpieza de sangre* meant exclusively or even mainly that one had no Jewish ancestry. But is this in fact the case? As is well known, Maravall has argued—and despite other limitations of his approach, I see no reason to question the validity of this claim in particular—that the statutes on purity of blood sought to extend to *conversos* in the 15th and 16th centuries the allegation of *oscura sangre* already applied in medieval law to artisans, peasants, merchants and laborers on an occupational or property basis.[8] To have "good blood" signified, he believes, that one belonged to the hereditary nobility (or could pass as so belonging), not that one was an Old Christian. In principle, of course, the two things should coincide. But not all Old Christians were noble, nor of course were all nobles necessarily Old Christians. Perhaps 5 percent of the population of Spain in the Golden Age were *conversos*, but some 75 percent were non-noble and thus equally barred from the doors of office, honor and promotion. As he never tires of reminding his master, Sancho Panza is as Old Christian as they come, but also not, like Don Quijote, a nobleman and therefore excluded by blood from the offices and privileges reserved for the aristocracy. That is why his dream of being the governor of his own kingdom must have seemed as comic and anachronistic as Don Quijote's fantasies to the reader of the early 17th century. In the language of the statutes "quedan excluidos judíos, moros y descendientes de villanos" (Jews, Moors and descendants of the low-born are excluded from offices of honor).

Castro of course knew that *limpieza de sangre* was not an exclusively religious issue. The problem has more to do with his wanting to *inflect* it existentially as a matter of religion and religious caste self-awareness, for the reasons I have suggested.[9] I grant in return that the issue of *limpieza de sangre* and of the antagonism towards real or supposed *conversos* was more than the "functional" question of legal discrimination Maravall makes it. Maravall not only ignores the human drama of those who were *conversos* and were discriminated against by the statutes; he also ignores how anti-semitism becomes in Spanish Golden Age culture a kind of pervasive ideological ethos, involving a whole series of general psychological, cultural and political attitudes.

In a brilliant passage, Stephen Gilman, echoing Castro's "caste not class" slogan, writes of Fernando de Rojas:

> Pertenecía no a una clase, sino a una casta que era a la vez un elemento *activo* de la sociedad y a la vez estaba excluida de ella, mirada con desconfianza y antipatía. El y otros como él estaban a la vez dentro y fuera (. . .) Habiendo abandonado una fe y aun (en muchos casos) no habiendo adquirido enteramente otra, al converso le era difícil compartir la estructura de creencias que un miembro del todo aceptado de la sociedad podía emplear para volver inocua toda conciencia de injusticia o fracaso social. Vivía al margen; observaba desde fuera; tenía una perspectiva y una capacidad de evaluación clínica de motivos que era poco probable que se dieran en personas nacidas como miembros integrados en su sociedad.[10]

What does it mean for Gilman to insist here that Rojas didn't belong to a class? He is clearly trying to establish a "punto de sentimiento"—Rojas' feelings as a *converso*—which is not reducible to class-belonging. But is it possible for someone in a class society *not* to belong to a class? Moreover, isn't the issue of class-belonging integral to the vision of society Rojas himself deploys in the *Celestina*? (Class-belonging is, of course, something independent of the individual's choice and may or may not be accurately expressed in his or her subjective self-consciousness.) Is it just or even primarily Rojas' status as a *converso* which accounts for his "capacidad de evaluación clínica de motivos", or does this also have something to do with the emergence of a new type of bourgeois intellectual or *letrado*, like Machiavelli, steeped in nominalism and the new secularism of academic Humanism? And if it is the case that both determinations are present, how is one to decide which is the decisive one?

This is not to say that Gilman's portrait is wrong: rather that it is reductionist, that it replaces a complex set of determinations—*one of which is certainly caste*—by a single determination. Against a sort of marxist or sociological functionalism (Maravall again), I think it is reductionist to account for Rojas simply as a bourgeois or proto-bourgeois; but by the same token it is also reductionist to account for him simply as a *converso*. What seems clear in the case of someone like Rojas is that his experience of class is "lived through" caste, and vice versa.

Is it in fact possible to establish the specificity of what it meant to be a Jew or *converso* in a country like Spain without taking into account class division and conflicts, both synchronically within feudalism and diachronically in the period of transition between feudalism and capitalism? I don't mean here something like Sombart's discredited notion of the European Jews as the bearers of capitalism or Abram Leon's thesis of the Jews as a "people-class" in the Middle Ages. Both of these accounts are reductionist too. But I think we can begin to question that curious paradox in Castro's historiography whereby the Jews, as contributing their own sense of caste exclusiveness to the Spanish *morada*, are both the cause and the victim of their own persecution via *limpieza de sangre*.[11] This is, I think, a case of "blaming the victim". The crisis of the Spanish Jewish community, we do well to remember, is part of a general crisis of the European Jewish community in the 16th century, not something peculiar to Spain, as it tends to appear in Castro's work (i.e., precisely as the mark of Spain's *difference* from Europe). That crisis is in turn the outcome of the emergence of primitive forms of capitalism and the market economy (money rent, mercantilism, large-scale banking, the American gold and silver) which precipitate a collapse of the traditional functions of the Jewish community in the interstices of feudal economies and displace onto it the resentments and antagonisms generated in the population at large by these new forms of wealth and exploitation. Abram Leon writes of this situation in what is still, I think, the classic marxist account:

> Feudalism progressively gives way to a regime of exchange. As a consequence, the field of activity of Jewish usury is constantly contracting (. . .) The transformation of all classes of society into producers of exchange values, into owners of money, raises them unanimously against Jewish usury whose archaic character emphasizes its rapacity. The struggle against the Jews takes on increasingly violent forms. Royalty, traditional protector of the Jews, has to yield to the repeated demands of congresses of the nobility and the bourgeoisie. Besides, the monarchs themselves are increasingly compelled to dig into the treasuries of the bourgeoisie, a class which soon monopolizes the most important portion of mobile wealth. In the eyes of the kings, the Jews as a source of revenue became less interesting (leaving out of consideration the fact that expulsion of the Jews was always an extremely profitable operation) (. . .) It is in this fashion

> that the Jews were progressively expelled from all the western countries. It was an exodus from the more developed countries to the more backward ones of Eastern Europe [and the Mediterranean] (. . .) Now begins the era of the ghettos and of the worst persecutions and humiliations.[12]

To articulate the crisis of the Spanish Jews as bound up with the economic and ideological dynamics of the general process of transition from feudalism to capitalism in early modern Europe is beyond my competence. What I think is clear, however, is that the drama of *limpieza de sangre* expresses not only the *desgarro* of Christians and Jews in Spain—though it does that, certainly—but also the effects of a complex set of shifting class relationships and antagonisms, both on a national and an international plane, in the age of what Marx aptly called the primitive accumulation of capital. *Limpieza de sangre* implies the use of the *converso* (more generally: the Semitic) as an ideological signifier by a state and eccesiastical apparatus which is in the last instance a dictatorship of the aristocracy, to effect a neutralization of any rival force seen as destructive of the order of the empire and the established relations of hierarchy and obedience (i.e., in the last instance of exploitation): religious heresy, Spain's European and Mediterranean enemies, what Weber would term the "spirit of capitalism", social discontent inside Spain itself. Where Castro speaks of "caste, rather than class", therefore, it would seem more fruitful to take up the slogan "caste *and* class", where the one is seen as a dialectical aspect of the other.

Let me conclude by raising the issue of Américo Castro's influence, particularly on North American hispanism. Castro in exile represented the opposition of a current Spanish Liberalism to the Franco regime, not the point of view (admittedly contradictory) of the working class parties and supporters of the Republic. His stated affinity with T. S. Eliot's bleak diagnosis of public education and mass culture (in the essay on "Modern Education"),[13] or his own essay on *porteño* Spanish—the subject of a famous polemic with Borges—suggest the fundamentally elitist and anti-popular character of his thought. I would risk saying in fact that by a process of displacement and substitution the Muslim and Jewish communities of Spain become in Castro's historiography a stand-in for the social forces and ideals that composed the Second Republic. This accounts for the sympathy of at least a part of the Spanish left for Castro. But displacement and substitution also involve a denial and deferral of the specifically collectivist character—variously, communist, socialist, anarchist and feminist—of these social forces.

Castro came to the United States on the eve of the Cold War. He offered a vision of Spanish history and civilization which, particularly in its active repudiation of a marxist or class-based historiography, fitted both the private and public assumptions of U. S. liberalism in the post-World War II period. In that sense, his historiography could be said to have constituted *an ideology* of North American academic hispanism. That was perhaps the source of its power to attract and influence, to create a school, but also its ultimate limitation.

## Notes

[1] In his "La voluntad de leyenda de Miguel de Luna", *Nueva Revista de Filología Hispánica* 30, no. 2 (1981), pp. 391-93.

[2] See *The Structure of Spanish History*, trans. Edmund King (Princeton: Univ. Press, 1956), pp. 607-15.

[3] *De la edad conflictiva*, second edition (Madrid: Taurus, 1961), p. 27.

[4] "The *human being* in the abstract is not an object of the intuition and of the conscious awareness of the historian; the latter must always contend with people under the form of Romans, Italians, Spaniards, or whatever may be the modality of their existence" (*Structure*, p. 41).

[5] The phrase occurs throughout *The Structure of Spanish History*, e.g.: "The Spaniard welded himself to his legendary, religious, and artistic beliefs, as did no other European people. He fortified himself in the castle of his own person, and in his own person he found the impetus and faith to build a strange and immense colonial empire that lasted from 1500 to 1824" (*Structure*, p. 29).

[6] *Structure*, p. 665.

[7] See, for example, *Structure*, pp. 607-8:

> The tolerance of the Middle Ages and the intermingling of three different creeds hindered the establishment of the graduated regimen that prevailed in European feudalism—peasants, artisans, nobility, clergy. Spanish society broke up into three different hierarchies, each independent of the others, and therein lies the explanation for the absence of a feudal society (. . .) In contrast to Spain, the feudalism of Western Christianity had a tightly homogeneous hierarchic scale of respect, submission, privilege and duty. The lord constituted an absolute horizon for the vassal. The Spaniard, quite the contrary, had to divide his loyalties among three different authorities (Christian, Moslem, Jewish), with no clear sense of what was owed to

Caesar and what to God. In this situation, feudalism of the European type became impossible.

[8] See, for example, José Antonio Maravall, "La función del honor en la sociedad tradicional", *Ideologies and Literature* 7 (1978), pp. 9-27.

[9] See *Structure*, pp. 628-35 (on "Hidalguismo, The Sense of Nobility"); *De la edad*, pp. 79-99 (on "Honra y limpieza de sangre"); and Albert Sicroff, *Les Controverses des Statuts du 'Pureté de Sang' en Espagne du XV*$^{e}$ *au XVII*$^{e}$ *Siècle* (Paris: Didier, 1960), pp. 290-97.

[10] Stephen Gilman, introduction to *La Celestina*, ed. Dorothy S. Severin (Madrid: Alianza Editorial, 1971), p. 14.

[11] For example, *Structure*, pp. 525-29:

> The people who really felt the scruple of purity were the Spanish Jews (. . .) In order to protect himself against the suspicion and persecution of the Old Christians, the New Christian built up his caste-consciousness as a protection against his own Jewish descent and as a protest of the total sincerity of his Christianity, an act of justification in his own eyes and the eyes of society. (p. 525)
>
> In the sixteenth and seventeenth centuries, the purity of blood had become a thought pattern of the noble and ecclesiastical society as a result of the preoccupations with which the converts had, as it were, injected it. (p. 527)
>
> (. . .) the purity of blood was the answer of a society animated by anti-Jewish fury to the racial hermeticism of the Jew (. . .) (p. 531).

[12] Abram Leon, *The Jewish Question: A Marxist Interpretation* (1946), English-language version (New York: Pathfinder Press, 1970), pp. 151-53. The key discussion of Leon is Maxine Rodinson's extended preface to the second French edition of the book, *La conception matérialiste de la question juive* (Paris: Maspero, 1968). Leon, a Belgian Trotskyist of Polish Jewish origin, was killed at Auschwitz in 1944.

[13] See *Structure*, p. 652, n. 72.

# Américo Castro en la polémica de la ciencia

Aniano Peña
*Mary Washington College*

Uno de los temas más aireados, a partir del siglo XIX, ha sido el de la decadencia española. El *ritornello* insistente de esa palabra ha hecho brotar páginas y páginas de literatura decadentista, a la vez que llamaradas de histerismo dialéctico, encaminadas a crear en los españoles un monstruoso complejo de culpabilidad hereditaria. Las teorías en torno a dicho concepto son de lo más peregrinas y exaltadas.

"¿Somos o no somos un país de decadencia?", se pregunta Américo Castro.[1] Azorín lo niega en 1924. Pío Baroja, pasada la neurosis deprimente de sus escritos de juventud, lamentando el *¡Triste país!*, siente más tarde que no hay motivo para tal pesimismo. En general, la tesis de la decadencia española es comúnmente aceptada como un fenómeno histórico, pero cuyas causas y motivos se buscan en múltiples direcciones. Hasta la fórmula de las dos Españas parece hallar aquí la gran piedra de escándalo divisoria.

Ya en 1852 Adolfo de Castro se plantea el problema en un ensayo de título bien explícito: *Examen filosófico sobre las principales causas de la decadencia de España.* Y culpa a la tiránica intolerancia de la Inquisición de los males nacionales, especialmente debido al estado de opresión contra la palabra escrita. Cito, como botón de muestra, una de sus frases tan sonoras: "Los déspotas siempre han perseguido el raciocinio, porque en él han visto el mayor de sus contrarios."[2] Lucas Mallada, en su libro *Los males de la patria y la futura revolución española* (1890), señala los cuatro defectos del carácter nacional que hacen que "los españoles físicamente (seamos) de marcada inferioridad a casi todos los demás pueblos civilizados."[3] Estos son: la fantasía, la pereza, la falta de patriotismo y la ignorancia (p. 61). Mallada no indaga en las causas históricas de estos defectos. Desde la perspectiva de la "psicología de los pueblos," parece adelantar una explicación naturalista en la situación geográfica de la Península, causa de la pobreza del suelo.

Vidal Fité, en *Las desdichas de la Patria*, culpa al militarismo restaurador de la monarquía, de todos los males de nuestra decadencia actual tras el desastre del 98: "El marasmo que nos confunde, el enervamiento que nos aniquila, esa glacial apatía que nos denigra ante los ojos de Europa, es el frío sudario que envuelve nuestro cuerpo, invitando a la raza anglosajona ejerza con nosotros su repugnante instinto de alado vampiro . . . Hoy te roban tus ricas colonias porque yace en el abatimiento. Mañana te esclavizarán si persistes en tu decadencia."[4]

Macías Picavea ve las causas de la decadencia en el austracismo germano, con sus veinte y dos males.[5] Igualmente Guixé, en *Problemas de España* (1912), coloca, junto a este austracismo y cesarismo de Macías Picavea, la hegemonía del clero, la política africanista de Isabel la Católica y la emigración a América, verdadero desangre peninsular. Ya Menéndez Pelayo había aludido al excesivo número de religiosos de ambos sexos. Altamira, por su parte, reconoce, sí, el hecho de la decadencia y, junto a causas históricas, señala otras relativas a defectos del alma nacional desde la perspectiva de la "psicología de los pueblos." Pero reconoce que se trata de un problema complejísimo y oscuro que hay que estudiar históricamente.[6]

En esta introducción sobre la decadencia nacional, aunque se alargue un poquito más de la cuenta, quiero mencionar a Ortega y Gasset. En *España invertebrada* (1920) quiso desenterrar las raíces últimas de nuestra decadencia. Libro pesimista como pocos, parece repetir ideas de Gabriel Maura: decadencia real, auténtica, no ha existido en España; decadencia "aparente," sí, correspondiente a una grandeza igualmente "aparente," puro espejismo. Pero en simulada contradicción, afirma a renglón seguido que la historia toda de España ha sido la historia de una enfermedad, es decir, de una decadencia, por nacer sin el ingrediente racial necesario, el blondo vitalismo bárbaro de allende el Rin. La falta de vitalidad de los visigodos, germanos alcoholizados de romanismo, impidió el sistema feudal, nuestra gran desgracia histórica, ya que ello originó el imperio imperturbado de la masa, del "pueblo," y la ausencia de minorías selectas responsables de una disciplina superior, cultura clásica y civilización progresiva. Consecuencia final: la invertebración de España.

Como corolario o "lazarillo" del tema de la decadencia, brota éste que nos interesa aquí, el problema de la ciencia, el atraso cultural español respecto a la Europa moderna.

Conocida es la llamada "polémica de la ciencia española," que tanta pasión levantó, a partir de 1876, y que puso a prueba la habilidad combativa del joven Menéndez Pelayo. Coleccionados artículos y cartas de debate, don Marcelino publicó un tomito con el ambicioso título de *La ciencia española* (1876),[7] que fue aumentando de volumen en las ediciones siguentes (1880 y 1887) con nuevos materiales de polémica. Este primer intento serio de reivindicación de la ciencia nacional entre los modernos, representa un "afán pueril" para don Américo, y la visión que ofrece es pobre y elemental, "más enumerativa que descriminadora," según Laín Entralgo. Una vez leído dicho tomo, Ortega manifiesta su opinión: "Antes de su libro entreveíamos ya que en España no había habido ciencia; luego de publicado se vio paladinamente que jamás la había habido. Ciencia, no; hombre de ciencia, sí."[8] Y ante dos científicos eminentes, hace el siguiente correctivo: "el caso Cajal y mucho más el caso Hinojosa, no pueden significar un orgullo para nuestro país; son más bien una vergüenza porque son una casualidad" (p. 108). Estas lamentaciones de Ortega parecen ser eco de aquellas de Pardo Bazán, en París, cuando al tratar de explicar la negación de todo movimiento científico y cultural en España, ante el caso Ramón y Cajal, añadía: "pero la excepción en nuestra raza, donde el individuo superior (las minorías selectas orteguianas) apenas influye sobre la colectividad, no sirve más que para confirmar la regla."[9]

Ante esta lacra evidente de caracterología nacional, historiadores, viajeros, pensadores, críticos y hasta psicólogos se plantean constantes interrogantes: ¿Existe una ingénita o endémica incapacidad del español para la ciencia? ¿Es el medio fisiológico-geográfico responsable del atraso cultural de este pueblo? ¿Es España un país caído, muerto para siempre? Julián Juderías en *La leyenda negra*, nos ofrece una enorme lista de críticos españoles y extranjeros que han intentado explicar, desde las más arbitrarias y peregrinas perspectivas, este marasmo nacional. Entrar críticamente en todas y cada una de ellas, sería tema de un libro. En este simposio-homenaje hemos de honrar las ideas críticas de don Américo, quien, por su solución casticista, está de lleno dentro de la polémica.

En mis estudios sobre el impacto de la *Völkerpsychologie* alemana (la psicología de los pueblos) en la generación del 98 y en escritores coetáneos, he notado la frecuencia casi obsesiva con que aparece el tema de la ciencia, en su búsqueda del alma nacional y análisis de su psicología. Junto a obvias razones históricas, no dejan de aportar otras hipótesis de carácter naturalista, basadas en el *medio*.

Tanto la herencia racial—gotas de sangre ibera, romana, visigoda, árabe o semita—como las disposiciones geográficas de la Península—esos dichosos Pirineos que nos separan de Europa y nos encaran al Africa, y ese sol canicular, africano, que seca los intelectos—han dado lugar a las más extravagantes hipótesis en la interpretación del tema que nos incumbe. Conocida es la peregrina tesis de Buckle, quien pretendía explicar la ineptitud científica española acudiendo a la influencia perniciosa de volcanes y terremotos, frecuentes, según él, en la Península. Rafael Salillas es otro extremista del medio y de la doctrina psicofisiológica en sus estudios de psicología y antropología penal. Sostiene la tesis, como Salaverría en *Alma vasca*, de que "la variedad de destemplanzas climatológicas produce la diferencia de ingenios."[10] Y, como Azorín en *La ruta del Quijote*, culpa a la región de La Mancha de la locura del caballero andante. "Cervantes," escribe, "es, tal vez, el caso más evidente y demostrativo del influjo del medio" (p. 147). José Rodríguez Carracido dedica todo un libro al problema presente: *Estudios histórico-críticos de la Ciencia española.*[11] Con tono biologista, propio de la "psicología de los pueblos," estudia la posición geográfica peninsular, las condiciones del suelo y la capacidad de los españoles para las ciencias. El factor étnico es de papel secundario para Carracido: tanto los "dolicocéfalos" como los "braquicéfalos" son igualmente aptos o ineptos para la ciencia. La persistencia de elementos etnogénicos, predominantemente el semita y africano, no elimina el carácter europeo de nuestra cultura. Y concluye: ni uno solo de los factores psicogénicos (suelo, clima, herencia racial) pueden considerarse desfavorables al desarrollo de la ciencia. "La causa de nuestro atraso científico," son sus palabras, "no está en defecto alguno congénito, sino en circunstancias accidentales del proceso histórico que nos arrastraron al estado decadente en que hoy estamos sumidos" (pp. 42-43).

"Castilla ha hecho a España y Castilla la ha deshecho" (*España invertebrada*, p. 61), reza una frase archiconocida de Ortega. Castilla, como Roma, "mal dotadas intelectualmente, pero con un poderoso talento nacionalizador," forjaron las dos más amplias estructuras nacionales sobre la base del "pueblo." Y el pueblo indócil, "el pueblo español, desde hace siglos, detesta todo hombre ejemplar, o, cuando menos, está ciego para sus cualidades excelentes" (p. 124). Esa es la mortal enfermedad padecida por nuestro pueblo, la "aristofobia el odio a los mejores" (p. 124). "Aquí lo ha hecho todo el 'pueblo,' y lo que el 'pueblo' no ha podido hacer se ha quedado sin hacer" (p. 126). Y está comprobado que el "pueblo" sólo puede ejercer funciones elementales de vida; no puede hacer ciencia, ni arte superior, ni crear civilización técnica, ni un Estado consistente, ni una religión elevada. La razón histórica nos la dio antes: el ingrediente visigótico enfermo, decadente, desvitalizado. Y, dócil a los del 98, recoge fielmente sus imperativos de "europeización," de "germanización," patrocinados por la tesis pangermanista de lo ario, de lo vital, que había constituido la gran propaganda alemana de la antiguerra. Es el momento del germanismo en España: Hinojosa busca lo germánico en nuestro derecho, Menéndez Pidal en nuestra épica, Melquíades Alvarez en el "reformismo" de origen protestante, Baroja en el color del pelo y Ortega aboga por el "blondo germano" que lleva dentro (*Meditaciones*). Hasta la cerveza se propaga ahora como bebida de minorías selectas.

Don Américo, profesor de la Central y heredero de las preocupaciones culturales de la generación del 98, no podía ser ajeno a la polémica de la ciencia española.

Como Menéndez Pelayo, el Castro joven parte de la existencia de una realidad cultural rica en la Edad Media, debido al foco hispano-semita, y gloriosa en el Renacimiento, que hizo posibles *La Celestina*, la picaresca, el *Quijote* y el Imperio. Antes de 1600 la obra científica hispana, producto de entrecruce de las tres castas primero y de los conversos después, está presente en Europa. Ya don Juan Manuel aludía a "las sabidurías y maestrías" de los moros (*Libro de los Estados*). Existen referencias también a la "empinación" de los judíos. Contra las tesis anti-renacentistas y proafricanas de los alemanes Hans Wantoch, Heinrich Morf y Klemperer, Castro afirma el europeísmo de España, parte integral de Occidente. Y siguiendo la tesis orteguiana, escribe *El pensamiento de Cervantes* (1925) delineando al autor del *Quijote* como la figura cumbre de nuestro siglo XVI, plenamente representante del humanismo, del erasmismo y del Renacimiento europeos. Pero acontecimientos histórico-sociales nos hacen asistir al fenómeno llamado "tibetanización" por Ortega, es decir, una radical hermetización de España hacia todo lo exterior. Ese fue el principio de la decadencia cultural, de la paralización científica. Esto creará un tremendo distanciamiento de Europa, que se irá acentuando con el correr de los siglos. El siglo XVIII representa loables esfuerzos por importar ciencia y "curiosidad" intelectual (P. Feijoo, Jovellanos, etc.), pero nada original se produce en la vida española. El siglo XIX presencia el mismo letargo cultural y la ausencia española de la Europa científica se delinea con rasgos más marcados. "El país sufría la pesadumbre de una tradición siniestra," escribe Castro en 1920; "los hombres más esclarecidos miraban con angustia los caminos reales del progreso en todos sus aspectos (adelanto material, ciencias nuevas, evolución moral y política) y comprobaban doloridos que no se veían en ellos nombres españoles."[12] Sólo a finales de siglo percibe—al igual que Cajal y Federico de Onís—claros indicios de un resurgimiento científico en figuras eminentes y en organismos valiosos como la Institución Libre de Enseñanza, la Junta para Ampliación de Estudios y sus centros pedagógicos adyacentes.

Ante esta lacra secular, don Américo, heredero de la generación del 98, buscará explicaciones históricas. Variarán éstas en el transcurso de su carrera, pasando de un europeísmo tradicional a un españolismo casticista, según la evolución de su visión de la realidad histórica de España.

Ante el cuadro negativo que ofrecía la España del siglo XVII, el Castro joven percibe, en *Lengua, enseñanza y literatura* (1924), que "nuestros males procedían de consunción y de necio aislamiento dentro de la comunidad de los pueblos civilizados."[13] Y condena la actitud de esa España entregada a sí misma y vuelta hacia el pasado, víctima del imperialismo católico o "teocracia casera." El retorno iniciado en el siglo XVI por mentes selectas, "lectores de Erasmo" (Nebrija, Cisneros, Vives, Valdés, Luis de León, Cervantes), hacia formas universales de cultura, augurando una civilización europeizante y moderna, es ahogado por la "ola plebeya." Vulgarismo, popularismo, tradicionalismo, he ahí las pestes de nuestra cultura. Cuando Martín Santos, en *Tiempo de silencio*, hace a don Pedro engullir aquella "pescadilla" emblemática mordiéndose la cola, ofrecida por las celestinescas pensionistas, no hace sino recordar paródicamente a esta España tibetanizada condenada por Castro. La solución del Castro joven es la propuesta por Cajal, Costa, y luego tan aireada por Ortega y Federico de Onís: la europeización de España. Ya en 1909 aparece don Américo, al lado de Ortega, en una polémica contra Unamuno sobre Menéndez Pidal y la europeización. Años más tarde seguirá mostrando antipatía por esa posición unamuniana. Los conceptos de "castizo" e "intrahistoria" embrollados en *En torno al casticismo*, son bofetadas a esa España vacía de cultura europea. Y le llama "amargo nihilista," desafecto a toda novedad, que poco amigo de "europeizar" a sus compatriotas, anheló "hispanizar" a los europeos.[14] A este europeísmo inicial aludirá don Américo más tarde: "Dicen que éramos la anti-España, pero lo que queríamos era traer las cosas de Europa," es decir, ciencia.[15]

Como en tantos aspectos de nuestra historia, también en la vida y obra de nuestro cervantista el impacto de la Guerra Civil causó una perceptible dicotomía. Republicano en ideología y convicción, se vio forzado a huir precipitadamente de la patria tras el sangriento estallido bélico. Unos diás antes había escuchado en la radio de San Sebastián la subversiva falsa noticia de su propio fusilamiento. Tras un año en la Argentina, en 1937 se traslada a los Estados Unidos. Finalizados ciertos compromisos académicos, Princeton le recibe como miembro distinguido de su facultad y le nombra Emory L. Ford Professor of Spanish. El 11 de diciembre de 1940 pronuncia la conferencia inaugural "The Meaning of Spanish Civilization." Castro y Princeton iban a constituir un foco potentísimo en el resurgir del hispanismo en los Estados Unidos.

Años de estudio y de meditación sobre el crónico cainismo español, desde esta nueva perspectiva del exilio, van a agrietar su visión occidental, europeísta de lo español, hasta llevarle a la formulación de sus hipótesis definitivas sobre la realidad histórica de España. Sus conclusiones son bien conocidas por lo revolucionarias: frente a los europeizantes, España aparece ahora como una peculiaridad histórica; contra el concepto geográfico del "eterno español" (Menéndez Pidal y otros postuladores de la psicología de los pueblos, es decir, "esos historiadores fieles creyentes en los dogmas de la tierra o el agua [¡el Mediterráneo!, de la economía y de la geografía"],[16] Castro señala una fecha revolucionaria, el año 711, cuando el "cataclismo" de la invasión árabe marca una ruptura en la historia peninsular y anuncia el nacimiento de un nuevo agente histórico, instalado en una nueva "morada vital," fraguada en la convivencia de tres castas, tres pueblos, tres religiones: cristianos, moros y judíos. Siglos de entrecruces, luchas y armonías sobre el suelo peninsular, irán moldeando al auténtico español y la realidad histórica nacional. De ahí que, tanto para Ortega como para Castro, sea totalmente inexacto hablar de "Reconquista" al referirse a un fenómeno cultural que duró ocho siglos.

"Castilla ha hecho a España," repetimos la frase orteguiana. Para don Américo fue también Castilla, tierra de "hombres de fierro", según las Crónicas, quien finalmente, asumiendo la dirección y responsabilidad de la Reconquista, impuso los valores y ambiciones de la casta cristiana. Esto había de determinar tanto sus realizaciones como sus omisiones en una lucha de competencias. ¿Consecuencia? Ruptura de toda convivencia y una gran polarización entre las castas existentes, en pugna ya por mantener sus sistemas de rechazos y preferencias. Y es ahora más que nunca cuando a la aguda inteligencia del hispano-hebreo y a la industriosidad constructiva y laboriosa del hispano-árabe, el hispano-cristiano opondrá un esfuerzo heroico y batallador, un culto y estima de su persona. Esto haría posibles sus sueños de soberanía, la expansión imperial y todos sus logros historiables.

Este sentimiento de hegemonía de la casta cristiana victoriosa nos hace asistir a una edad caracterizada, según Castro, por conflictos casticistas. La imposición de los valores y creencias de la casta dominante dividirá en dos la sociedad peninsular, en cristianos viejos y cristianos nuevos o conversos. Y es ahora cuando la obsesión por la honra y por la limpieza de sangre determinan la realidad vital nacional que se torna angustiosa y conflictiva.

La dimensión social de este estado de cosas es incalculable en la historia de España. Según Castro, en esta edad conflictiva radica el secreto no sólo de las glorias y grandezas nacionales, sino también sus desgracias y miserias. Una de ellas, el atraso cultural que aquí nos incumbe. Para don Américo, la casta cristiana triunfante se opondrá a todo ejercicio intelectual, a todo proyecto de razonamiento y experimento, por honor casticista, es decir, por lo que esas actividades habían tenido de semitas. "La honra se lograba por otras vías," escribe, "y la adquirida mediante el esfuerzo intelectual era sospechosa más de judaísmo que de herejía, y encaminaba a la infamia social y a las interrogaciones del Santo Oficio."[17] Y nos da una lista de esos "mártires del saber," como él los llama: Sor Juana Inés de la Cruz, Fray Luis de León y otros catedráticos de las universidades de Salamanca y Osuna, procesados y hasta encarcelados por amor a la ciencia. Mención especial merecen tantas y tantas inteligencias eminentes (Luis Vives, El Brocense, los Valdés) quienes, ante la asfixia intelectual, buscaron refugio y libertad en el extranjero. También ellos sufrieron aquel temor de Humillos, en *Los alcaldes de Daganzo*, para quien el saber leer era una quimera que llevaba al brasero.

Eugenio Asensio, en "Américo Castro historiador," atribuye a nuestro cervantista la "teoría de la incapacidad teórica de nuestra cultura."[18] Nada más inexacto. Jamás ha negado Castro la existencia de un potencial científico en España. Unicamente ha expuesto su paralización y atrofia, debido a las peculiares circunstancias históricas ya mencionadas.

En conclusión, en esta agonía intelectual, en esta castración de la inteligencia por motivos de honra-opinión encuentra don Américo los orígenes del llamado atraso científico y técnico de España frente a la Europa de entonces. Se hizo casi imposible la constitución y actuación de una minoría intelectual rectora, y no precisamente por culpa de visigodos enclenques, débiles y borrachos de romanismo, como insinúa Ortega, sino por prejuicios casticistas de honra y obsesión de pureza de sangre que estigmatizaban la peculiar morada vital hispana en aquel siglo-cumbre cultural. ¿Cuánto crédito hay que dar a esta teoría tan controvertida de nuestro homenajeado? ¿Qué prioridad podemos conceder a una hipótesis *sola* en un problema tan complejo como éste de la ciencia? Es algo que dejamos a abierta discusión.

## Notas

[1] Américo Castro, "El movimiento científico de la España actual." *Hispania*, 3 (1920), 185.

[2] Adolfo de Castro. *Examen filosófico sobre las principales causas de la decadencia de España* (Cádiz: Imprenta de Don Francisco de Pantoja, 1852), p. 107.

[3] Lucas Mallada. *Los males de la patria y la futura revolución española* (Madrid: Alianza Editorial, 1969. Primera edición 1880), p. 61.

[4] Vital Fité. *Las desdichas de la patria* (Madrid: Imprenta de Enrique Rojas, 1899), p. 43.

[5] Macías Picavea. *El problema nacional* (Madrid: Seminarios y Ediciones, 1972), p. 28.

[6] Rafael Altamira. *Psicología del pueblo español* (Barcelona: Editorial Minerva, 1917), p. 153.

[7] Marcelino Menéndez Pelayo. *La ciencia española* (Santander: CSIC, 1953), I, 5.

[8] José Ortega y Gasset. *Obras completas* (Madrid: Revista de Occidente, 1946), I, 108.

[9] Emilio Pardo Bazán. *La España de ayer y la de hoy* (Madrid: A. Avrial, 1899), p. 84.

[10] Rafael Salillas. *Un gran inspirador de Cervantes. El doctor Juan Huarte y su "Examen de ingenios"* (Madrid: Imprenta de Eduardo Arias, 1905), p. 69.

[11] José Rodríguez Carracido. *Estudios histórico-literarios de la Ciencia española* (Madrid: Establecimiento Tipográfico de Fortanet, 1897), p. 147.

[12] A. Castro, "El movimiento científico . . . ", p. 186.

[13] A. Castro. *Lengua, enseñanza y literatura* (Madrid: Imprenta Clásica Española, 1924), p. 291.

[14] A. Castro. *Los españoles: cómo llegaron a serlo* (Madrid: Taurus, 1965), p. 283.

[15] Nicolás Marín, "Palabras de don Américo." *Insula*, núms. 314-315 (1973), p. 11.

[16] A. Castro. *De la edad conflictiva* (Madrid: Taurus, 1972), p. xxxix.

[17] A. Castro. *De la edad conflictiva*, p. 168.

[18] Eugenio Asensio, "Américo Castro historiador." *MLN*, 81 (1966), 595-637.

# IV. Cristianos, moros y judíos

# Fray Luis de Granada y los *anuzim* novohispanos a fines del siglo XVI

Adriana Lewis Galanes
*Temple University*

Para Willard F. King

En una nota adicional ("Luis de Granada y los conversos") en *La realidad histórica de España*, Américo Castro señala, tocante al uso de *La Introducción del Símbolo de la Fe* de Fray Luis de Granada con finalidades judaicas:

> Luis de Carvajal (el Mozo), quemado por la Inquisición mexicana, en 1596, declaró en la audiencia del Santo Oficio de 21 de octubre de aquel año, que Manuel de Lucena le dijo "que tenía un compadre en las minas de Pachuca, que se llama Juan del Cassal, . . . cual, por ser hombre de muy buena masa . . . se había atrevido a tratarle cosas muy altas en la ley de Moisés; y que de las pláticas había nacido que había hecho dudar en la fe al dicho Juan del Cassal, y que [éste] le había respondido: *quiero ver en qué ley vivimos, y si vamos errados*. Y que por consejo del dicho Manuel de Lucena, el dicho Juan del Cassal había pedido al dicho Manuel de Lucena que le comprase el *Símbolo de la Fe*, de Fr. Luis de Granada, el cual le compró."
>
> Es manifiesto que si Manuel de Lucena recomendó la lectura de una obra de Luis de Granada a la persona que esperaba convertir al judaísmo, sería por juzgar aquella lectura conveniente para su propósito. Es decir, que mucho antes de que Lorenzo Escudero declarara, en 1658, que "el aber leýdo en los libros de Fray Luis de Granada le havía hecho judío," vemos utilizadas las obras del gran espiritualista cristiano para finalidades judaicas. Escudero no decía qué obra de Luis de Granada había leído; Lucena sí dice que se sirvió expresamente de la *Introducción al Símbolo de la Fe*. Supongo que los judaizantes españoles se sentirían atraídos por la idea de manifestarse Dios en las maravillas del mundo, tan bella y seductoramente descritas por Luis de Granada, y tan en armonía con la doctrina de que "los cielos narran la gloria del Señor." Ciertos conversos juzgarían más grato

> prescindir de la creencia de que Dios se revela a través de su iglesia, y orientar, en cambio, su fe hacia la Naturaleza, expresión directa de la infinitud de Su Creador. El tema debería ser expuesto y analizado con más detenimiento.[1]

La propuesta de estudio ahí bocetada por don Américo entraña una investigación extensa, e intensa, de las declaraciones hechas por delatores y acusados durante los procesos "por judaizar" incoados por el Santo Oficio de la Inquisición desde 1582 (fecha de la primera edición de *La Introducción del Símbolo de la Fe*: Salamanca, por los herederos de Matías Guast) en adelante, para así determinar la amplitud del uso proselitizador de esa obra granadiense. ¡Tarea benedictina que esperamos se lleve a cabo algún día! Imposibilitados, pues, de articular conclusiones totalizantes que respondan al llamado de don Américo, modestamente nos disponemos aquí a examinar de lleno una de las coyunturas incluyentes del uso de esa obra (que "contribuye poderosamente a modelar la piedad de la llamada Contrarreforma," de acuerdo con Marcel Bataillon en *Erasmo y España*)[2] en actividades judaicas, tal como se nos presenta en los documentos referentes al segundo proceso del Santo Oficio contra Luis de Carvajal, el Mozo,[3] llevado a cabo en la ciudad de México durante los años 1595 a 1596.

La vivencia del *meshumadim*, el voluntariamente converso y cristiano veraz, fue angustiosa, pero, nos parece, más aún fue la del *anuzim*, el converso no auténtico que públicamente aparentó ser cristiano mientras guardaba su Ley en secreto. El grupo de judaizantes en Nueva España, que aquí nos concierne, obligado a fingir, y hasta hacer notoria, una Fe hostil a la suya, tuvo que desarrollar mecanismos que le permitiesen sobrevivir anímica y sociopolíticamente dentro de un escenario que temía y despreciaba. Como tantos otros grupos en la diáspora, conservó su Fe proscrita en forma alterada, pero la escisión de las fuentes rabínicas fue tal—como se lee en diversos procesos inquisitoriales incoados en la ciudad de México—que en algunos *anuzim* produjo un estado de continua obsesión con el hallazgo de documentación del complejo ceremonial que los religaba y de la fundamentación doctrinal corroborante de su creencia agredida. Luis de Carvajal, el Mozo, se persona en las fuentes históricas asequibles[4] como el *anuzim* cuya angustiada marcha vital intensifica la búsqueda de esas informaciones para sí y para el conventículo de criptojudíos que buscaba ampliar.

Un examen del primer "Proceso contra Luis de Carvajal, Mozo, soltero, tratante, residente en México, natural de la villa de Benavente en Castilla, hijo de Francisco Rodríguez de Matos y de doña Francisca de Carvajal, viuda, su mujer, de generación de cristianos nuevos de judíos. Judaizante." y de las "Memorias" del procesado indica una preocupación natural con el aprendizaje de la Ley de Moisés. Encarcelado desde el 9 de mayo de 1589 hasta el 25 de febrero de 1590, cuando, reconciliado durante el Auto Público de la Fe del día anterior, se corrobora su Abjuración y se le impone la Penitencia, Carvajal, marcado con el sambenito, es introducido en el mundo libresco del *enemigo*: comienza el tiempo de su penitencia en el Hospital de los Convalescientes, pero ya para mayo de 1590 se encontraba como copista y maestro de gramática en el Colegio de Santa Cruz de Santiago Tlatelolco,[5] centro docente para los descendientes de la "nobleza" indigena, donde permaneció hasta principios de 1593. Sus estudios en la rica biblioteca del Colegio son cruciales en la formación del investigador incansable y el *rabino*[6] que aglutinará un sector de la comunidad criptojudía alrededor suyo, como tutor de los *anuzim* y como propugnador de la proselitización entre los *meshumadim*. Se puede especular con un mínimo de peligro que el encuentro de Carvajal con *La Introducción del Símbolo de la Fe* de Luis de Granada ocurrió durante su estadía, protegido por fray Pedro de Oroz, en el célebre Colegio de Santa Cruz.

El "Segundo proceso contra Luis de Carvajal, mozo soltero, reconciliado por este Santo Oficio por judaizante, residente en México, natural de la villa Benavente en Castilla, hijo de Francisco Rodríguez de Matos y de doña Francisca de Carvajal, viuda, su mujer, de generación de cristianos nuevos de judíos. Judaizante relapso pertinaz."—aumentado con documentos pertinentes adjuntos a ése—permite reconstruir las funciones del *Símbolo de la Fe* en el quehacer misionero del Mozo y de sus discípulos. Aunque no central a los procesos, esta obra granadiense es central a la denuncia que desencadenará una larga serie de procesos contra judaizantes, culminando con el gran Auto de Fe del 8 de diciembre de 1596, y aparece inserta en la urdimbre de los mismos.

El 24 de octubre de 1594, el mismo día que Carvajal el Mozo paga la "pena pecuniaria" (325 ducados) redentora de su sanbenito, Domingo Gómez Navarro delata por judaizantes a Manuel Gómez Navarro, hermano suyo, y a Manuel de Lucena. La acusación incluye el uso de "un libro de Fr. Luis de Granada" con el propósito de "enseñar la Ley dicha de Moisén." Prendido Manuel de Lucena (3 de noviembre de 1594), delata a Carvajal el Mozo (20 de diciembre de 1594) y, en una torrencial descarga de conciencia (30 de enero de 1595), revela:

> . . . preguntó al dicho Luis de Carvajal que él declarase otra autoridad de Isaías en el capítulo 53 o 56 que éste [Lucena] ha leído en el *Símbolo de la Fe*, de Fr. Luis de Granada, que le hacía dudar en la Ley de Moisén y entender que por ventura Nuestro Señor Jesucristo era el Mesías prometido; y el dicho Luis de Carvajal le respondió que aquella autoridad de Isaías que comienza "¿Quién dará crédito a las palabras que os oímos? etc." se entendía por el pueblo de Israel y no por Jesucristo. Y aunque éste [Lucena] en alguna manera se satisfizo con la respuesta del dicho Luis de Carvajal, pero no del todo.[7]

Al apresar a Carvajal el Mozo (1 de febrero de 1595), llevaba éste en una bolsa de cuero tres tomos de la *Biblia*—faltaba el tomo cuarto: el "Nuevo Testamento"—, lo cual de hecho lo condenaba. Interrogado durante la primera audiencia (9 de febrero de 1595) acerca de este asunto, el inquisidor Lobo Guerrero, atento a reforzar una subsiguiente acusación, pregunta "¿Qué otros libros y papeles tiene éste, concernientes al Testamento Viejo?," y el Mozo contesta:

> Ningunos, sino unos libros en romance, como son el *Símbolo de la Fe* de Fr. Luis de Granada, *Espejo de Consolación, Guía de Pecadores*, y *Diálogos del Amor de Dios*.[8]

En esta instancia desconocía Carvajal que ya su compañero de celda, Luis Díaz, en audiencia delatora (3 de febrero 1595) había traicionado su secreto acerca del uso del *Símbolo de la Fe* en actividades judaizantes, al deponer:

> que el dicho Luis de Carvajal le dijo a éste [el día anterior y mismo día en que pusieron al Mozo en su celda] que él había enseñado la Ley de Moisén a Manuel de Lucena y a otros, y dado algunas puntadas a Manuel Gómez Navarro, el cual por haber querídola enseñar a su hermano Domingo Gómez, le habían prendido; y que era un perro, que por qué había de querer él enseñar la Ley que no sabía bien; y que delante del dicho Luis de Carvajal quiso el dicho Manuel Gómez un día enseñar la Ley dicha de Moisén al dicho Domingo Gómez, y ayudádole a ello el dicho Manuel de Lucena mostrando un libro de Fr. Luis de Granada, y que él se había retirado por ver que el dicho Domingo Gómez no quería oír nada y se tapaba los oídos.

Un año después, en el potro, durante la primera audiencia del tormento (8 de febrero de 1596), aterrado de la vueltas de cordel, declara Carvajal:

Y que agora se acuerda que Jorge de Almeyda, cuñado de éste [el Mozo] . . . , estando escondido en una casa detrás del tiangues de Santiago, porque sabía que le querían prender el Santo Oficio, habiéndole llevado éste al dicho Jorge de Almeyda el *Símbolo de la Fe* de Fr. Luis de Granada, y habiendo leído en él autoridades y cosas de la Ley que dio Dios a Moisén, se rió mucho con éste, del dicho Fr. Luis, diciendo que escribía éste [Granada] borracho de estas cosas de la Ley de Dios, y que no lo entiende . . . y que leyendo en el dicho *Símbolo* el dicho Jorge de Almeyda, en presencia de éste, profecías de Ezequiel y de Zacarías, y notando de ellas lo que dicen, "no habrá más de un rebaño y un pastor y toda la Ley será una, y nunca más sería cautivado Israel," se reía el dicho Jorge de Almeyda y decía "¡Qué bien está esto cumplido!," queriendo decir que no había venido Mesías Cristo prometido en la Ley, como en efecto lo dijo. . . . y, aunque delante de éste y del dicho Tomás de Fonseca [tío de Almeyda] leía algunas veces Jorge de Almeyda el dicho *Símbolo*, no se declaraba ni trataba de la Ley . . . si no era cuando estaba éste [Carvajal] sólo, y Miguel Hérnandez su hermano [también escondido con Almeyda].

De ahí en adelante, en la cámara de tormento, Carvajal delatará a familiares, amigos y conocidos, y termina, desesperado, tratando de suicidarse (15 de febrero de 1596). Sellada su suerte, el 23 de febrero de 1596 se lee su voto de condena, "hereje judaizante, relapso, pertinaz, dogmatista de la Ley muerta de Moisén," y es entregado a la Justicia y Brazo Seglar. Empero, continúa su obsesión en declarar y agrandar el círcular de judaizantes delatados, y, sin que se le exija, Carvajal pide audiencias particulares hasta un mes antes de su relajamiento. Durante una de esas ocasiones (21 de octubre de 1596), saca a colación *La Introducción del Símbolo de la Fe*—la instancia señalada por Américo Castro—dentro de un relato acerca de las actividades proselitizantes de Manuel de Lucena: "había hecho dudar en la fe a Juan del Cassal," y le había aconsejado la lectura del *Símbolo de la Fe*,

el cual le compró el dicho Manuel de Lucena y se lo enseñó a éste [Carvajal], diciéndole que le había costado veinte pesos, el cual libro estaba encuadernado en tablas y en becerro bermejo y con manecillas de latón.

Ante todo, destaca Carvajal que en este caso el catecúmeno en ciernes era cristiano viejo:

[Carvajal] le dijo que se guardase de él [de Cassal] porque era vizcaíno, y no le enseñase la dicha Ley porque salían los vizcaínos malos judíos, y el dicho Manuel de Lucena le respondió riéndose que no reparaba en que fuese vizcaíno porque era muy hombre de bien.

En ningún momento le preguntan los inquisidores a Carvajal algo referente al contenido del *Símbolo de la Fe*, ni se investiga un posible principio heterodoxo en la obra. La larga acusación que se le leyó previo a la ejecución de la sentencia en el quemadero sólo alude al uso de "profesías del Testamento Viejo, maltraídas y de sentido herético y torcido," en su profesión "dogmatista."

En resumen, se inserta *La Introducción del Símbolo de la Fe* de Fray Luis de Granada en el acontecer y el agenciar de un grupo de criptojudíos en Nueva España del siguiente modo: (1) para confirmar la creencia entre los *anuzim* [caso Carvajal-Almeida], (2) para re-convertir al *meshumadim*, con éxito [caso Carvajal, maestro, y Lucena], (3) para convertir al cristiano viejo al judaísmo [caso Lucena, maestro, y del Cassal] y (4) para re-convertir al *meshumadim*, sin éxito [caso Lucena, co-maestro con Manuel Gómez Navarro, y Domingo Gómez Navarro]. Las instancias pesquisadas abarcan un período de cuatro años—¡no se habla de una golondrina!—, desde algo antes del 4 de febrero de 1591 [se sabe estaba Almeida en La Habana, en fuga a España, para esa fecha] hasta el 1 de febrero de 1595, cuando apresan a Carvajal el Mozo con el *Símbolo de la Fe*, entre otros libros, en su posesión.

Un estudio cuidadoso de *La Introducción del Símbolo de la Fe*—obra decididamente ortodoxa, y considerada tal por el siempre receloso Santo Oficio—nos lleva a concluir que el puntal sostenedor del *Símbolo* meciéndose entre dos finalidades tan opuestas, la ortodoxia hispanocristiana y el hispanojudaísmo, es el complejo momento histórico que le tocó vivir a unos seres determinados. En ese tránsito de borrascas espirituales, y de inseguridades tocantes a la existencia misma, el cristiano ortodoxo leía esa obra como compendio de piedad, fuente de recreación y generadora de sosiego, y si era ése de casta judía se tendría que sentir fortalecido en la afirmación granadiense de su supremacía como hacedor de obras y como creyente sin traer al caso asuntos de limpieza de sangre o de categoría social. El *meshumadim* aferrado a la conversión pero creyente a medias tendría que sentirse atraído por la liberalidad de Fray Luis en sus actitudes religiosas y en su concesión de que existían otros modos de interpretar el mundo y sus funciones, criterio que no necesariamente tenía que ser cristiano. A su vez, el criptojudío, quien se desvivía aparentando ser cristiano en público como único recurso para sobrevivir, parece ser que hallaba en esa obra la explicación de los símbolos de la Fe judaica y, mediante una selección de textos, la corroboración de su Ley y de la vigencia de ésta. Sólo así puede entenderse que una obra pueda servir para cumplir objetivos contrarios sin ser ésa un foco de ambivalencias.

Américo Castro presenta en *La realidad histórica de España* la instancia de Lorenzo Escudero, morisco sevillano pasado a Amsterdam en 1658 con el propósito de practicar el judaísmo, al cual se convirtió "dando por raçón que el aber léydo en los libros de Fray Luis de Granada le havía hecho judío y que lo que deseaba era su salvación."[9] También se sabe el caso de Antonio Bocarro Francés, procesado por la Inquisición de Goa en 1624, quien se admite tornadizo vacilante que dejó de fluctuar, y rechazó la fe judaica, leyendo el *Símbolo de la Fe* de Fray Luis de Granada: no tenemos por qué dudar de la autenticidad de su conversión cristiana.[10] Juzgamos que aquí, al igual que cuando examinamos la dolorosa coyuntura de un grupo de judaizantes en Nueva España, la problemática no radica en la obra de Fray Luis sino en las angustiantes vivencias de quienes buscaban anclar su particular credo salvador.

Procurando desenmarañar "la situación de vida en que se constituyeron los españoles desde fines del siglo XV," postula Américo Castro en *De la edad conflictiva*:

> El auténtico conflicto fue el planteado por la dificultad de cómo convivir el español con su próximo, y de cómo instalarse en la conciencia de su propia vida.[11]

Este *cómo instalarse en la conciencia de su propia vida* implicita el cómo vivir consigo mismo y su concomitante cómo darle validez, ante sí mismo, a un vivir conflictivamente. En cuanto a las antes referidas instancias del uso de *La Introducción del Símbolo de la Fe* en Nueva España con finalidades judaicas, se perfila en los procesos estudiados el criptojudío que, llevando el mote de "pertinaz" (la creencia argüida porfiadamente) y el de "dogmatista" (la misión proselitizante, y por ende docente) como honrosos (conciencia de preeminencia), se autodotaba de valía: el riesgo incurrido al judaizar, causa de la angustia, le permite temporeramente superar la experiencia angustiosa.[12] Esta acción defensiva desplegada en actividad ofensiva, en el caso aquí examinado, tal parece ser—no nos atrevemos al juicio terminante—la vivencia subjetiva que moviliza el uso del *Símbolo de Fe* en quehaceres preceptivos: entraña la derrota del *enemigo* en el campo de docencia de éste.

Resumimos: la obra de Fray Luis de Granada que nos ocupa, además de servir como uno de los instrumentos empleados por algunos judaizantes para resolver problemas de creencia, les proporcionó a los criptojudíos aquí indicados un modo de afirmarse como persona y de perpetuarse a través de la conversión de otros. Involucrado en este continuamente amenazado afianzamiento se manifiesta, con cierta medida de plausibilidad, el principio de la agresión oculta conducente a la salvación del *yo* y *lo mío* mediante el autoconvencimiento de haber vencido al otro en su misma esfera doctrinal. Este último recurso de supervivencia, incluyente del *Símbolo de la Fe* al ponerse en práctica, es afín, aunque ejecutado de un modo distinto, a la mañosa embestida de Mateo Alemán al desvirtuar la docencia libresca en el *Guzmán de Alfarache*.[13]

¡Cuán acertado estuvo don Américo en sospechar motivos fuera de lo común en cuanto al uso de *La Introducción del Símbolo de la Fe* con finalidades judaicas!

## Notas

[1] México: Editorial Porrúa, 1982, 361-362. La alusión al caso de L. Escudero se remite a la pág. 224 de la misma obra.

[2] México: Fondo de Cultura Económica, 1966, 754: importa hacer hincapié en la ortodoxia explícita de *La Introducción del Símbolo de la Fe*. Con ésta no sufrió Granada los azotes del Santo Oficio como con sus *Libro de la oración* y *Guía de pecadores*, obras que tuvo que corregir de acuerdo con las recomendaciones inquisitoriales previo a sus reimpresiones de 1567. En el *Símbolo*, Granada va con cuidado—no necesariamente artificiosidad—para no caer en el trance de ser acusado de iluminismo mientras incorpora en esta *nueva literatura* de la Contrarreforma la espiritualidad cristiana de la Prerreforma y la renovación religiosa de los años de Carlos I/V.

[3] Calificado así en los procesos para distinguirlo de Luis de Carvajal "el Viejo," su tío, emprendedor comerciante y luego gobernador del reino de Nuevo León al norte de Nueva España. Aunque se le acusó a éste de "Sospechoso en la ley de Moisés en que le quisieron enseñar y convertir," el fallo del Santo Oficio fue el destierro de las Indias por seis años por encubridor de judaizantes (el no haber delatado antes a sus parientes, procesados en ese mismo período de 1589-1590): el Viejo murió antes de cumplir la sentencia. Ver transcripción de este proceso en: Alfonso Toro, *Los judíos en la Nueva España* (México: Publicaciones del Archivo General de la Nación, tomo XX, 1932), 207-372.

[4] Hemos examinado *Procesos de Luis de Carvajal (El Mozo)* (México: Publicaciones del Archivo General de la Nación, tomo XXVIII, 1935) y, por Alonso Toro, la un

tanto novelística *La familia Carvajal* (México: Editorial Patria, 1944), al igual que las traducciones de las "Memorias" del Mozo (cuaderno una vez cosido al Proceso de 1595-1596, cuya desaparición obliga el uso de una transcripción realizada por Alfonso Toro en 1932) por Seymour B. Liebman, *The Enlightened. The Writings of Luis de Carvajal* (Coral Gables, Florida, 1967), y Martin A. Cohen, *The Martyr* (Philadelphia: The Jewish Publication Society of America, 5733/1973). Insatisfecha con las deficiencias y las limitaciones de la obra de Alfonso Toro, al igual que con la traducción por Liebman, plagada de errores en la interpretación de secuencias abreviadas y de lexias propias al código de los judeoespañoles/portugueses—Cohen, menos novelizador, no traduce cuando tiene dudas—, investigué a fondo el asunto en mi libro *Un criptojudío: Luis de Carvajal el Mozo* (estudio sociohistórico, con transcripción selectiva de declaraciones durante los procesos de 1589-90 y 1595-96 y edición anotada del texto íntegro de sus "Memorias," junto a edición y examen de otros documentos, ©1983): bajo contrato con la Editora Nacional (Madrid, 1983) y sujeto al decreto del gobierno español suspendiendo toda actividad de ese órgano del Ministerio de Cultura y ordenando su inventario sea congelado hasta su venta en pública subasta a una editorial privada.

[5] Adjunto al Convento de Santiago, fue fundado por los franciscanos en 1526 para educar a los hijos de los *pipiltin* (principales nahuatl) y pertenece al conjunto revolucionario apuntado por Marcel Bataillon en *Erasmo y España* ("Erasmo en el Nuevo Mundo," 807-831), comentado por José Antonio Maravall en "La utopía político-religiosa en Nueva España" (*Revista de estudios americanos* 2 [1949]: 191-227) y recientemente estudiado por Georges Baudot en *Utopía e historia: los primeros cronistas de la civilización mexicana* (Madrid: Espasa Calpe, 1984). Acucia nuestra curiosidad el posible contacto del Mozo con el historiador tetzcocano Fernando de Alva Ixtlilxochitl (*Historia de la nación chichimeca*; ver edición de Germán Vázquez Chamorro [Madrid: Historia 16, 1985]), quien estudiaba en ese colegio para la época en que Carvajal el Mozo enseñaba allí. Documentos de época señalan el continuo uso de penitenciados por el Santo Oficio en labores docentes en ese centro: materia que debería investigarse en detalle.

[6] Utilizo el término en su acepción de *maestro*, tal como aparece en las acusaciones del segundo proceso incoado. Las declaraciones/confesiones/delaciones en los documentos realzan la importancia del período servido en el Colegio de Santa Cruz en Tlatelolco por el Mozo; ejerce su misión proselitizante desde allí, pues se alude varias veces a instancias sucedidas cuando otros criptojudíos, entre ellos Manuel de Lucena, le visitaron.

[7] El proceso contra Manuel de Lucena es otro de los perdidos/robados. Las informaciones acerca de éste se entresacan de declaraciones por el mismo adjuntas al segundo proceso contra el Mozo.

[8] En la relación de este interrogatorio queda ambiguo el dónde se encontraban estos libros, si los llevaba en la bolsa, junto al "Testamento Viejo," o si los tenía en su casa. No podemos verificar la paternidad literaria de *Espejo de Consolación*, pero sí podemos especular que sería *Espejo de consolación de tristes* del franciscano Juan de Dueñas (Burgos, 1540); en cuanto a los *Diálogos*, podría ser *Meditaciones devotísimas del amor de Dios* (Alcalá, 1576) por el franciscano Diego de Estella o *Tratado del amor de Dios* del agustino Cristóbal de Fonseca. En las listas de libros entrados a México es frecuente *"De Amor de Dios*, Estella" y *"Espejo de Consolación*, sin autor;" ver *Libros y libreros en el siglo XVI* (México: Publicaciones del Archivo General de la Nación, tomo VI, 1914), donde se transcriben "documentos relativos a los procedimientos que seguía el Santo Oficio de la Inquisición de la Nueva España en materia de libros" (en "Preliminar," i, por Luis González Obregón).

[9] En nota 15, pág. 224, Castro documenta: "Archivo Histórico Nacional de Madrid, 'Inquisición,' libro 1123, *apud* I. S. Revah, *Spinoza et Juan del Prado*. La Haya, Mouton et Cie., 1959, pág. 62."

[10] Ver: Pedro Acevedo, "O Bocarro Francés e os Judeus de Cochim e Hamburgo," *Archivo histórico portugués* 8 (1910), y Julio Caro Baroja, *Los judíos en la España moderna y contemporánea* (Madrid, 1961), tomo II, parte III, cap 10.

[11] Tercera edición (Madrid: Taurus, 1972), cap. IV ("Posturas y reacciones motivadas por el conflicto"), págs. 191-192.

[12] Julio Caro Baroja, en *Inquisición, brujería y criptojudaísmo* (Barcelona, 1970), postula la teoría sociológica del *secreto*: lectura imprescindible para entender las posturas y reacciones de los criptojudíos que ahora nos preocupan.

[13] Estudio este uso de la literatura docente "oficial" como arma de agresión en *Guzmán de Alfarache* en un próximo artículo.

# The Arragel Bible: A Fifteenth Century Rabbi Translates and Glosses the Bible for his Christian Master

A. A. Sicroff
*Queens College*

In undertaking to suggest something of the significance of the Arragel Bible as an historical as well as religious document of 15th century Spain, an appropriate point of departure on this occasion of celebration of the 100th anniversary of the birth of Américo Castro—beloved teacher and friend in whose presence I feel myself thinking and working literally every day—is to recall Don Américo's first encounter with Arragel's work more than sixty years ago. It was a meeting in which Castro and Arragel's translation and gloss of the Old Testament reached out across five centuries to become indebted to each other. The Hebrew Bible that Rabbi Mosé Arragel de Guadalajara translated into Castilian and for which he composed a passage by passage commentary between 1422-33 at the request of Luis de Guzmán, Grand Master of the Order of Calatrava, found in Don Américo the first one, as far as I have been able to ascertain, to call attention to its extraordinary significance in the context of Spanish history. By the same token, Castro became indebted to that fifteenth century document because it apparently offered him a decisive insight into the peculiar significance of the deep-rooted Jewish problem of Spanish existence.

In a review printed in Madrid's *El sol* on January 23, 1923 of the 1920-22 publication of the Arragel Bible—in an edition sponsored by the Duke of Alba and prepared by Antonio Paz y Melia and his son Julián Paz[1]—Don Américo showed himself most impressed by Arragel's independence of mind and the freedom his Christian collaborators had permitted him in translating and interpreting the Old Testament. For Castro, such collaboration was in the best of Spain's medieval tradition of Christian, Moslem and Jewish co-existence—in later years he would, of course, characterize it as a "convivencia"—in which, as he put it, "varias civilizaciones aspiraban a formar un tipo especial de cultura, en que elementos opuestos se afanaban por encontrar resquicios donde ajustarse."[2] But while enthusiastic about Christian Spain's tolerant reception of Rabbi Mosé's glosses—at times boldly assertive of the primacy of Jewish over Christian biblical interpretation, sometimes simply content with a "live-and-let-live" acceptance of divergent Christian and Jewish readings of the Old Testament and on occasion rationalistic to the point of disagreement with Jewish as well as with Christian orthodoxy—Don Américo also expressed, perhaps for the first time, what he felt Spain lost when the "convivencia" was disrupted and tolerance gave way to persecution and expulsion. With the expulsion of the Jews, Christian Spain banished, according to Castro, the kind of spirit of independent intellectual curiosity exemplified by Arragel and many of his co-religionists that he considered a "germen de la sensibilidad renacentista, que desarrollado nos habría traído a su tiempo otros modos de tratar los problemas religiosos."[3] If Spain had continued along that way of tolerance, Castro maintained, "hubiésemos entrado en la época moderna con un gran espíritu, incompatible con aquella mentalidad de tribu que acabó haciendo de España, culturalmente, una vasta aldea, aun antes de finalizar el siglo XVII."[4]

Although we can now see in these remarks some indication of the direction Don Américo would eventually take in his quest for the meaning of Spanish civilization, he did not return in subsequent years (to judge from his published work) to a more thorough examination of the Arragel Bible—neither to trace just how far afield Rabbi Mosé had dared to stray in his independent biblical interpretations nor to pursue further his thoughts about the historical significance of the project Arragel had carried out for his Christian overlord.

With regard to the historical question, it is noteworthy that Don Américo did not pause to comment in 1923—as he probably would have if he had reconsidered it 25 years later—on the chronological anomaly of a Spanish Christian as distinguished and powerful as Luis de Guzmán conceiving such a biblical project and ordering a Spanish Jewish Rabbi to carry it out between the years 1422 and 1433. For Spain was then already well engaged on a course that would lead her not only to eliminate Judaism from her domains by expelling all Jews but also to undertake to purify herself of Spanish Christians whose ancestry was "tainted" with a single drop of Jewish blood—a quixotically racist enterprise given the millenial Jewish presence on the Iberian Peninsula. The 1391 anti-Jewish pogroms had been but the first decisive step Spain took towards her ultimate goal of Christian purity. No less important—and more directly related to the paradoxical commissioning of a Rabbi by such an eminent figure of Christian Spain to carry out his biblical project—was the 1413-14 Disputation of Tortosa organized to challenge rabbinical interpretations of the Old Testament and ultimately the very authenticity of the Hebrew version of the Old Testament from which they were derived. That encounter between Jews and Christians—of whom the most virulent was the former Jew Yeshua ha-Lorki who had recently accepted baptism and had taken as his Christian name Jerónimo de Santa Fe—became a celebrated Christian triumph when all but two of the fourteen most prestigious Rabbis confessed their errors and accepted baptism.

In such historical circumstances, it is indeed perplexing to find Luis de Guzmán soliciting a Jewish rabbi's translation and interpretation of the Old Testament. His letter of April 5, 1422 requesting Arragel to provide him with such a bible—for which he promised "vos faremos muchos bienes e merçedes en cada año"[5]—the Grand Master of Calatrava betrayed not a trace of awareness of Spanish anti-Jewish sentiments that had erupted in the 1391 massacre of Jews and were manifested more recently in the events of Tortosa, even though the latter's outcome continued to be felt in Jewish communities subjected to increased pressure to have their members follow the example of the Rabbis who had submitted to Christian baptism.[6] Instead he greeted Arragel as "muy sabio en la ley de los judios" and expressed his pleasure in receiving Rabbi Mosé, who had just moved from Guadalajara to Maqueda, as "nuestro bassallo". What is more, in explaining the need he felt for the biblical project he proposed to his new vassal, the Grand Master of Calatrava expressed himself in terms that were in direct contradiction to the spirit that had reigned in the Tortosa confrontation between Christians and Jews. "Sabed", wrote Don Luis, "que auemos cobdiçia de vna biblia en rromançe, glosada e ystoriada (i.e. with illustrations), lo qual nos dizen que soys para la fazer assy muy bastante. *E a la asy demandar nos mouio dos cosas: vna, que las biblias que oy sson falladas el su rromançe es muy corrupto: segunda, que los tales como nos auemos mucho neçesario la glosa para los passos obscuros".*[8] Evidently, Guzmán was not at all inhibited by the fact that only eight years earlier rabbinical interpretations of the Hebrew text of the Old Testament had been thoroughly discredited in Christian Spain.

Arragel, however, was much more sensitive to the precarious situation of Jews and Judaism in Spain, and strenuously resisted taking on a project that could only intensify Christian hostility toward his people and his religion. In making his case for not complying with the Grand Master's request, he reminded him that Jews and Christians disagreed on the authenticity of their respective versions of the Bible. While Jews held St. Jerome's *Vulgate* erroneous because it was translated from the faulty Greek Septuagint, observed Rabbi Mosé, Christians claimed the Jewish Hebrew version was corrupt since the authentic original text had been lost, according to them, during Israel's Babylonian captivity. Thus any translation into Castilian from the Hebrew would necessarily differ from the Latin *Vulgate*. Christians would therefore condemn it as corrupt—and, we may add, it would only provide them with still another confirmation of Jewish "perversity" in rejecting Jesus as the Messiah that had been promised them. Finally, pleaded the Rabbi, were he to strive to make his translation agree with St. Jerome's, he would only accomplish what others already had done better than he could while doing violence to himself in producing what for him would be a deformed translation.[9]

It goes without saying—since today we do have Rabbi Mosé's bible before us—that Don Luis ultimately did have his way, imposing his will on Arragel without even attempting to answer the latter's objections. Nevertheless, whether it was to overcome his Jewish vassal's uneasiness or to restrain him from wandering too far from Christian orthodoxy, he did provide him with Christian supervisors, one of them the Franciscan Arias de Enzinas, a close blood relative of the Grand Master. However, the guidance Fray Arias provided for Arragel turned out to be surprisingly permissive (again, considering the times): " . . . quando llegareis al capitulo sobre la opinion ebrea," Arias instructed the Rabbi, "pornedes lo que yo vos diere, a Dios plaziendo, de las opiniones de la fe rromana; e cuando llegaredes al capitulo do non vos diere opinion de los latinos, vos muy plenariamente podedes vuestras glosas poner. *E en esto non auedes que dubdar ningund miedo, que muchas vezes contesçe entre nos otros que muchos actores rezan opiniones erronias . . .* "[10]

That Mosé Arragel was not reluctant to make full use of the latitude permitted him—and even more, as we shall see—soon becomes evident in the introduction to the bible he eventually presented to Luis de Guzmán. Of the many matters he boldly takes up, one of the most startling is his return to the question of the authenticity of the *Vulgate*. This time he openly dares to detract from it in a way one would have hardly thought permissible at that time for a Christian theologian, much less for a Jewish Rabbi in a Spain that had already turned its wrath on Jews and Judaism and threatened to do so again at any moment. Arragel led up to his remarks on St. Jerome's translation of the bible with a general observation about the difficulty of translating from any language and the particular problem presented by the Hebrew language, which usually was written without diacritical marks to indicate vowel sounds. Without vowels, the same consonants might be taken to represent a word other than the one intended by the writer. This, according to Arragel, would account for many errors in the *Vulgate* translation, a few of which Rabbi Mosé pointed out to the Grand Master.[11] Noting that Saint

Jerome was well aware of the problem of translating from the Hebrew, he informed Don Luis that the author of the *Vulgate* "dixo en el su prohemio que sienpre en esta su trasladaçion deuian seer requeridos los sabios judios en las dubdas de su trasladaçion, que ellos eran los mas profundos en la lengua".[12] From this, Rabbi Mosé then waded into even more perilous waters, daring to mention that "segund dizen, tres vezes fizo sant Jeronimo esta trasladaçion, e ssola de ellas vna aprouo, e non de las tres sabemos qual. E en Maydrit e en Cuellar de la nuestra Castilla, sson falladas dos en latin biblias muy mas conformes al ebrayco que la que oy es en la egleja vulgar . . . especial mente yo fallo en el psalterio aquel que oy la egleja reza e en el Job tanta diuisyon que quasy non traslado paresçen, mas obra por ssy syn otra concordia en lo mas."[13]

In his interpretations of biblical passages, Arragel was not always as outspoken as on the subject of the *Vulgate*. His glosses on the Book of Isaiah—a scant selection of which I can touch upon at this time—show him most frequently content to follow Fray Arias' guideline, citing Christian opinions that differ from his views without discussing or attempting to resolve the discrepancy between them. A simple example of this is his brief comment on Isaiah IV, 4 where the prophet declares that on Judgment Day "lauara el Señor la viscosidat de las fijas de Syon . . . " and Arragel notes that "segund la egleja romana . . . todas estas inmundiçias se bien lauarian e mundificarian con la agua del babtismo del Sant Spiritu; e los judios non creen el babtismo".[14]

A bit more explicit is his gloss of Isaiah's vision of the Lord accompanied by seraphim who sing "Santo, Santo; (sic) Santo es el Señor de las cauallerias; llena es la tierra de la su gloria." Rabbi Mosé explains "que por dezir tres vezes: santo, santo, santo, significo el Señor Dios seer Señor de todos los tres mundos, e prima causa dellos: mundo de los angeles e mundo de las esperas e signos, e el mundo terrenal; . . . segund la egleja romana, que por dezir tres vezes: santo, santo, santo, que mostro seer en Dios Trinidat" to which he reiterates that it does mean "seer Señor de los tres mundos, segund que ya dicho auemos".[15]

Noteworthy as this juxtaposition of Jewish and Christian interpretations would be in the circumstances of 15th-century Spain, it becomes overshadowed when we begin to suspect that there is a sort of "hidden agenda" underlying the Arragel Bible. As one reads the glosses, one cannot escape the impression that many of them are comments that could just as easily refer to Arragel's time and place as they do to those of Isaiah. Soon so many glosses of this kind accumulate that—unless one believes that lightning may strike repeatedly in the same place "by pure chance"—one must conclude that the Rabbi is indeed aiming a great number of his commentaries at more recent developments between Spanish Jews and Christians.

Actually, Rabbi Mosé invites such an extension of his interpretation of the words of Isaiah with his lengthy gloss of the very first phrase of the Book—"Vision de Ysayas"—in which he finds occasion to write: "E aqui conuiene de notar que el propheta tanto quanto mas magno es en la su propheçia, tanto mas se extiende la su propheçia e conprehende prophetizar sobre muchas nasçiones, *mayor mente sobre aquellas nasçiones que a ssyn razon a Israhel mal fizieron* . . . "[16] Bearing in mind this view of the prophet and his prophecies, Arragel's glosses of passages from Isaiah, including those that denounce Israel's sins and prophesy their punishment, take on a particular poignancy regarding what we know was happening in Spain.

We find a first example of this in Rabbi Mosé's gloss of Isaiah, I, 4 which he translates as "¡Guay de la gente pecadora, pueblo cargado de pecados, semen de malos fijos dañadores; dexaron al Señor; blasfemaron del santo de Israel, retrogaronse a çaga!" Given that there was a growing distrust of all of Jewish origin that would find expression in the not too distant future in the first blood purity statute, in the Toledan *Sentencia-Estatuto* of 1449, it is not too surprising that, of all the denunciations contained in this verse, it is the "semen de malos . . . " that is selected for comment. "Non es de cargar sobre el propheta," writes Arragel, "que dizia que Israhel eran semen de malos, que los santos padres Abaham e Ysach, Jacob, etc., non fueron malos; pero quiere dezir semen que de buenos sienpre seer deuieran, se boluieron e conuirtieron en malos."[17] This idea is repeated time and again, whenever Isaiah denounces Israel for its waywardness and especially when the prophet himself declares that God has never abandoned His People even when He has subjected them to severe punishment.

Regarding the punishment of Israel, the Book of Isaiah gives Rabbi Mosé the opportunity to reflect on it as God's delivery of the Jews to their enemies under whom they suffered afflictions for their sins. But while Isaiah usually emphasizes the dire consequences for the Jews of falling into evil, Arragel's glosses frequently turn such passages into warnings to Israel's oppressors for exceeding the severity of the punishment God intended to inflict on His People. Thus, in his gloss of Isaiah, X, 5: "¡Guay de Assur, verga de la mi saña e blago! es en su mano la mi yra," he recalls the third occasion on which Sennacherib "gano todo el inperio de los diez tribus de Israhel e pusolos todos en dissypaçion" for which "Assur fue llamada la verga de la yra de Dios." But, adds Arragel, "este propheta prophetiza agora porque Assur se atreuieron a mas mal fazer a Israhel que por el Señor Dios mandado les fue, e apropiando a ssy la victoria, non a Dios, dize que auerian vna infinida, inlebantabile, insanabile cayda."[18] This warning to the oppressors of Israel is repeated whenever the opportunity to do so presents itself. When Isaiah begins to prophesy the destruction of Babylonia (XIII, 1), Arragel tells us that the prophet injects this reference to what it suffered at the hands of Persia and Media because "bien asy como el rey assiriano ouo la su cayda por el mal que en Israel fizo, que dixtruyo los diez tribus de Israhel, bien asy esta Babilonia con el su prinçipe aueria inleuantabile cayda por la grande dixtruyçion que fizo en Jerusalem . . . *que nuestro Señor Dios non quiere* (note tense!) *que ninguno a Israel mal fiziese fuese syn penas, e todas las caydas destos daria el propheta por signas para este nasçimiento del Mexias que fasta aqui auemos dicho*.[19] And in his gloss of "Yo mande a los mis santificados, etc." (XIII,3), Rabbi Mosé tells us that these kings "mucho se gozaron en la dixtruyçion que fizieron en el templo de la mi gloria, que avnque yo con Israhel me enssañe, non mandaua tanto de mal fazer; e el texto va poniendo el multitud de la hueste que sobrella vernia."[20]

By this time, as indicated in the gloss just read, Arragel has had many occasions to deal with the question of the coming of the Messiah. He has repeated many times that for all the afflictions God visited on Israel, He has never abandoned His People and that, actually it is while suffering such oppression, the Messiah will come to redeem them. Time permits describing only one or two observations by Arragel regarding that moment.

In what easily could be taken to be a reference to those of his time, the Rabbi tells us that no longer will Israelites find it necessary to go over to the side of the oppressor of their people in order to survive and indeed reap certain benefits. (A poignant remark aimed at the "conversos" who had accepted Christian baptism?) In referring to that moment of redemption of Israel he constantly tells us that it will occur when the Anti-Christ (his expression for Israel's oppressors) will be "vençidos y muertos" and the Catholic faith will have triumphed. Here I must note, that while reading Arragel's declarations of this kind, I began to wonder why the word "Christian" never was used. The answer soon came. In his gloss of Isaiah II, 5—"La casa de Jacob andat e andemos en la ley del Señor."—he understands that the prophet "Quasy que les dizia: pues que las otras nasçiones han de venir en la *nuestra santa fe catolica*, nos, que ssomos de ella, *e la resçebimos en el monte Synay*, conuienenos que la nos mismos sigamos e obseruemos."[21] Furthermore, Arragel tells us "Non es dubda que todas o las mas mayores batallas que en el mundo son, se causan por la diuision de las leyes (i.e. religions) *como oy veemos*." But when the Messiah appears and all will live in peace, Isaiah tells us "quebraran sus espadas para dellas fazer legones . . . e sus lanças quebrantaran para podaderas . . . " Here, Arragel understands these weapons to refer to the arguments with which the followers of the anti-Christ sustained their belief so that " . . . viniendo las nasçiones en cognosçimiento de la santa fe catolica (i.e. Judaism), que los sus anteçedentes o sologismos, por do ellos las sus opiniones fundauan, que estas sson las sus armas, que todas las anularan, e en cognosçimiento de la santa fe catolica vernan e ella sera muy enaltesçida en infinido."[22]

We have to come to a close barely having gone beyond these few superficial references to some of the most shockingly unexpected views Rabbi Mosé dared to express in the work he composed for Luis de Guzmán. We have to leave it without even attempting to explain—nor am I able to do so at this time—how it was possible for such a work to be composed in the 15th century. However, it should be obvious that it merits much more attention than it has received—and from those qualified, as I am not, as a Hebraist, a Biblical exegete, a Talmudist, etc. One suggestion I can make, in conclusion, is that Arragel's work may indicate the need for reassessing just when the first stirrings occurred in Spain of what came to be known as "biblism", "humanism", "Erasmism", and other developments associated with what we call the Renaissance. In the last analysis—to get back to the person whose centenary we commemorate today—it does appear that Don Américo was right when, especially in *The Spaniards* (the last version he published of his *magnum opus*) he called for a re-periodization (the barbarism is mine!) of the history and culture of Spain, which was not synchronized with that of the rest of Europe—and to do so always bearing in mind the internal circumstances of Spain's historical development rather than with historical concepts forged from the perspective of the history of other European nations.

## Notes

[1] In sponsoring the publication of the Arragel Bible, the Duke of Alba saved the 500 year old manuscript from practical oblivion. We do not know how it survived the first 200 years of its existence. Apparently no mention was made of the manuscript until 1622 when it was discovered in the possession of a Jesuit, Father Fernando Quirós de Salazar, who was using Arragel's annotated translation to clarify the meaning of some doubtful words in the Song of Songs. The ever-vigilant Inquisition seized the text,

suspicious by its very nature, and kept it in custody where it remained for two years. Ultimately it was declared to be acceptable reading ( a rather questionable decision, as we shall soon find out ) and turned over to the Conde-Duque Olivares in recognition of services he and his father had rendered and also in consideration of their descent from the Grand Master of Calatrava who, as the Inquisitor Andrés Pacheco noted, had it translated "at excessive expense" to himself. In time, when Doña Catalina de Haro y Guzmán of the House of Olivares married the Duke of Alba, Francisco Álvarez de Toledo, the Arragel codex became the property of the Albas, in whose archives it remains to this day. As an unpublished text Arragel's bible was all but ignored in the centuries it lay in the archives of the House of Alba. A flurry of scholars did take note of it between 1791 and 1847: Antonio Paz y Melia found reference to the work of Rabí Mosé in Joaquín Lorenzo Villanueva's appendix to his *De la lección de la Sagrada Escritura en lenguas vulgares*, 1791; Pérez Bayer's *Notas* to Nicolás Antonio's *Biblioteca vetus*; Eguren's *Bibliografía de Códices Litúrgicos*; and in a pamphlet by Usoz, *Siglo XV.—Año 1430. "Noticia de la Biblia de aquel tiempo en Códice ms. en vitela, que hoy existe como vinculada en la Casa del Duque de Alba,"* Madrid, 1847 (v. Rabí Mosé Arragel de Guadalfajara, *Biblia de la Casa de Alba: traducida del hebreo al castellano*, publicada por el Duque de Berwick y de Alba, vol. I, "Introducción", pp. VII-VIII ). But shortly thereafter the manuscript evidently was again forgotten. It is noteworthy that even Amador de los Ríos makes no mention of its existence in his monumental three volume *Historia social, política y religiosa de los judíos de España y Portugal* (1875 ).

Castro's review of the publication of Arragel's bible was reprinted in *De la España que aun no conocía*, México, 1972, vol. 3, pp. 217-224.

[2] *op. cit.*, p. 220.

[3] *op. cit.*, p. 222.

[4] *op. cit.*, p. 220.

[5] In a long introductory section to his work, Arragel copies the correspondence that passed between him and the Grand Master; here see vol. I, p. 2.

[6] V. Yitzhak Baer, *A History of the Jews in Christian Spain*, Philadelphia, 1966, vol. 2, pp. 249-53.

[7] Arragel, *Biblia*, vol. I, p. 1.

[8] *Ibid.*

[9] *Ibid.*, p. 10 of introduction.

[10] *Ibid.*, p. 15, my italics.

[11] *Ibid.*, p. 17.

[12] *Ibid.*, p. 18.

[13] *Ibid.*

[14] *Ibid.*, vol. II, p. 62ab.

[15] *Ibid.*, vol. II, pp. 63b-64a.
[16] *Ibid.*, vol. II, p. 57a.
[17] *Ibid.*, vol. II, p. 58a.
[18] *Ibid.*, vol. II, pp. 67b-68a.
[19] *Ibid.*, vol. II, p. 71b. "Israel" and "Israhel" variants are textual.
[20] *Ibid.*
[21] *Ibid.*, vol. II, p. 60a, my italics.
[22] *Ibid.*

# And How 'Western' was the Rest of Medieval Europe?

María Rosa Menocal
*Yale University*

It is a special honor to be speaking to so many of the distinguished individuals from whom I learned to think about Spain, medieval Spain in particular, in ways quite different from the traditional ones. The earliest part of my re-education, as you might expect, consisted of learning about all those things about medieval Spain, its cultural diversity and hybridness, that many wish had been left in the closet, as Spitzer apparently once said to Castro. This is undoubtedly one of the only groups in the world that requires no further explanation of the kind of conversion that such an education produced. But as I continued my studies, I became increasingly interested in the validity of our assumptions about the cultural nature of the rest of medieval Europe. The question seemed to me necessary because the evidence of Castro and the *Castristas* on Spain's "other" cultures, about Maimonides and Averroes, for example, about *kharjas* and other aljamiado literature, also indicated that much of this cultural production had had at least *some* impact outside the Iberian peninsula. And some of the really radical scholars, from Juan Andrés in the eighteenth century[1] to Menéndez Pidal in our own, seemed to believe their impact and importance went both far and deep beyond Spain itself. Most importantly, in order for our discussions about Spain itself to be as clear and meaningful as possible, the question of the cultural identity of the rest of medieval Europe must be posed explicitly, and in some measure answered.

I would like to begin by reading a small bit from Curtius' short but pointed note on "Spain's cultural belatedness":

> Although he wrote in the 15th century, Alfonso de la Torre is almost untouched by the Latin Scholasticism of the 13th century and by *genuine* Aristotelianism. What he gives to the Spain of the fifteenth to the seventeenth century is an eclectic rehandling of learning that goes back partly to late Antiquity and the pre-Middle Ages, . . . partly to the Latin Renaissance of twelfth-century France, . . . partly to the heretical Aristotelianism of the Jewish and Arabic thinkers of twelfth-century Spain. In other words: An author who writes in 1440 and is published in 1480

> can find readers in Spain . . . although he practically ignores all that *European* literature, science, and philosophy have produced since 1200—not only Thomism, that is, but also Humanism and the early Italian Renaissance. (Curtius 1953: 542-543, emphases mine)

Curtius makes important assumptions about European cultural and literary history that have been shared by many. First: that there *is* a cultural-literary-historical entity in the medieval and early modern period with identifiable characteristics that can be meaningfully labelled "western" or "European". The second is that whatever Spain was must be seen, understood and analysed, for better or worse, *in terms* of that presumed cultural entity, that being our yard stick, inescapably, for whether and how Spain is belated or not, different or not, unique or not. This second point is perhaps the only one on which Castro and Sánchez Albornoz and even Green would agree with each other and with Curtius.

Moreover, like most literary and cultural historians who have followed him, Curtius does not recognize the extent to which the twelfth-century Renaissance is Andalusian (rather than Latin and French) in origin and very much derivative of the "heretical" Aristotelianism of Spanish Jews and Arabs, and of its handmaidens. The use in the passage cited above of the terms "genuine" and "European", along with their implied opposites, further indicates the extent to which post-twelfth-century developments that come to provide the bases for our definitions of what constitutes "Europeanness" are not seen in terms of their strong Andalusian heritage. It is revealing to note that Curtius draws his vision of medieval Spain, as quoted at length in the two pages that precede the passage above, from Sánchez Albornoz and one of his excursuses on the unfortunate Semitic interlude and its retardation of Spain's development.

It is critical for Hispanists to reexamine all of these assumptions. Any discussion of how different or not Spain and medieval Spanish culture is from the rest of Europe necessarily assumes that there *is* a distinct "western" (i.e. Christian and Latin) cultural entity to which it can be contrasted, and this is true whether the contrast that is made is the anti-Semitic and negative one of Sánchez Albornoz or the infinitely more positive and thoughtful one of Américo Castro. As Professor Silverman noted earlier, meaning lies in discontinuity and contrast. And while many productive years have been spent discussing the problem of the myth of Spain, further attention should now be devoted to the myth of Europe, a question I would consider to be an extension of the work of Américo Castro.

The very title of Curtius' book provides as precise a résumé of that general vision of medieval Europe—to which the mythical Spain is in turn compared—as one could want: medieval, and, eventually, modern Europe, as a more or less pure Christian and Latin cultural entity. In citing Curtius, and in taking his most fundamental assumptions as exemplary, I am not choosing an easy target for this revisionist enterprise, nor am I dealing with an outdated scholar with antiquated ideas. Curtius' general notions on the subject are pointed and precise formulations of ideas—maxims, in some cases—which are widely held today, and he continues to be influential among medievalists. While few *Castristas* would share such general assumptions, we must not lose sight of the fact that we are far from being the mainstream. Those views of medieval Europe as something predominantly *not* Semitic (to turn the tables a bit here in our comparison) are far from out of date and continue to be shared by many or most medievalists, Hispanists or not.

But Curtius' statement is also appealing because of the suppositions he assumes to be beyond questioning. What does he cite as his examples of the constituent elements of "Europeanness"? First, in the realm of philosophy: Thomism and "real" or "genuine" Aristotelianism. To uphold Aquinas as quintessentially European, medieval European, is something one could not agree with more: reader of Averroes, Maimonides and Avicenna, part of his self-assigned task was to reconcile the apparent conflict of faith and reason, as his predecessors had attempted before him. The impetus for such a reconciliation was the astonishing and, for some, alarming, popularity of Averroism, usually euphemistically referred to as radical Aristotelianism. I can only assume that when Curtius says "genuine" Aristotelianism he must be speaking of Aristotle as a "pure" European, unmeditated by the "heretical" Averroes. And yet it would be peculiar to adduce the existence of such an Aristotle in the European Middle Ages, not just because such an Aristotle was largely unknown for a long period of time but because all of the exciting, controversial, and influential developments in Aristotelianism were provoked by Averroes' Aristotle. Even Kristeller, hardly a radical *Castrista* by anyone's measure, has admitted, granted in somewhat hushed tones, that if by an Averroist we mean someone who was working with Aristotle as mediated by Averroes then all medieval Aristotelians were Averroists (Kristeller 1961). Those cornerstones of westernness for Curtius, and many others, turn out, when scrutinized without so thick a veil of "Orientalist" prejudice, to be remarkably dependent on the hybrid Spain that supposedly does not even know them. In the associated realm of scientific developments in the twelfth century and beyond, as well as in many of the technological revolutions that began to accord Europe global preeminence, the role played by al-Andalus was critical.

Although Curtius does not name names when he mentions developments in European literature supposedly unknown and uninfluential in Spain, we can readily supply them for him drawing from the standard canon which, in some measure, Curtius himself helped define: the troubadours writing in Provençal and those writing in Sicilian, both in Arabized and Andalusianized environments; Dante, whose ability to deal with and interpolate a variety of different Hispano-Arabic texts is largely unknown to Dantisti and which is still in need of further consideration despite the considerable work done since Asín's revolutionary proposal;[2] Boccaccio and Chaucer, whose familiarity with Andalusian or Andalusian-transmitted narratives is also in need of further exploration and which was undoubtedly not limited to Petrus Alfonsi, and so on . . .

What I am trying to suggest is that medieval Europe, mostly because of the influence of medieval Spain and Spaniards—defined to include all its Arabic, Jewish, and "mixed" components, to be sure—is considerably more like the hybrid and productively polymorphic al-Andalus of Américo Castro than like the more static, unicultural Europe of Curtius and so many others. Completely aside from the issue of what is the nature of Spain's cultural identity, we must confront the facts, or at least the indications, that the cultural nature and identity of medieval Europe, particularly the Europe that flourishes in what Haskins called the twelfth-century Renaissance, is one that is critically dependent on the intellectual stimuli coming from Spain. At issue, for the moment, is not whether or not Spain was culturally belated, as Curtius egged on by Sánchez Albornoz would say. Rather it is whether in fact the "Europe" and the "western culture" by which Spain's own cultural achievements and identity are measured, are any more purely "Christian and Latin" than were Aristotle in the twelfth century and Frederick II in the thirteenth.

The question remains, of course, of why and how a Spain, what had been an al-Andalus, once at the forefront of the movements and currents that were at heart of the new Europe, would eventually turn its back on so much of what the rest of Europe would accept and redefine as its own. Part of the confusion and prejudice reflected in both Sánchez Albornoz's and Curtius' attitudes has been created by projection backwards: beyond the twelfth century and into the modern period both Spain and the Arab world fell far behind the rest of Europe in many spheres. But the casual connection is certainly not, as Don Américo saw so clearly, what his opponents maintained: that the domination of the Jews and the Arabs had impeded progress and prevented

"Europeanization". The more convincing argument is that a Spain intent on banishing what was "impure" also succeeded in rejecting much of what was to become modern and European. The irony, of course, is how much of that new Europe had come from Spain when it was al-Andalus, when Maimonides and Averroes were still Spaniards, when the fertility of *convivencia* became poetry in the *muwashshahāt*. It is the Spain that turns its back on such a rich heritage that falls behind a Europe which embraced or adapted much of it—to its greater glory and benefit.

I hope it is not far-fetched to imagine that Castro would not have found objectionable this attempt to extend some of his analyses on the vitality and vigor of cultural diversity to many of the phenomena that transformed medieval Europe in the twelfth and thirteenth and fourteenth centuries. Don Américo was eminently successful in converting many Hispanists to the *realidad histórica* of a Spain that was considerably more than just Latin and Christian. His brilliant insights into the vigor of polymorphism can and should be applied beyond the Iberian peninsula when what was happening in that Spain of the three religions was of considerable importance beyond the Pyrenees.

Although Castro's work has made it more difficult—but far from impossible—to view medieval Spain as "pure", our antiseptic views of the rest of Europe, one assumed to have the purity of blood and culture of that pre-Castro image of "Spain", remain virtually unchallenged in mainstream medievalist scholarship. And although the task of convincing fellow Hispanists of the value and validity of Castro's work itself is far from fully accomplished, that effort should be coupled, it seems to me, with an attempt to convince fellow Europeanists that Spain was not only *not* culturally belated but that in its golden age, before the expulsions, it was, more often than not, at its forefront. He succeeded, at least in some measure, in establishing all of those who had previously been the "Other" as being legitimate Spaniards. But they have yet to be established as Europeans.

The belatedness of Hispanism is often lamented by those who feel less respected than our colleagues in related disciplines—French or English, for example. But this is in some measure, at least *vis à vis* the medieval period, a situation created by those who lament it. Boccaccio certainly knew Petrus Alfonsi; Guido Cavalcanti knew his Averroes all too well; Brunetto Latini undoubtedly knew the translations of the *mi*$^{c}$*rāj* tradition executed at Toledo while he was there; William of Aquitaine probably heard more than one *muwashshaha* sung at the bilingual courts of northern Spain he frequently visited; the poets of the *scuola siciliana* undoubtedly heard them as well and were no less familiar with Maimonides, one of Frederick II's favorite authors. But too many Hispanomedievalists have turned their backs on such texts and authors in a fashion parallel to that of the Spain that sought to purify itself.

I would go so far as to suggest that the question to ask as a measure of cultural and intellectual progress in the medieval European world might be reversed. For, if we realize that in Paris and Bologna and London in the thirteenth century being in the avant-garde meant having the latest Averroist treatise, fresh from Toledo or Palermo, is it not more appropriate to ask not how "western" or "European" was medieval Spain but rather how successful in being "Spanish" was the rest of Europe? Fortunately, for the sake of much of twelfth-century humanism and what we have come to accept as some of Europe's greatest cultural achievements, the answer is that many Europeans were quite successful in accepting what Spain—the hybrid Spain of Américo Castro, of course—had to offer. In the spirit of heresy, I would suggest that such might perhaps be a more compelling meaning of the rubric *Spain and the Western Tradition.*

## Notes

[1] On Juan Andrés, one of the earliest proponents of the "Arabist theory," see Mazzeo 1965. See also Boase 1976 for a full discussion of the impact of his ideas on the development of thought on the origins of courtly poetry.
[2] For a full bibliography of work done on Dante and the Arabic-Islamic tradition, and its possible influence on the *Commedia*, see Cantarino 1965.

## Bibliography

Boase, Roger. 1976. *The Origin and Meaning of Courtly Love: A Critical Study of European Scholarship*. Manchester: Manchester University Press.

Cantarino, Vicente. 1965. "Dante and Islam: History and Analysis of a Controversy." In *A Dante Symposium in Commemoration of the 700th Anniversary of the Poet's Birth.* Chapel Hill: North Carolina Studies in Romance Languages and Literature.

Curtius, Ernst, trans. Willard Trask. 1953. *European Literature and the Latin Middle Ages*. Princeton: Princeton University Press.

Fuertes Montalbán, Juan, and Joaquín Gimeno Besses. 1954. *El renacimiento español y el siglo XIII*. Madrid: Editorial Alhambra.

Green, Otis. 1963. *Spain and the Western Tradition.* Madison: University of Wisconsin Press.

Haskins, Charles Homer. 1927. *The Renaissance of the Twelfth Century*. Cambridge: Harvard University Press.

Kristeller, Paul Oscar. 1961. *Renaissance Thought*. New York: Harper.

Mazzeo, Guido Ettore. 1965. *The Abate Juan Andrés. Literary Historian of the XVIII Century*. New York: Hispanic Institute.

# Américo Castro: Un aspecto olvidado de la polémica

Vicente Cantarino
*Ohio State University*

Pocos estudios críticos sobre España y su historia han sido tan fructíferos y a la par tan frustrantes como el propuesto por Américo Castro hace ya casi cuarenta años. Su presentación a los estudiosos, con el título tan famoso de *España en su Historia. Cristianos, moros y judíos*, publicado en Buenos Aires en 1948, dio, como es sabido, ocasión a una polémica cuyos tonos antagónicos oscurecieron con frecuencia las bases más fundamentales de la discusión.

Aunque los que nos acercamos con interés a la polémica no siempre encontramos en su complicación retórica las luces de conocimiento que buscamos, el retorno a ella y el análisis tranquilo de lo que nunca fue tranquila polémica, sirve, todavía hoy, para un mejor entendimiento de esa historia de España, que con tanto afán estudiaron ambos protagonistas contendientes, Américo Castro y Claudio Sánchez Albornoz.

La polémica, como todos sabemos, fue iniciada por Claudio Sánchez Albornoz con la presentación, un tanto apresurada, de su monumental estudio, *España, enigma histórico*, Buenos Aires, 1956, aunque ésta ofrecía ya los frutos de una muy meritoria y larga tarea. La oposición a la visión de España ofrecida por Castro tuvo desde un principio una acrimonia merecedora, permítaseme decir, de menos digna causa, y ha sido continuada por casi medio siglo por muy distinguidos estudiosos del hispanismo. Mucho se ha hablado de la oposición antagónica de ambas posiciones y en el proceso se ha olvidado el análisis despacioso de ese, al parecer, antagonismo irreconciliable. Ya he hablado de ello en otras ocasiones, y es éste el tema preciso de mi charla hoy.[1]

Ya en 1929, Sánchez Albornoz había proclamado su interpretación de la génesis histórica de España:

> Sin el Islam, España hubiese seguido los mismos derroteros que Francia, Alemania, Italia e Inglaterra, y a juzgar por lo que, a pesar del Islam, hemos hecho a través de los siglos, acaso hubiéramos marchado a su cabeza. Pero no ocurrió así, el Islam conquistó toda la Península, torció los destinos de

> Iberia y le señaló un papel diferente en la tragicomedia de la historia, un papel . . . que le costó muy caro a España.[2]

Sánchez Albornoz llegó a estos juicios como lógica conclusión, derivada de unas premisas históricas a cuyo estudio y desarrollo dedicó gran parte de su vida y una muy copiosa labor de investigación. Estas premisas se basan en el hecho, en su opinión indiscutible, de "la perduración en la España posterior al año 700 de muchos rasgos de la España anterior a Cristo",[3] lo cual le llevó a concluir que ya con anterioridad a la conquista musulmana "la estructura funcional de los españoles estaba firmemente acuñada".[4] En consecuencia, en las consideraciones sobre la historia de España no se podía prescindir sin grave error como, según él, hacía Américo Castro:

> De todos los miles de años que proceden a la hora difícil de la invasión árabe de España: miles de años en que se labró el cauce de la vida del pueblo que, por ser como era y hallarse donde se hallaba, se irguió y luchó para seguir "existiendo a todo trance".[5]

Desde este punto de vista, la historia española toma una continuidad de río que, en frase de Sánchez Albornoz, llega hasta el moderno desde "el español de los primeros tiempos de la historia".[6] Consiguientemente, todas las conmociones históricas que siguen, incluída la invasión musulmana, sólo son accidentes en la tradición del *homo hispanus*, nada esencial, otra vez con frase de Sánchez Albornoz, "en la cadena que va de Séneca a Unamuno".[7]

Frente a estas conclusiones, la evaluación de las mismas premisas, que hace Américo Castro, parece conducir a un juicio antitético:

> Nunca—dice—habría surgido un nuevo tipo de hombre español, si los habitantes del norte de la península hubieran seguido asentados sobre el fondo inmóvil de su "intrahistoria", henchida de tradiciones visigodas, romanas y aun más antiguas. Todo ello fue utilizado como base de un hacer que como tal, era algo sin precedente en Hispania.[8]

Para Américo Castro, como es sabido, la nueva España, o sencillamente España, como identidad diferente de la Hispania anterior, romana y visigoda, nace sobre la base del mestizaje socio-económico y religioso cultural de las tres castas de moros, judíos y cristianos. Ello es en su opinión "la clave historial de los auténticos españoles".[9] En su opinión, la invasión árabe y en general el Islam andalusí, con todas sus ramificaciones culturales y sociales, no es más que "una circunstancia constitutiva de la vida española".[10]

La evaluación que Américo Castro nos ofrece está basada más en un concepto filosófico de historiografía que en un análisis de las realidades y acontecimientos históricos tal como, por el contrario, nos lo ofrece Sánchez Albornoz. Pues en su consideración de la historia no cabe una evaluación de la llamada invasión musulmana, como tampoco la puede haber de la monarquía visigoda o incluso de la dominación romana. Todos son aspectos a considerar, momentos históricos que han acontecido y contribuido, no a ejercer una influencia, nefasta o no, en los destinos de una España eterna, sino sencillamente a formar el ser de aquellos que Américo Castro, llama a través de toda su obra, "auténticos españoles".

La realidad o enigma histórico de España y el problema de cómo los españoles llegaron a ser, se centra así en dos consideraciones básicas, aunque antitéticas, de un mismo momento de la historia de España. Por una parte la evidente oposición a lo árabe musulmán, su religión y sus formas de vida como algo extraño a la Península y opuesto de manera irreconciliable a las formas y al espíritu de la cultura occidental y cristiana, tal como sostiene Sánchez Albornoz. Por otra parte, el hecho de una asimilación progresiva, en proceso de siglos, cuya importancia en la forja de los españoles, según afirma Américo Castro, es también evidencia histórica, aunque no exista mayor acuerdo ni en su intensidad ni sobre su evaluación. De aquí la polémica; tanto más difícil cuanto que ha sido propuesta y explicada, desde un principio, como una dilema insoluble.

Sin embargo y por paradójico que ello pueda aparecer a primera vista, ambas consideraciones no se excluyen, sino que, por el contrario, se complementan al responder ambas a aspectos muy reales de la conciencia española durante la Reconquista y aun después. La posibilidad de este complemento es el gran aspecto que la polémica ha olvidado.

Pues un análisis despacioso y atento de ambas posturas en el estudio de la historia española y de los argumentos que propugnan tan insignes maestros nos puede llevar fácilmente a la conclusión de que es precisamente en esta antítesis y síntesis vitales de elementos contrarios donde está la clave de esa realidad y de ese enigma de la historia de España y del ser de los españoles. Como antes la dominación romana y la invasión visigoda, también es factor decisivo en la historia del llegar a ser de los españoles, tal como llegaron a ser, la presencia del Islam en la Península y la acción y reacción que causara en el sentir de sus habitantes, se les pudiera o no considerar, ya entonces, españoles.

Esta posible partida en común, que, en mi opinión, sería necesaria para explicar más claramente el enigma de España y entender mejor la realidad de su historia, quedó malograda por las posturas radicalmente divergentes que desde un principio se adoptaron. Es sorprendente que ni los insignes maestros que la iniciaron, ni los que de una manera u otra se decidieron a romper lanzas en la polémica, llegaron a darse cuenta que la divergencia se debió en gran parte, ya desde un principio, más a un error dialéctico que a análisis erróneos de las realidades históricas, al estar mirándolas ambos desde una perspectiva histórica distinta. Ya lo he dicho en otra parte y pienso dedicar a ello mayor atención en el futuro.

Para explicar el antagonismo belicoso de la contienda, que consideraba esencial a la Reconquista, Sánchez Albornoz analizó casi con exclusividad sus bases medievales, estudiando una sociedad todavía en gestación, insistiendo en la oposición espiritual al Islam de los grupos cristianos que, antes dominados, van ahora camino de regreso a la unidad cristiana y latina de Occidente. Para dar una personalidad histórica y cultural a estos grupos insistió en la continuidad de elementos romanos y visigodos a lo largo de la historia medieval, llegando así a la conclusión de que los otros elementos propuestos, el judaísmo y el Islam, fueron solamente accidentales a la historia de España. Américo Castro, por el contrario, trató de analizar la España del siglo XVI tal como era, buscó las razones por las que llegó a ser tal como fue, llegando a formular, frecuentemente, con excesiva insistencia, su concepto de mestizaje, es decir, la esencial importancia de los elementos islámicos y judaicos en la formación de la nación España y del ser de los que así llamó "auténticos españoles". En consecuencia, si los estudios de Sánchez Albornoz explican aspectos esenciales de la historia medieval española, pero quedan cortos de elucidar la realidad de España una vez finalizada la Reconquista; Américo Castro perdió pronto contacto con la historia anterior, la cual con frecuencia distorsiona, para crear lo que se ha llamado una "España imaginada".[11]

Ello es causa de que la visión histórica sea distinta en cada uno, pues a la visión positivista y detallada de la vida medieval que nos ofrece Sánchez Albornoz falta una proyección hacia el futuro de una España que ha dejado ya detrás la génesis de la Reconquista, que explique la transformación paulatina del conflicto con el Islam y la aparición de la casta judía como el gran conflicto espiritual que llegó a ser. A la visión de Américo Castro faltan, por su parte, unas bases medievales necesarias que analicen con justicia el llegar a ser de las que llama "castas". Castro examina el Islam de España y el fenomeno de "lo islámico" desde detrás, en una perspectiva histórica insuficiente que queda con frecuencia distorsionada por la distancia. De la misma manera nos presenta un judaísmo sin raíces.

El no haber prestado debida atención a estas diferencias fue causa, en mi opinión, de los juicios tan justificados como irreconciliables que caracterizaron la polémica. Son en particular deficientes, aunque por razones muy distintas, los juicios que ambos emiten sobre la arabización de los peninsulares, el Islam andalusí, el judaísmo sefardí, la naturaleza misma de la cultura hispano-árabe y, en consecuencia, la influencia que el Islam y el judaísmo pudieron ejercer sobre los peninsulares que siguieron.

En problemas de análisis de cultura y civilización, como en todos en que se discuten conceptos tan elementales como son religión, sociedad, cultura, educación, moralidad, etc., habría que comenzar según la probada tradición medieval y escolástica con una definición de términos. Como con otros muchos, tampoco con éstos se quiere expresar siempre lo mismo. Para el antropólogo como es sabido el término cultura lo incluye todo. Edward B. Tylor, distinguido pionero en el campo de la antropología cultural ofreció, hace ya más de un siglo, la siguiente definición citada y aplicada con frecuencia a estudios mucho más recientes:

> Cultura o civilización, tomada en su sentido lato etnográfico, es ese complejo que incluye conocimientos, creencias, arte, moral, ley, costumbres y toda capacidad o hábito que el hombre como miembro de la sociedad ha adquirido.[12]

Distinto de éste, y más comunmente usado en estudios, tanto históricos como literarios, es un concepto de cultura sublimado y elitista, referido a niveles superiores de la vida humana. Como todavía define el diccionario de la Real Academia:

> Resultado o efecto de cultivar los conocimientos humanos y de afinarse por medio del ejercicio las facultades humanas del hombre.

Ambas nociones pueden referirse a los mismos datos y ser así prácticamente una y la misma. Pero no siempre, pues frente al sentido generalizador, diríamos hoy democratizante, puesto que acepta las cosas como son, de lo que llamamos cultura desde el punto de vista etnográfico y antropológico, cultura en su segunda acepción adquiere, con mucha frecuencia, un carácter restringido, más exclusivo, minoritario y como artistocrático, de élite espiritual y artística, dirigido a una mejora de datos y nociones. Esta noción última puede ser, además, más teórica que práctica, pues al mismo tiempo que analiza sus realizaciones, formula con frecuencia unos cánones ideales según los cuales las realizaciones debieran ser evaluadas. Cultura en este sentido toma así un carácter normativo, de arriba abajo, de unos cánones que se procura enseñar e imponer, y que por ello he llamado "vertical". Como ejemplo ilustrativo de esta distinción podría citarse todo estudio de valores éticos de un pueblo. Un análisis antropológico de su moralidad ofrecerá siempre datos muy distintos de los que ofrezca un análisis de moralidad normativa. De la misma manera que un sermón dominical nos manifiesta los cánones de una moralidad más o menos ideal, no las costumbres que practica un pueblo.

Creemos que una digresión podrá aclarar el error a que nos referimos. En una comparación, digamos, entre París universitario del siglo XIII y Valencia renacentista, sobre la relativa influencia cultural que los judíos y moros ejercen sobre cada una, no se podría dar, así sin más, juicio a favor de Valencia, a pesar de la presencia morisca en su sociedad. Con una cautela típicamente dialéctica medieval, debiéramos hacer una distinción. Si con influencia aquí, nos referimos a formas de ser y de sentir, efectos de presencia y convivencia, amistosa o no, tal como la entiende Américo Castro, habrá que reconocer que la influencia árabe en París es considerablemente menor de la que podamos encontrar en la sociedad levantina, tan consciente del elemento morisco que encierra. Ahora bien, si, por el contrario, nos referimos a nociones de influencias culturales tal como las encontramos en escritores y pensadores, las que ejercen los árabes y judíos sobre el mundo intelectual de París no tienen igual en la Península. Y así, si es a esto a lo que nos referimos, la decisión tendrá que ser dada en favor de París sobre la morisca Valencia.

Aplicando estos conceptos a la situación del Medioevo hispano vemos, que, si adoptamos el concepto de cultura normativa como base de nuestro análisis, no es difícil percibir la importancia de los mozárabes intransigentes y leales seguidores en lo esencial de las tradiciones cristianas y visigodas; y los monjes, cluniacenses y cistercienses, frailes dominicos y clérigos reformadores más tarde, que tratan de imponer unos cánones espirituales estrictamente latinos, cristianos y europeos, oponiéndose abiertamente a toda comunión con el Islam. Así se explica con razón la postura de Sánchez Albornoz y sus muchos y numerosos argumentos incontrovertibles.

Por otra parte, si aplicamos a nuestro análisis el sentido antropológico y étnico del concepto de cultura, es muy difícil negar una influencia cultural árabe y musulmana sobre las costumbres y formas de sentir del pueblo español, como antes también, al comienzo de la dominación árabe en la Península, se había dejado influir el pueblo hispanorromano por las nuevas formas que venían del Oriente, llegando, en mestizaje con las suyas propias, a formar el llamado Islam español.

La historia política, y la vida literaria y artística está llena de ejemplos que ilustran este punto. Baste aquí nombrar a Berceo y el mismo don Juan Manuel. No sólo importan a aquél temas conocidos de la literatura cluniacense, sino que interpreta según esta misma espiritualidad los temas hispanos que trata. La tradición literaria de aquél depende totalmente de una tradición latina y monástica. Los temas religiosos de los escritos de éste sólo tienen consonancia en las escuelas teológicas de París, y sus cuentos, inclusos aquellos de origen árabe, le llegan, en su mayoría, por fuentes latinas. Aquí también se podría incluir, *horribile dictu,* a don Juan Ruiz, ejemplo singular de esta España en conflicto. Su mundo es de mestizaje y de él toma detalles, frases, costumbres y ejemplos de vida; sin embargo los temas literarios y géneros que usa, incluso su técnica del humor, responden a una tradición literaria que es latina y europea. En caso paralelo, podría también aducirse aquí el del hispano-árabe Ibn Quzman, cuyo mundo literario es también de un conflicto entre tradiciones literarias y costumbres que responden a dos mundos unidos en mestizaje, sin olvidar el género hispano-árabe de las "muwashshahas".

Es decir que a la pregunta de si hay o no un mestizaje cultural hispano-árabe, no cabe en mi opinión dar una respuesta tajante, sin definir, antes, al estilo escolástico medieval los términos de la pregunta. A la espera de esa definición, hay que contestar sencillamente con un *si* y *no*. Si consideramos la cultura en su sentido normativo y vertical, el panorama hispano es tal como nos lo describe Sánchez Albornoz, henchido de antagonismos bélicos. Por tratarse de una restauración política y, a la vez, religiosa de reinos cristianos, el ideal cultural y religioso que se propuso tenía como fin la importación y desarrollo de los conceptos básicos y fundamentales para la sociedad cristiana. Por tratarse de una restauración cristiana, confiada a unos movimientos profundamente ascéticos y dedicados a su misión restauradora de una *respublica christiana*, esos son precisamente los elementos que se propagan y defienden. Por ello es tarea fútil la búsqueda de elementos intelectuales de mestizaje, o comunión espiritual entre los elementos representativos de esta cultura. Ya he explicado en otra parte como en este sentido París en el siglo XIII está más cerca de un mestizaje intelectual con el Islam, que digamos Salamanca y Palencia, o los monasterios cluniacenses y cistercienses del Norte peninsular.

Ahora bien, a nivel de contactos humanos, de vecino a vecino, es fácil de demostrar la existencia de un mestizaje en la literatura, en las artes, y más claramente todavía en las costumbres populares.

Desde este punto de vista el análisis del mestizaje, como el del antagonismo de las culturas que llamamos normativas, pueden seguir líneas zigzagueantes de curioso dramatismo. Pues se puede tratar de unas influencias negativas, donde algo se deja de practicar porque es considerado acercamiento al adversario, o se da mayor énfasis a maneras o fórmulas opuestas para demostrar el alejamiento de él. La vida y la cultura españolas están llenas de semejantes anomalías.

Se ha olvidado también que un mestizaje cultural no requiere necesariamente pertenencia a un grupo determinado étnico o religioso. Por ello es innecesario para demostrar el mestizaje cultural de los españoles la demostración paralela de un eslabón de casta en un sentido étnico. El intentar esta demostración, obligó a Américo Castro a una serie de pesquisas de judaísmo de casta que le llevaron con frecuencia a un círculo vicioso: ciertas características demostraban la casta, la casta urgía la demostración de ciertas características.

Cabría preguntarse si el problema esencial que ambos autores y sus discípulos tratan de estudiar no debiera ser definido, como lo llegó a ser en algún momento, aunque se olvidara más tarde, más que como uno de casta en su sentido étnico, como problema espiritual y cultural, cuya existencia nadie puede negar, complique este a conversos de moros y judíos tan sólo o también a cristianos viejos.

Es posible que en la España del siglo XVI los conversos sintieran unos lazos y gravitaciones hacia sus hermanos de raza, como arguye Américo Castro. Habría que preguntarse lo mismo de los conversos de moro. A la par de esa gravitación habría que indicar también la importancia que en ese sentimiento tuvo la actitud hostil de los demás, los llamados "cristianos viejos" hacia aquellos que tuvieran hasta "un hilillo de raza".

Dice Emilio García Gómez, con frase afortunada, que "el Islam y Oriente han sido a la vez para España un alimento y un revulsivo". Pero claro está, no lo son para las mismas cosas ni al mismo tiempo. Por razones distintas, lo mismo se podría decir del judaismo y de los judíos españoles. Ellos también fueron considerados por la población cristiana alimento y revulsivo.

Más que dos culturas en conflicto, como fueron la musulmana y la cristiana en la España medieval, se trataba en el siglo XVI de un mestizaje conflictivo. Pero este mestizaje, más que de casta, es cultural, de líneas raciales o étnicas poco claras, y, en mi opinión, no siempre importantes. Más importante era, creo, que se dieran autores judaizantes, o que simpatizaran con ideas o sensibilidades compartidas en otras culturas, que que fueran judíos o conversos quienes las propusieran. Un caso paralelo que podría servir de ejemplo sería el del arte islámico y su continuación en la España cristiana. El mestizaje real radica en su continuación y activa influencia sobre otros estilos importados en la Península. No en la posible casta mudéjar de sus creadores. Los hubo, claro está, pero, también los hubo que no lo practicaron; como hubo también hispanos de probada casta hispana que fueron maestros en el llamado estilo mudéjar, como también hubo otros de casta alemana, flamenca y francesa, que trabajaron en la Península y se sintieron atraídos por el mismo estilo.

Es decir, el cristianismo hispano, sus estructuras políticas, sociales o culturales rechazan toda conciencia de mestizaje, el problema es tan solo las formas que toma su rechace. El caso de la población es distinto, pues en ella se da un mestizaje que se manifiesta con frecuencia de manera conflictiva. Vista así la historia de España, se hace menos enigmática, y da menor cabida a la controversia, el antagonismo abierto contra el Islam y el judaísmo, tanto mayor cuanto se veía como mayor amenaza, la paulatina y profunda aceptación de ese mestizaje a que Américo Castro se refiere.

En este sentido la contribución de Castro al entendimiento de la historia española es notable, pero no definitiva, pues apunta unas bases pero las deja sin definir. Entendida así la polémica, se nos ofrece todavía como un campo fértil, merecedor de mayores esfuerzos. Y creo ser injusto renunciar a ella y rechazarla así sencillamente como si Américo Castro tan sólo nos hablara de una España imaginada.

## Notas

[1] He hablado de este tema con más extensión en mi estudio *Entre monjes y musulmanes. El conflicto que fue España*, Madrid, 1978, 1986.

[2] C. Sánchez Albornoz, "España y el Islam", *Revista de Occidente*, XXIV, 1929, p. 4. Publicado más tarde en forma de libro con el título *España y el Islam*, Buenos Aires, 1943.

[3] C. Sánchez Albornoz, *España, un enigma histórico*, Buenos Aires, 1962, 2 ed., vol. I, p. 104.

[4] Sánchez Albornoz, *ibid*, vol. I, p. 189.

[5] Sánchez Albornoz, *ibid*, vol. I, p. 103.

[6] Sánchez Albornoz, *ibid*, vol. I, p. 112.

[7] C. Sánchez Albornoz, "Islam de España", en el colectivo *L'Occidente el'Islam nell'alto medioevo*, Spoleto, 1965, vol. I, p. 219.

[8] A. Castro, *Origen, ser y existir de los españoles*, Madrid, 1959, p. 12.

[9] Américo Castro, *Los españoles, cómo llegaron a serlo*, Madrid, 1965, p. 32.

[10] A. Castro, *Realidad histórica de España*, México, 1962, p. 176.

[11] Me refiero al estudio de Eugenio Asensio, *La España imaginada de Castro*, Madrid.

[12] Edward B. Tylor, *Primitive Culture*, New York, 1874, vol. I, p. 1, también Thomas Glick y Oriol Pi-Sunyer, "Acculteration as an Explanatory Concept in Spanish History" en *Comparative Studies in Society and History,* XI, 1969, pp. 136-154.

# V. Writers and Texts

# Américo Castro y Santa Teresa

Angel L. Cilveti
*University of Rochester*

La opinión definitiva de Américo Castro sobre Santa Teresa se encuentra en el ensayo, "La mística y humana feminidad de Teresa, la Santa", publicado por primera vez en 1929 y reeditado y ampliado en 1972.[1] En este corto artículo me acerco a ese estudio para ver lo que Castro aporta a la explicación de la literatura espiritual española, en particular la de Santa Teresa. El modo de hacerlo es comparar la evidencia textual aducida por Américo Castro en favor de su opinión sobre la obra de la Santa con textos de ésta. Las pocas reflexiones que se intercalan no tienen otra intención que resaltar el mensaje del texto.

Castro afirma que "nuestra mística carece aún de claro y sereno emplazamiento entre los valores que integran la civilización hispánica" (p. 39), y va a contribuir a ese emplazamiento estudiando a Santa Teresa. Ahora bien, el fenómeno religioso, tal como aparece en la obra teresiana, sólo le interesa como punto de partida de la fascinación que esa obra produce en los lectores. Le interesa "la actitud mística en tanto que fenómeno humano" (p. 40). Antes de Américo Castro una serie de psicólogos ya se habían ocupado del fenómeno humano de la mística teresiana desde un punto de vista clínico, según el cual el genio religioso de la Santa se basta para explicar la grandeza de su obra y su enfermedad nerviosa explica sus flaquezas, el que para algunos sea la santa patrona de los histéricos. Castro rechaza este enfoque y el de los teólogos, eruditos y, por supuesto, el de los beatos: por no haberse intentado la interpretación puramente literaria, "oscilamos hoy entre los juicios trémulos de quienes convierten el teresianismo en beata y férvida plagaria, y los análisis clínicos de quienes resuelven en histeria y sensualidad los raptos y deliquios de Santa Teresa" (p. 44). La interpretación literaria ha de alejarse del "empíreo" tanto como de la "fisiología"; ha de mantenerse "en la zona humana y clara del noble sentir" (p. 44). Hay que notar en este punto que Castro no se fija en los teólogos que no convierten el teresianismo en férvida plegaria,[2] ni en los psicólogos para quienes el misticismo teresiano es algo más que fisiología.[3]

Así, pues, el fenómeno humano que Castro va a considerar en Santa Teresa será revelado por la interpretación literaria de la obra de la Santa. Pero semejante interpretación a base del análisis de los recursos literarios de la obra teresiana sólo la lleva a cabo Castro en uno de los puntos sobre los que explícitamente se centra su estudio: el sensualismo de la obra teresiana. Este tema, y la mística española en general, tienen unos presupuestos históricos—el individualismo renacentista y la condición social del converso—y a ellos dedica Castro considerable atención. El denominador común de estos temas es una gran simpatía por Santa Teresa como mujer, como personaje femenino, y una terminante reducción de la experiencia mística a fenómeno emocional.

Con respecto al individualismo renacentista, la mística española responde a la inquietud individualista de esa época cultural, es fruto de ella, pero se proyecta sobre temas que niegan el Renacimiento y el progreso. Ahora bien, los niega afirmando la intimidad, el alma, la vida, que el Renacimiento y la ciencia de él derivada hasta cierto punto olvidan (pp. 88-89). No se trata de una ascendencia total e inmediata de la mística española respecto del Renacimiento, sino relativa y lejana, pero innegable, a través de obras religiosas que reflejan un espíritu individualista. La tendencia a poner la biblia en lengua vernácula desde finales del medievo es señal del rumbo individualista que toma la piedad en Europa y que culmina en la biblia de Lutero (p. 55). Aquella piedad individual, al fortalecerse, se torna "ascetismo", dice Castro, y en algunos escogidos españoles llega a exaltación íntima en busca de la unión con Dios. Así, la adopción de los místicos del norte—alemanes y flamencos (Eckhart, Tauler, Suso, Ruisbroek)—se debe, opina Castro, al cambio de espíritu que se opera en España en el siglo XV por influencia de libros como la *Imitación de Cristo*, donde "la persona comienza a sentirse como tal", como individuo, y quiere llenar su vida religiosa con sus propios medios, con independencia de la autoridad eclesiástica (pp. 61-62). En esta atmósfera espiritual caben ascetas, pietistas, alumbrados y erasmistas (p. 50). En relación a la *Imitación de Cristo*, Castro pasa por alto la doctrina sobre la "obediencia y sujeción", en especial, que sólo quienes se sujetan a la obediencia gozan de libertad de la mente.[4]

Pues bien, en los místicos españoles más eminentes—Santa Teresa, San Juan de Avila y muy verosímilmente San Juan de la Cruz—este individualismo religioso está acentuado y exacerbado por la grandeza de su experiencia espiritual y por la condición del converso. Sobre la excelencia de la experiencia mística: "Los grandes místicos, en su aristocrático aislamiento [dice Castro] desdeñaban a la plebe mistificada, tanto más cuanto que sólo mediante ese muro de altivez podían marcarse las necesarias distancias" (p.

57). En Santa Teresa, tras la "humildad y la mansedumbre suele filtrarse el orgullo de la bienamada del Señor" (p. 85). Aquí no puedo por menos de observar que el contraste de esta opinión de Castro con el texto, al menos con el texto explícito de la Santa sobre la humildad es notable. Dice Santa Teresa: "porque todo este edificio [de la vida espiritual] . . . es su cimiento la humildad" (7 *Moradas* 4, 9, p. 429a).[5] El la *Vida* 22, 11, p. 906, había dicho: "Lo que yo he entendido es que todo este cimiento de la oración va fundado en humildad, y que mientras más se abaja un alma en la oración más la sube Dios". ¿Qué es la humildad?: "la humildad es andar en verdad; que lo es muy grande no tener cosa buena de nosotros, sino la miseria y ser nada; y quien esto no entiende anda en mentira. Y quien más lo entiende agrada más a la suma Verdad porque anda en ella" (6 *Moradas* 10, 8, p. 415b).

Con respecto a los espirituales conversos, afirma Castro que "sin el problema creado por la condición social de los conversos no tendríamos las obras de Santa Teresa, de San Juan de Avila" y de otros grandes autores espirituales (p. 55, nota 22); y la explicación que da, comenzando con el supuesto más general, es que "la busca del apartamiento e intimidad con Dios coincidía con el afán de distanciarse de los usos y estimaciones válidos para los demás, entre quienes el converso se sentía psíquicamente como un negro se siente hoy a causa de su color en los Estados Unidos" (p. 56, nota 26).

En este tema del converso en relación con Santa Teresa será especialmente oportuno cotejar la opinión tan característica de Castro con los escritos teresianos. En la Santa, piensa Castro, se combinan la condición social del converso con su temperamento naturalmente honroso. Dice la Santa que para ella el comunicarle a su padre que quería hacerse monja "casi era como tomar el hábito; porque era tan honrosa, que me parece no tornara atrás por ninguna manera, habiéndolo dicho una vez" (*Vida* 3, 7, p. 22a). Dice también que en los primeros meses de su año de noviciado, cuando aún no tenía veinte años, era "aficionada a todas las cosas de religión, mas no a sufrir ninguna que pareciese menosprecio. Holgábame de ser estimada" (*Vida* 5, 1, p. 25a). Para Castro el sentimiento honroso le duró a Santa Teresa toda la vida, a pesar de los múltiples y definitivos textos en contra de la honra mundana a lo largo de todos sus escritos.

En la génesis de la obra teresiana intervienen la idiosincrasia del converso en pugna con el medio social y la del honroso: "Santa Teresa [dice Castro] necesita verterse hacia el exterior con una personalidad y una conciencia triunfales respecto de la personalidad y conciencia que le habían afligido por ser muy puntillosa en materia de honra y haber tenido que soportar el verse señalada como cristiana no limpia" (p. 20). Prueba de la conciencia y personalidad triunfales de la Santa sobre el estigma del converso es la descripción que de sus padres da en la *Vida* como "virtuosos y temerosos de Dios". Pero en el texto teresiano es bien patente la intención autoacusatoria de su propia vida: "El tener padres virtuosos y temerosos de Dios me bastara, si yo no fuera tan ruin, con lo que el Señor me favorecía, para ser buena" (*Vida* 1, 1, p. 16a-b). El testimonio más convincente de la intención triunfalista de la mística teresiana estaría en el comentario que la Santa hace de la oración de quietud, que a veces llegaba a unión, de su época de novicia: "quedaba con unos efectos tan grandes que, con no haver en este tiempo veinte años, me parece traía el mundo debajo de los pies" (*Vida* 4, 7, p. 24b). Castro observa: "La unión con Dios y la victoria contra quienes en el mundo (la sociedad castellana del siglo XVI) humillaban y miraban de través a los cristianos nuevos es aquí evidente" (p. 23). En realidad, la Santa está hablando del excesivo optimismo de los espirituales que se encuentran en este grado todavía imperfecto de oración: tienen excesiva "confianza en Dios sin discrición, porque no mira que aun tiene pelo malo . . . aun no está para volar porque las virtudes aún no están fuertes" (*Vida* 19, 16, pp. 77a). Teresa, afirma Castro, anhela "compensar con un linaje espiritual la carencia de uno socialmente estimable" (p. 27). "Es evidente [admite Castro] que en la experiencia mística de la Santa de Avila hay ecos de la tradición mística cristiana llegada a ella través de sus lecturas . . . Pero la originalidad del estilo de esta gran mística es que en su obra están presentes su vida personal y las preocupaciones de su medio social, entre otras, la de encastillarse en la inexpugnable fortaleza divina y adquirir así un linaje espiritual diferente" del de un converso (p. 22). Puesto que en aquella sociedad la honra era manejada "como arma ofensiva", los cristianos nuevos ingresaban en las órdenes religiosas, y por esto la Santa convenció a un hermano suyo a meterse a fraile (p. 22). Verdad es que Teresa condena la honra mundana como contraria a la vida espiritual, mas al hacerlo, opina Castro, no podía referirse a fallas morales o a delitos, sino al linaje deshonroso (p. 22). Así, cuando dice: "Dios nos libre de persona que le quiere servir, acordarse de honra ni temer deshonra" (*Camino* 18, 3, p. 220b); es algo "que crece como espuma en los monasterios" (*Ibid.*). Sin embargo, Santa Teresa sí que se refiere a fallas morales cuando dice: "Mirad, hermanas, que no nos tiene olvidadas el demonio; también inventa sus honras en los monasterios y pone sus leyes; que suben y bajan en dignidades como los del mundo. Los letrados deben de ir por sus letras . . . que el que ha llegado a leer teulogía no ha de bajar a leer filosofía, que es un punto de honra que está en que ha de subir y no bajar, y aun si se lo mandare la obediencia lo ternía por agravio y havría quien tornase de él, que es afrenta; que aun en ley de Dios parece llevar razón" (*Camino* 36, 4, p. 3000). El paradigma de "la divisoria entre la sociedad padecida por el converso y la idealmente creada [por éste] para librarse de aquel cautiverio" (Castro, p. 80, nota 7), tiene en Castro aplicación inequívoca a frases teresianas que hacen perfecto sentido en el contexto explícito en que se encuentran; por caso, a las "autoridades postizas" de los poderosos de este mundo en comparación con la autoridad de Dios (*Vida* 37). En fin, la obra teresiana es una salida al conflicto que atenazaba a muchas almas de elección de aquel tiempo. "Los dotados de suficiente ímpetu y poder creativo se sirvieron de sus propias . . . desdichas como de un material de construcción para con él erigir excelsas moradas en las cuales Dios y su criatura convivirían, glorificado el Uno [Dios] y libre de miserias y cadenas opresivas la otra. Tal es el motivo de que la literatura religiosa en la Castilla del XVI (San Juan de Avila, Santa Teresa, San Juan de la Cruz) parezca fruto tardío y no consuene con nada europeo" (pp. 23-24).

La decisiva importancia que Castro concede a la condición del converso en la mística española le induce a reducir categorías espirituales a fenómenos emocionales. Así, el antagonismo con la sociedad desarrolla en Santa Teresa deseo de intimidad, certeza de bastarse a sí misma, despego frente a lo social y el gozarse en llegar hasta Dios sin intermediarios. No es que la Santa "pensara en tomar ninguna postura antieclesiástica", pero no cabe duda dice Castro de que se acerca "a una independencia más próxima a la temible libertad germánica que a la disciplina rigurosa de la Contrarreforma" (p. 80). Frente a esto, la Santa escribe de sí misma: "siempre procura ir conforme a lo que tiene la Iglesia . . . , que no la moverían cuantas revelaciones puede imaginar—aunque viese abiertos los cielos—un punto de lo que tiene la Iglesia" (*Vida* 25, 12, p. 101b). En cuanto a maestros y confesores, "hay que tener maestro que sea letrado y no le callar nada" (*Vida* 25, 14, p. 102a). La obediencia al confesor no puede estar mejor fundada: "Siempre que el Señor me mandaba una cosa en la oración, si el confesor me decía otra, me tornaba el mesmo Señor a decir que le obedeciese" (*Vida* 26, 5, p. 105b). Y por amor de la obediencia la Santa se ve obligada a desarrollar una conducta cómica especialmente penosa para ella: dar "higas" al Señor: "Dábame este dar higas grandísima pena cuando vía esta visión del Señor . . . y suplicábale me perdonase, pues eran los ministros que El tenía puestos en la Iglesia" quienes se lo mandaban (*Vida* 29, 6, p. 117a). Y es bien sabido que Teresa escribía por obediencia, aunque a veces no sabe de qué sirve el hacerlo: "Yo no lo sé, pregúntese a quien me manda escribir, que yo no soy obligada a disputar con los superiores, sino a obedecer" (3 *Moradas* 2, 11, p. 361b).

Castro postula una reducción comprehensiva de la mística de Santa Teresa aplicable no sólo al converso, sino a todo místico: éste vive de amor y fe, y la verdad de fe, piensa Castro, por lo mismo que se apoya en una base extrarracional, no puede existir sino "compensando con arrojo y seguridad emotiva todo lo que falta de razón. Tan pleno se siente el individuo que llega a situar a la divinidad dentro de sí mismo" (p. 70). Ahora bien, el arrojo y la seguridad emotiva de Castro apenas dicen nada frente al contenido de la contemplación descrita por la Santa, donde la razón, la capacidad discursiva, es substituída por la visión imaginaria, y, sobre todo, por la visión intelectual. Continuando con el tema de la fe, dice la Santa: "Por un punto de aumento en la fe y de haver dado luz en algo a los herejes perdería mil reinos y con razón; otro ganar es un reino que no se acaba, que con solo una gota que gusta un alma de esa agua de él, parece asco todo lo de acá" (*Vida* 21, 1, p. 84b). Castro observa que este mundo, que es "asco", es, sin embargo, "el único pábulo con que Teresa puede alimentar la hoguera de su amor divino; y no puede desvivir la vida, sino viviéndola frenéticamente" (p. 85). A título de prueba estos párrafos teresianos: "Ya se abren las flores y comienzan a dar olor. Aquí querría el alma que todos la viesen sus glorias para alabanzas de Dios, y que le ayudasen a ella y darles parte de su gozo, porque no puede tanto gozar . . . Yo sé persona que, con no ser poeta, le acaecía hacer de pronto coplas muy sentidas declarando su pena . . . Todo su cuerpo y alma querría se despedazase para mostrar el gozo que con esta pena siente" (*Vida* 16, 3-4, pp. 65-66). Este texto es una selección, dentro de otro más amplio que trata de la oración llamada "sueño de las potencias", que sigue a la oración de quietud, y está llena de "suavidad y deleite", y en modo alguno el "asco" que en el mundo es el pábulo con que la Santa alimenta el amor que siente. Dice: "Sólo tienen habilidad las potencias para ocuparse todas en Dios; no parece se osa bullir ninguna, ni la podemos hacer menear" (*Vida* 16, 2, p. 65). Además esta oración es sólo un estadio en la vida espiritual de la Santa y de los místicos, característico de la iluminación. Parece, sin embargo, que hay una frenética vivencia teresiana expresada en la copla:

> Vivo sin vivir en mí
> Y tan alta vida espero
> Que muero porque no muero (*O. C.*, p. 480)

Pero tiene su pábulo en el amor de Dios. Termina diciendo:

> Quiero muriendo alcanzarle,
> Pues a El solo es al que quiero (*Ibid.* p. 481)[6]

El tercer tema, el sensualismo de la mística teresiana, es dominante en la mente de Castro. La feminidad de la Santa le fascina. Es el "supuesto", dice, de la obra entera de la Santa (p. 59). Lo esencial de esa obra es que "ha abierto a la literatura moderna la senda de la confidencia y de la confesión [las *Confesiones* de San Agustín son muy otra cosa, dice Castro],[7] representa un estilo y un tema nuevos, y eso se debe a que en el fondo común e internacional de la mística vino a insertarse aquel arriscado temperamento de mujer, que no renuncia a nada cuando pretende renunciar a todo; especialmente no renuncia a su esencia femenina, que nos brinda íntegra, que no teme desvelar porque el carácter divino que ella asigna a su maravilloso soliloquio la pone a cubierto de toda humana sospecha" (p. 88). "Teresa pone al desnudo sus vivencias, en lo esencial de carácter erótico". Ella piensa que al renunciar a toda exterioridad trasciende de lo finito creado a lo infinito. Dice que se le quitan las ganas de ver las cosas de la tierra porque le parecen "basura" (*Relaciones* 1) comparadas con las que Dios le hace ver. Pero, en realidad, ese mundo exterior, basura, no queda aniquilado; se convierte en imagen sublimada dentro de la experiencia interna. No abandona en realidad lo humano y lo terreno. "Temblorosas, las frases entorpecidas pugnan por abrirse paso, anhelantes, frenéticas" (p. 69): "Dirán que soy una necia, que *béseme con beso de su boca* [del *Cantar de los cantares*] no quiere decir esto; que tiene muchas significaciones . . . Yo confieso que tiene muchos entendimientos; mas el alma que está abrasada de amor que la desatina no quiere ninguno, sino decir estas palabras" (*Conceptos de amor de Dios*, o *Meditaciones sobre las Cantares* 1, 11, p. 324b).

El sensualismo de la obra teresiana—conjunción de pensamiento erótico e imagen—revela "El amor inspirado en la humanidad de Cristo, fundado en elementos sensibles y expresados en símbolos y metáforas que alimentan la fantasía. No hay aquí noche oscura del alma, como en San Juan de la Cruz", dice Castro (p. 62). Este está en lo cierto cuando insiste en que "Teresa no quiso eliminar las injerencias sensibles en la contemplación, sino que las alienta y no las refrena" (p. 65). La Santa defiende la humanidad de Cristo como motivo de contemplación hasta en las sextas moradas, "aunque me han contradecido en ella y dicho que no lo entiendo" (6 *Moradas* 7, 5, p. 44b). Pero sí que hay en su obra el equivalente estremecedor de la noche oscura de San Juan de la Cruz. Entre los trabajos que pasa quien entra en la séptima morada, es decir, entre el desposorio y el matrimonio espiritual, cuenta la Santa: incomprensión por parte de familiares, amigos y confesores: "enfermedades grandísimas", que descomponen "lo interior y exterior, de manera que aprieta el alma que no sabe qué hacer de sí y de muy buena gana tomaría cualquier martirio de presto que estos dolores . . . es imposible darse a entender de la manera que pasan . . . que está el entendimiento tan oscuro que no es capaz de ver la verdad . . . Dios da licencia al demonio para que pruebe al alma hasta el punto de convencerla de que "está reprobada de Dios; porque son muchas las cosas que la combaten con un apretamiento interior de manera tan sentible e intolerable, que no sé a qué se pueda comparar, sino a lo que padecen en el infierno, porque ningún consuelo se admite en esta tempestad" (6 *Moradas*, 1, 4-9, pp. 385-387). "El alma vese como una persona colgada, que no asienta en cosa de la tierra, ni al cielo puede subir" (6 *Moradas* 11, 5, p. 417a; cf. *Vida* 30 y 23). San Juan de la Cruz dice que la impotencia del alma en esta situación (es la purgación pasiva del espíritu) es "como el que tienen aprisionado en una oscura mazmorra atado de pies y manos, sin poderse mover ni ver ni sentir algún favor de arriba ni de abajo" (*Noche* II, 5-7).

En cuanto a la presencia de los sentidos, en especial, la imaginación, en la unión, es verdad que tiene lugar en toda la obra teresiana, excepto en la parte culminante, en la unión transformante del matrimonio espiritual, donde la Santa habla de visión intelectual: "metida en aquella morada [la séptima] por visión intelectual . . . se le muestra la Santísima Trinidad . . . de manera que lo que tenemos por fe, allí lo entiende el alma—si podemos decir—por vista, aunque no es vista con los ojos del cuerpo ni del alma, porque no es visión imaginaria" (7 *Moradas* 1, 7, p. 420b). Castro da más importancia a la *Vida*, escrita entre 1560 y 1562, que a las *Moradas*, escritas entre junio y noviembre de 1577, que expresan la concepción mística definitiva de Santa Teresa. A este respecto, habría parecido natural que Castro desarrollara alguna analogía entre las moradas teresianas, centro de la vida mística, y la "morada vital", la estructura de valores de Castro; entre la experiencia mística de la Santa y la "vividura" de la morada vital. Tal vez no lo ha hecho porque se dio cuenta de que las *Moradas* no toleran el sensualismo que atribuye a la experiencia de la Santa, de que las moradas teresianas no se corresponden con las moradas vitales, si la "vividura" de éstas no sobrepasa el nivel de los sentidos. En la concepción definitiva de las *Moradas* se advierte la influencia de San Juan de la Cruz, que era director espiritual de Teresa por la fecha de composición indicada: se da más importancia al desarrollo de la vida de fe como medio para llegar a la unión con Dios que en la *Vida*, donde se nota la "afectividad" franciscana y la "composición de lugar" jesuítica; la doctrina de las moradas sexta y séptima, en especial, delata la mano del Santo, pues Teresa comienza a usar los términos "desposorio" y "matrimonio" en las quintas moradas correspondientes a la "cuarta agua" de la *Vida*, donde no se usan esos términos. De haber tenido en cuenta las *Moradas* difícilmente habría afirmado Castro, como lo hace, que "Para Teresa Dios es . . . la corporeidad de Cristo, que ama, habla y se enoja, no es ningún espíritu que preste sentido inmanente al universo" (p. 74). Y en cuanto al erotismo del lenguaje teresiano, el canon interpretativo está en el capítulo dos de las séptimas moradas tratando del desposorio y del matrimonio espiritual: "Ya he dicho que aunque se ponen estas comparaciones—porque no hay otras más a propósito—que se entienda que no hay memoria de cuerpo más que si el alma no estuviese en él, sino sólo espíritu; y en el matrimonio espiritual muy menos, porque pasa esta secreta unión en el centro muy interior del alma, que debe ser adonde está el mesmo Dios, y a mi parecer no ha menester puerta por donde entre. Digo que no es menester puerta, porque en todo lo que he dicho hasta aquí parece que va por medio de los sentidos y potencias, y este aparecimiento de la Humanidad de Nuestro Señor, ansí debía ser; mas lo que pasa en la unión del matrimonio espiritual es muy diferente" (7 *Moradas* 2, 3, p. 422a).

Sin embargo, Castro ha sorprendido con gran sensibilidad y con gran simpatía la intimidad de la Santa, aquellos momentos de desbordadas confidencias en que "desvela su recato, segura de que no va a escuchar sino quien ella eligió": "Bien sabéis, Señor mío, que me es tormento grandísimo, y que tan poquitos ratos como me quedan con Vos os me escondáis . . . ¿Cómo lo puede sufrir el amor que me tenéis? Creo, Señor, que si fuera posible poderme esconder yo de Vos, como Vos de mí, que pienso y creo del amor que me tenéis que no lo sufriérades" (*Vida* 37, 8, p. 158a). Del estudio de Castro me quedo con la intuición y el buen gusto que revela su comentario a ése y a otros párrafos teresianos semejantes: las vivencias de la Santa son de carácter erótico, "mas las vive sin contenido real, sin posible referencia a nada humano". Se trata de "la experiencia inefable de aquella mujer santificada" (p. 68). Así, creemos, la simpatía, el noble sentir y la gentileza de Castro le inducen a explicar finalmente el aspecto humano de la mística teresiana desde su aspecto religioso.

## Notas

[1]Madrid: Alfaguara. Los textos de Castro se refieren a esta edición si no se advierte otra cosa.

[2]Cf. J. de Guibert, *Ètudes de théologie mystique* (Toulouse, 1930).

[3] J. Maréchal, en *Ètudes sur la psychologie des mystiques*, 2 vols. (Bruseles, 1924-1937; H. Delacroix, en *Essai sur le mysticisme spéculative en Allemagne au XIV siècle* (Paris, 1900); R. C. Zaehner, *Mysticism, Sacred and Profane* (Oxford, 1957).

[4] "Valde magnum est in obedientia stare, sub praelato vivere et sui juris inesse. Multo tutius est stare in subjectione quam in praelatura. Multi sunt sub obedientia, magis ex necessitate quam ex caritate: et illi penam habent et leviter murmurant, nec libertatem mentis acquirent nisi ex toto corde propter Deum se subjiciant. Curre hic vel ibi, non invenies quietem nisi humili subjectione sub praelati regimine" (Lib. I, capt. IX).

[5] Citamos las obras de Santa Teresa por *O. C.* (Madrid: B. A. C. 1962).

[6] Sin embargo, en *The Spaniards* (Berkeley: Univ. of California Press, 1971), p. 146, dice Castro que su concepto del "desvivirse" español no debe confundirse con el desvivirse teresiano, el cual significa que la Santa vivía angustiada porque no le llegaba la muerte que le permitiría ver a Dios.

[7] Lo sensible apenas cuenta en las *Confesiones* agustinianas, al contrario que en la *Vida* de la Santa abulense, cuya forma literaria más próxima es *El intérprete de los amores* de Ibn Arabi, inspirado en la bellísima Nizam (A. Castro, *España en su historia* [Buenos Aires: Losada, 1948], p. 321). En esta misma obra, p. 339, dice el autor que "nadie en España, antes de Santa Teresa, igualó y superó al sufismo en el arte de expresar totalmente el existir íntimo".

# Américo Castro y el lenguaje de los estudios literarios

Mary Gaylord Randel
*Cornell University*

En la segunda edición de *Hacia Cervantes*, el autor agrega al texto aparecido hacía sólo tres años una nueva "Advertencia" para el lector. Reconocemos en ella el gesto quizás más característico de la labor investigativa de Américo Castro, eso es, la tendencia al autoexamen que le permite volver sobre sus escritos anteriores para someterlos a una crítica tan rigurosa como si hubieran salido de otra pluma, y en algunos casos para usarlos como punto de partida de una radical revisión de su pensamiento. "He tratado," nos explica acerca del libro revisado que presenta, "de poner más a tono con mi actual modo de pensar lo escrito con anterioridad a 1936 . . . Había yo escrito y mal pensado sobre la novela picaresca . . . El mismo fallo inicial pesaba sobre lo escrito por mí, y por los demás, sobre el problema del honor en el drama y en la vida del siglo XVI y del XVII" (11). Pero a la vez que subraya el poder de las percepciones culturales heredadas y perpetuadas por motivos ideológicos—"No era fácil zafarse de las perniciosas ideas que flotaban en torno"—, enfoca con igual insistencia el problema del lenguaje de los estudios literarios. "El autor aprovecha la oportunidad de haberse agotado la primera edición de este libro . . . "—declara—"para someter el texto a una minuciosa mejora, con miras a lograr mayor rigor en el uso de ciertas frases y de determinados vocablos." La rápida desaparición de la primera edición parece sugerir la posibilidad de otro tipo de agotamiento, el de sus recursos lingüísticos: "Carecemos de un lenguaje preciso al ir a enfrentar la realidad humana como valor. Vamos a tientas al querer decir algo, con pleno sentido, acerca de la realización artística . . . En último término—aunque no se quiera, aunque no se pueda—se inclina uno a expresar literariamente lo que, en el fondo, no es sino literatura" (11). A pesar de tan profundo escepticismo sobre la posibilidad de dar con un lenguaje adecuado, el autor afirma que "aún confía en poder llevar a término una obra más ceñida y más clara sobre los aspectos más vivos y más irradiantes aún perceptibles en las mayores creaciones de Cervantes . . . Pero lucha uno con las dificultades planteadas por el lenguaje ingenuo y por el seudocientífico. Es difícil muy a menudo averiguar cuáles sean los propósitos, e incluso los contenidos, de la llamada crítica literaria. Junto a la sobreabundancia de libros sobre los libros, siente uno cada vez con más agudeza que es tan necesario, como quizás imposible, partir de supuestos bien fundados y usar un vocabulario del cual pueda uno—y los demás—hacerse consciente e inteligentemente responsable"(12).

Esta búsqueda de un lenguaje crítico que fuera riguroso, bien fundado, autoconsciente, responsable de su contenido, la había iniciado el célebre hispanista muchos años antes, al menos en 1925 con *El pensamiento de Cervantes*. En este clásico estudio, como es bien sabido, Castro destaca los estrechos vínculos que unen la obra literaria de Cervantes a las preocupaciones más fundamentales y urgentes de la filosofía renacentista. Ante todo, el libro combate la imagen de Cervantes como "ingenio lego," una idea que contaba a Menéndez Pelayo entre sus ilustres defensores. Don Marcelino, por cierto, había sido uno de los primeros en enfocar a Cervantes desde el punto de vista de su cultura literaria y dentro del marco de la teoría estética. Sin embargo, incluye al novelista en su historia enciclopédica de las ideas estéticas, para después quitar importancia a los principios abstractos, no sólo en el caso de Cervantes, sino en toda obra de arte. La presencia en el arte cervantino de ideas y preceptos literarios no hace más que incomodar a sus admiradores: estas doctrinas no solamente no aumentan la gloria del creador, sino que en realidad casi le quitan prestigio.

De la misma manera que rechaza Menéndez Pelayo la idea de un Cervantes, autor y autoridad, perfecto conocedor de la teología, las leyes, la medicina o la geografía, se niega a conceder seriedad a la noción de una profunda meditación en Cervantes sobre filosofía estética. "Cervantes *tenía doctrinas literarias*"—escribe—"pero oso decir que esas doctrinas, sobre nada nuevas, tampoco eran adquiridas por el esfuerzo propio, ni descendían de propias observaciones sobre sus libros, sino que eran las mismas, exactamente las mismas, que enseñaba cualquiera Poética de entonces, la de Cascales o la del Pinciano, así como sus ideas platónicas expuestas en *La Galatea* eran las mismas, exactamente las mismas, que constitutían el fondo común del misticismo y de la poesía erótica de su tiempo" (I, 745). Para Menéndez Pelayo, arte y doctrina representan fenómenos cerebrales fundamentalmente distintos. La teoría lleva una existencia aparte—es independiente, abstracta, impersonal, y por lo tanto perecedera. Ni siquiera es capaz de mostrar el sello de la creatividad individual; la comparten necesariamente muchos creadores. Y si en el caso de Cervantes se rescata el precepto, su salvación se debe a la intervención de su contrario, la imaginación: "Lo que salva del olvido algunos de estos preceptos de Cervantes es la viveza, la gallardía, la hermosura con que están expresados." Las creaciones más sublimes del arte, aunque jamás del todo inconscientes o irracionales, son productos de la intuición más que de la intelección: "Todo pasa en el augusto laboratorio de la mente por reacciones que todavía no han sorprendido los ojos de los mortales" (744).

En su obra de 1925, Castro sale a combatir el mito romántico del genio intuitivo y a defender la inteligencia racional del escritor, perfectamente compatible además con su condición de hombre del Renacimiento. Se trata para los dos críticos de un mismo problema, la relación entre filosofía y literatura, entre las ideas y las palabras. No debe de sorprendernos, por lo tanto, el hecho de que la preocupación de Américo Castro por los sutiles hechizos del lenguaje de los *estudios* literarios empezara a expresarse precisamente en el contexto de una polémica sobre el papel del lenguaje filosófico-teórico en la obra de ficción. En realidad, al contemplar hoy como críticos la relación entre discurso teórico y discurso literario, nos hallamos ante (y al fin también dentro de) una auténtica *mise-en-abîme*. Nuestra mirada enfoca a dos críticos e historiadores modernos, quienes consideran el problema de pensamiento y arte en función de unos escritos de hacía para ellos tres siglos; los cuales en su turno estaban inmersos en una problemática y una discusión semejantes, acerca del carácter y las limitaciones del lenguaje teórico heredado de las autoridades estéticas clásicas (Aristóteles, Horacio *et alia*). Los personajes de la gran novela cervantina (el cura y el canónigo, Sancho Panza y Don Quijote, el autor-personaje y su amigo) nunca se contentan con transmitir imparcialmente la doctrina, sino que *dialogan* sobre el sentido y valor de los preceptos. Y estos mismos preceptos, los han sacado de la obra teórica de El Pinciano, la *Philosophia Antigua Poética*, que en su turno los saca de Aristóteles (quizás a través de un comentarista italiano), pero tampoco para presentarlos en seco, sino también para contemplarlos, considerando—siempre en la forma plurívoca y plurivalente del diálogo—tanto su contenido doctrinal explícito, como ese otro contenido implícito que emerge del escrutinio de las figuras de su lenguaje.[1]

Américo Castro—parecido en este aspecto al autor que estudia—plantea el problema de qué es y de qué comprende la literatura desde dos ángulos. Eso es, examina la cuestión simultáneamente desde el *interior del cuadro* (supuesto objeto de su escrutinio), la obra de Cervantes, y desde el *marco*—es decir, desde la discusión crítica que se elabora en torno a la creación literaria. Para Castro la percepción del cuadro dependerá siempre de la configuración del marco. Y esta configuración será en gran parte lingüística. Encontramos a lo largo de *El pensamiento de Cervantes* una profunda sensibilidad ante la capacidad que posee todo discurso histórico o crítico para crear mitos que llegan a ser las premisas ocultas, raramente cuestionadas, de investigaciones posteriores. Los estudios de los más eminentes cervantistas de su día atestiguan este poder de la preconcepción, misteriosamente perpetuada por el lenguaje.

Castro observa que en el caso de Cervantes no se trata únicamente de un elevado concepto del *genio artístico*, tradicionalmente reñido con el estereotipo contrario del erudito pedante. La valoración del novelista depende también de una serie de datos biográficos escasos, necesariamente fragmentados, cuya llegada hasta nosotros es en gran parte obra del azar. "Una de las causas primordiales del menosprecio intelectual hacia nuestro mayor escritor ha sido la triste circunstancia de que el cervantismo no haya conocido de su vida sino aspectos insignificantes o lamentables: cobranzas de alcabala, prisiones, cautividad, vida familiar, orlada Dios sabe de qué miserias . . . Un hombre así, hambriento y casi medicante, *incita a que se le hable de tú*; sus ideas serían cualquier cosa, a lo sumo vulgares y corrientes: 'no había tenido tiempo *ni afición* para formarse otras,' como perentoriamente decidió Menéndez Pelayo. Decían que razonaba mal, y además le achacan renuncios, olvidos y contradicciones en que nunca incurrió" (388-89).

En este trato indigno tampoco fue Cervantes una víctima aislada; al contrario, su caso ilustra para Castro un fenómeno muy generalizado que afecta todo el campo de la historiografía literaria: "España adquirió fama de lega en el trato de las naciones, y lego fue llamado el más excelso de sus hijos, que ha padecido y padece persecución a causa de pecados en que no él participó. *Todos hemos creído* [énfasis mío] que en la España del siglo XVI no hubo alta cultura del espíritu, sino arte piadoso o de fantasía" (387). La empresa del hispanista no será nunca una árida labor intelectual: en su defensa del racionalismo de Cervantes y de la participación española en esta faceta del Renacimiento, se juega la posibilidad de una vida intelectual seria en la España de su propio "hoy."

Como correctivo de la visión reinante de un genio artístico exclusivo, aislado, superior quizás a otras funciones cerebrales, *El pensamiento de Cervantes* propone un modelo que pretende integrar razón e imaginación, pensamiento y literatura, teoría y práctica. En esta última fusión, la de la teoría y la práctica, encarnada en los personajes de Don Quijote y Sancho, quienes meditan sobre un dilema teórico a la misma vez que lo están representando, ve el gran acierto del *Quijote*. Dejo a otros colegas la tarea de trazar la evolución de las meditaciones de Castro sobre el autor de *Don Quijote*. Me interesa sin embargo en el presente contexto subrayar el aspecto *lingüístico* de las teorías de 1925. A la fragmentación, la superficialidad y el desprendimiento implícitos en el "Cervantes *tenía* doctrinas literarias" de Menéndez Pelayo, el defensor de un novelista culto opone una nueva concepción, a su vez revestida de nuevas *metáforas*. Las figuras que elige para ello intentan siempre traducir su noción central de una unidad orgánica: "Nuestro trabajo"—escribirá en su conclusión—"ha consistido no más que en prolongar histórica e idealmente los temas de Cervantes, caminando por la *senda* de que son su *natural* punto de partida. Nunca se dijo [eso es, nunca se había dicho antes de 1925] que en Cervantes existiera una *flora temática*, determinada por el *clima* histórico en que su obra *crece* y por la especial visión del mundo de su autor" (387). Aquí aparece por implicación toda una *geografía* histórico-intelectual, con su "clima" y su "flora" correspondientes, y hasta caminos que dejan ver su origen "natural." En este mundo el genial artista será no "el producto de ocasionales aunque sublimes intuiciones," sino el resultado en parte de un feliz determinismo "biológico," en parte del "formidable poder de selección" que tenía el escritor.

Páginas atrás, en el polémico planteamiento del primer capítulo, lanzó otra metáfora de unidad e integridad que había de ser muy controversial. Aunque concede (aludiendo a las afirmaciones de Menéndez Pelayo) la existencia en la literatura de dos cosas distintas—(1) "la calidad estética de la obra cervantina y (2) su estructura intelectual, *la cual es pensable con independencia de aquélla*" (26)—continúa a aseverar que "Habría sido preciso *examinar en conjunto* la doctrina literaria de Cervantes para ver qué *elementos* actuaban manifiestamente sobre la *disposición arquitectónica* de sus obras" (26). "Sus ideas literarias no son, como veremos, elemento adventicio que se superponga a la labor de su fantasía y de su sensibilidad, sino, al contrario, *parte constitutiva* de la misma orientación que le guiaba *en la selección y construcción de su propia senda.* La teoría y la práctica son inseparables aquí" (27). La figura de Lope le servirá de contraste: "En Lope de Vega podemos, en cambio, distinguir muy a menudo la *exornación erudita* del *cauce central* por donde va lo típico y originalmente lopesco" (27). Aquí una curiosa mezcla de metáforas—la *exornación* erudita del grupo arquitectónico-artificial, vs. el *cauce* del grupo orgánico-natural llama nuestra atención hacia una persistente tensión en el pensamiento del crítico. Esta tensión había de informar no sólo las discusiones eruditas en torno a su obra sino además el desarrollo posterior de sus propias ideas.

Cuando Marcel Bataillon publica en 1928 su reseña de *El pensamiento de Cervantes*, encontrará precisamente en la *figuración* de las nuevas teorías uno de sus aspectos más problemáticos. El hispanista francés se muestra especialmente escéptico ante el uso del tropo arquitectónico. Si bien reconoce que su colega español no pretende que la obra maestra pueda agotarse "ni con el más ingenioso y el más acertado análisis ideológico" (322, traducción mía), subraya no obstante el peligro de considerar la "*idea*" que rinda semejante ejercicio analítico como "una especie de *embrión* de la obra acabada." Tras esta observación, el propio Bataillon parece estar a punto de dejarse seducir por otra metáfora: "La relación entre el espíritu y sus obras es un gran misterio: el espíritu, ¿será el padre o bien el hijo de éstas?" Pero la seducción de la nueva imagen de la generación o de las generaciones consiste evidentemente en su carácter *misterioso*, no mecánico o científico. Bataillon desconfía precisamente del hecho de que una investigación científica—"que aborda su tema con todos los recursos de una vasta cultura histórica y filosófica, nutrida del ejercicio de las rigurosas técnicas modernas"—nos ofrezca el retrato de un Cervantes "excesivamente seguro de su 'técnica,' demasiado 'al corriente' del progreso de la meditación filosófica de su tiempo."

Sorprende en esta observación la penetrante mirada del francés, casi a punto de formular una idea más propia de nuestros días, la de la inevitable especularidad de la obra literaria y sus críticos, que la crean de nuevo a su propia imagen y semejanza. Pero en 1928 no dará ese paso, sino que se limitará a poner reparos al uso o al *abuso* "de cierto lenguaje." El autor de *El pensamiento de Cervantes* no habría podido leer esta reseña sin tener la irónica conciencia de haber él mismo facilitado a su "adversario" el arma más poderosa de su amistosa crítica. Al declarar la necesidad de escudriñar el lenguaje de los estudios literarios, de hecho llamaba la atención de historiadores y críticos hacia los peligros inherentes en cualquier forma de expresión, sin excluir la suya propia.

Este diálogo con Marcel Bataillon interesa no solamente por su "contenido" ideológico, sino porque demuestra hasta qué punto Castro había logrado enfocar el *vehículo verbal* de la investigación literaria, lo que nosotros denominaríamos el *discurso crítico*. Con esto no afirmamos, claro está, que a través de este intercambio se logre el perfecto distanciamiento de uno o de otro hispanista con respecto a su lenguaje. Pero sí los vemos inaugurar aquí la lucha con sus propias metáforas—una lucha que, en el caso de Américo Castro, había de ser sumamente fecunda.

Para Bataillon, el tropo arquitectónico encierra múltiples dificultades: sobre todo, la idea de que un crítico o un autor pueda, al modo de un arquitecto o un ingeniero, *idear* conscientemente y luego *construir un edificio* de doctrinas, le parece debilitar el hecho o por lo menos la comunicación de la unidad orgánica de la obra literaria. Es como si las ideas del autor fueran dotadas de una "vida independiente" como las de sus personajes novelescos. Como más adecuada, el francés propone la figura de la *anatomía*: "Estas doctrinas están *en* la obra de Cervantes de la misma manera que los órganos y los tejidos están *en* un cuerpo vivo o, mejor todavía, como las venas del mármol o de la madera están *en* la estatua. Es decir que su diseño más o menos sutil no es creación de Cervantes, sino un descubrimiento del sagaz anatomista que nos lo presenta. Porque es realmente en la anatomía si no en la histología que nos hace pensar el método de Castro" (328). En lugar de hablar de *doctrinas*, éste habría acertado si hubiera tratado de las "estructuras típicas" de la "carne sabrosa" del texto cervantino que después iba a penetrar mediante una serie de "cortes minuciosos." Aquí evidentemente no se trata tanto de la crítica de las ideas de Castro como de la invitación—acaso el reto—de un lector atento para que el autor continuara a meditar el problema de la expresión adecuada de sus intuiciones.

Que Don Américo supo apreciar las aportaciones de su colega francés lo confirma un libro que Castro publicó en París en 1931, una especie de manual escolar en que ofrecía una visión de conjunto de la vida y obra de Cervantes. A pesar del carácter introductorio del volumen, el autor no se resiste a retocar el tropo arquitectónico: Cervantes "no construyó su *Don Quijote como un arquitecto hace elevarse un edificio de acuerdo con las líneas de su plano*, y sus doctrinas tampoco son dotadas de una vida independiente como lo son las de sus personajes" (*Cervantès* 54). No obstante, la esencia de la novela sigue siendo "une pensée," aunque este pensamiento no se preste a la expresión *abstracta*. Sin el pensamiento—agrega—"no le queda a uno el modo de apoderarse de la firme arquitectura del *Quijote*" (64). Aquí volvemos a sentir la tensión entre la unidad abstracta y la orgańica que desempeña un papel tan central en *Hacia Cervantes*. En esta obra de su madurez, al tratar de los libros españoles del siglo XVI que forman parte de la herencia cultural de Cervantes, Castro destaca la relación entre el lenguaje concreto de estos textos y la vida histórica de España: "Se hacen así visibles las conexiones entre el sentido de ciertos fenómenos lingüísticos y la misma contextura de un pueblo, en lo que tiene de más singular" (23). Toda su atención de crítico en este libro va dirigida hacia los momentos o lugares de un texto (sobre todo el texto cervantino) donde el lenguaje logra comunicarnos algo de la *vida*. "Todo acontece en *la movida experiencia vital* del artista, sin *ingerencia paralizante* de juicios lógicos, razonantes, cerrados, quietos y ajenos a *la fluencia valorante e indetenible del proceso vital*" (238).

En la oposición que establece el capítulo sobre los prólogos al *Quijote* entre "la rutina de la dedicatoria," "el baboseo de las laudes convencionales" (eso es, las fórmulas tomadas de Herrera), y "este libro que brincaba al aire de la vida desde la cárcel del alma cervantina" (234), se agudiza el contraste entre la palabra hueca y la palabra viva, anunciada ya en la obra de 1925 (en Cervantes "lo que es árida disquisición en los libros se torna conflicto vital, moderno, henchido de posibilidades" [33]). Estas líneas anticipan en gran parte la con-*figuración* de su lenguaje en 1957: "Según el autor del *Quijote*, la realidad de la existencia consiste en estar recibiendo el impacto de cuanto pueda afectar al hombre desde fuera de él, y en estar transformando tales impresiones en procesos de vida exteriorables. La ilusión de un ensueño, la adhesión a una creencia—lo anhelable en cualquier forma—*se ingieren* en la existencia de quien sueña, crea o anhela, y se tornará así *contenido real y efectivo de vida* lo que antes era *una exterioridad desarticulada* del proceso de vivir. Tal es la idea funcional del *Quijote, incorporada* en él, aunque no expresada teóricamente. Lo fascinante del libro radica . . . en una capacidad de *fecundación* que convierte la riqueza imaginativa y todo lo restante en algo provisto de un sentido problemático, nunca cerrado y definitivo" (271).

En la prosa del crítico, donde lo vital se prefiere a lo abstracto, reconocemos esta misma jerarquía, y una idéntica lógica multiplicada en las figuras de su discurso. Una *geografía* y una *anatomía* de pensamiento y expresión reclaman el derecho de vivir en su condición "natural." El paisaje literario se presenta como un vasto espacio donde soplan vientos y corren ríos, donde brincan almas y se fecundan campos. Las leyes naturales de este mundo son el *movimiento* ("la movida experiencia") y la ausencia de límites de índole espacial o temporal ("sin ingerencia paralizante de juicios lógicos, razonantes, [sinónimos de] cerrados, quietos y ajenos a la fluencia . . . indetenible del proceso vital"). "Estar existiendo," escribe unas páginas más adelante, "sería . . . algo semejante a la fecundidad de la tierra humedecida por una lluvia benéfica y oreada por vientos oportunos" (272). A continuación adapta esta metáfora geográfica a la vida de la fantasía.

El tropo anatómico también participa de lo orgánico (recuérdense las metáforas de ingestión, de fecundación y reproducción, de incorporación como contraste con la exterioridad desarticulada) y de lo movido (brincos, lo contrario de la parálisis, procesos, conflictos). La "idea funcional" de Américo Castro se ve, en última instancia, como una suerte de *oxímoron*—no en el sentido de que la expresión pudiera cancelar la validez del concepto, sino porque la unión de las dos palabras (*idea* y *función*) encarnan justamente la tensión (entre abstracción y proceso) inherente en el fenómeno que la expresión se propone comunicar. La *idea funcional* del *Quijote*—"incorporada en él," fecunda presencia misteriosa, fuente de toda su coherencia vital—es precisamente lo que la obra (ni por lo tanto su autor ni sus críticos) no podrá nunca reducir a unas pocas palabras. La misión del lenguaje literario es representar o transmitir algo que nunca podrá llegar a *decir*. De manera paralela y especular, la empresa del historiador o del crítico literario se concibe también como movimiento en el espacio y el tiempo, como un itinerario inacabado y por definición inacabable *hacia* ese Cervantes, quintaesencia de lo inefable artístico.

No olvidemos que en el mundo intelectual de Castro los mismos riesgos ponen en peligro la obra del historiador. En "Descripción, narración, historiografía," reitera que las palabras sólo sirven (sólo *viven*) cuando se mantienen en relación con otros fenómenos, abiertas, y por lo tanto problemáticas. Como en la experiencia humana acontecen fenómenos muy diversos, corresponde a su diversidad, a fin de conservarlos en la memoria colectiva, una forma de expresión apropiada. La vida de un pueblo que no sale de lo puramente rutinario quedará conmemorada con la descripción, mientras que un pueblo o una nación que obra o desempeña un papel activo merecerá lo que llama la narración. La *historia*, sin embargo, y por consiguiente la difícil labor historiográfica se ha de reservar para los pueblos que en un momento determinado de su evolución llega a contemplar su especial valor como civilización y entonces *busca* la expresión literaria, artística, historiográfica de esta conciencia. La escritura histórica, al igual que la literaria y la crítica, se propone asir precisamente lo inasible. Su drama intelectual para Castro consistirá en un movimiento alternado de conquista y retirada, en la forma siempre abierta de una conversación con los de nuestros antepasados que nos han legado algo aún vivo de su existencia.

En sus escritos sobre historia como en los literarios—no infrecuentemente fundidos, por cierto—al reiterar una y otra vez su concepción del lenguaje literario, crítico, histórico como *problema* abierto, como conflicto, proceso vital, instrumento inasible pero sutil comunicador de significaciones, Américo Castro prefigura las discusiones teóricas de nuestro tiempo. En algo se semeja el *Quijote* (libro) de Castro al Don Quijote (personaje) de Michel Foucault en *Las palabras y las cosas*, el cual—signo elusivo—representa la elusividad de su propia representación. Pero si los filósofos de nuestros días enfocan la vida o experiencia humana como *Escritura*, Castro nos invita a ver la escritura como *Vida*. En ambos casos, como ocurre con todo crítico y todo pensador, el más reciente se propone derrumbar los mitos de la generación anterior para sustituirlos no ya con la lógica y la razón puras, sino con mitos nuevos. Si nosotros escudriñamos hoy los seductores mitos de Américo Castro, y si a veces nos atrevemos a criticarlos, lo hacemos en parte obedeciendo el impulso natural de la lucha generacional, pero en parte también imitando el ejemplo del maestro, siguiendo su consejo, sirviéndonos de unas armas que él mismo nos proporcionó.

## Bibliografía

Bataillon, Marcel. "Cervantès penseur. D'après le livre d'Américo Castro." *Revue de Littérature Comparée* 8 (1928): 313-338.

Castro, Américo. *Cervantès*. Paris: Editions Rieder, 1931.

———. *Dos ensayos. 1. Descripción, narración, historiografía. 2. Discrepancias y mal entender*. México, D.F.: Porrúa, 1956. ("Descripción . . . " se publicó en inglés en *An Idea of History*, trad. de Stephen Gilman.)

———, *Hacia Cervantes*, 2a. ed. rev. Madrid: Taurus, 1960.

———, *An Idea of History. Selected Essays of Américo Castro*, trad. y ed. de Stephen Gilman y Edmund L. King. Columbus: Ohio State University Press, 1977.

———, *El pensamiento de Cervantes*. Madrid: Hernando, 1925.

Foucault, Michel. *Les môts et les choses*. Paris: Gallimard, 1966.

Gaylord Randel, Mary. "Cervantes' Portraits and Theory in the Text of Fiction." *Cervantes* 6 (1986).

Menéndez y Pelayo, Marcelino. *Historia de las ideas estéticas en España*, 4a ed. Madrid: C.S.I.C., 1974.

[1] Para el tema de la teoría—y el lenguaje de la teoría—literaria en la obra del gran novelista, véase mi estudio, "Cervantes' Portraits and Theory in the Text of Fiction."

# Américo Castro, Cervantes, y la picaresca: Breve historia de unas ideas

Helen H. Reed

Dentro del marco amplio que me han proporcionado—el del pensamiento de Américo Castro y la picaresca española—voy a fijarme más en el contraste que propone y elabora Castro entre Cervantes y la picaresca. Se trata de una oposición binaria que sigue más o menos constante a través de los años, aunque la manera de enfocar estas diferencias y su base ideológica cambian varias veces. He aquí que le sirve a Castro como guión o esquema que determina e incluso a veces limita la forma de sus ideas. Es una dialéctica o dualidad que pocas veces abandona, quizás por las muchas finas observaciones que le brinda. Casi siempre se oponen lo picaresco y lo no picaresco de Cervantes. Se concibe la picaresca en términos peyorativos y al arte cervantino como la forma negativa de esta negatividad y, por ello, como algo positivo. Al mismo tiempo, dicho contraste que inicia Castro ha dejado una huella profunda en el pensamiento posterior, influyendo la manera de interpretar de unos de sus colegas o discípulos más ilustres. Me refiero en concreto al conocido artículo de Carlos Blanco Aguinaga, "Cervantes y la picaresca. Notas sobre dos tipos de realismo," y el estudio teórico de Claudio Guillén en *Literature as System*, "Genre and Countergenre: the Discovery of the Picaresque."[1] Quisiera discutir aquí las varias etapas y momentos claves en la evolución de las ideas de Castro y el efecto en su pensamiento del diálogo con otros críticos. Las comparaciones que hacen Castro y la mayoría de los otros casi siempre favorecen a Cervantes, facilitando unas lecturas perspicaces y fecundas. Mateo Alemán, en cambio, muchas veces queda desvalorizado, sirviendo de contraste inferior al escritor que seguramente interesaba al gran pensador español más que cualquier otro.

Ya en el *Pensamiento de Cervantes* (1925),[2] Castro dedica unas páginas a "lo no picaresco" del arte cervantino. En el fondo, parece querer decirnos que Cervantes nunca se dejó profundizar en la picaresca por serle antagónica. Por eso, prefería sólo deslizarse sobre la superficie de unas cuantas ideas por las cuales sentía poca atracción y, después, dedicarse a otras cosas. Según Castro, Cervantes rechaza el pensamiento picaresco por su excesivo materialismo y actitud pesimista. Al principio del pasaje sobre la picaresca, Castro lamenta la falta de "definición de esa clase de novelas que abarque no solo sus características formales, sino además la íntima estructura de su estética y que destaque lo específico y diferencial respeto de otras formas novelescas" (pág. 230). Para llenar este hueco, nos explica sus propias ideas, tratando de establecer una breve poética intuitiva de la picaresca. Sugiere que su esencia no sólo tiene que ver con tratar de pícaros, sino también con fijarse en su visión del mundo, su manera de enfocarse en la realidad. Para Castro, el pensamiento picaresco se expresa en el pensar del protagonista, y las características formales del geñero se desprenden de este conjunto de ideas. De allí que sean fundamentales su forma autobiográfica y técnica naturalista. Según Castro, el pícaro rechaza lo ideal y se aferra al instinto y la materia, de lo cual radican ciertas actitudes o consecuencias emotivas que no siempre se manifiestan iguales. Cita como ejemplos el "descontento, amargura, y pesimismo" de *Guzmán de Alfarache* y la "sorna y sarcasmo" del *Buscón*. No obstante, Castro opina que la novela picaresca con "su gustar la vida con el mal sabor de la boca y contemplar la vida abajo/arriba" es esencialmente la realizada por Mateo Alemán. *Lazarillo*, aunque inicia el género, queda excluído por su visión más compleja de la realidad. Esa idea de *Guzmán* como la novela picaresca por antonomasia, tanto como la asociación de la forma autobiográfica y actitud negativa del pícaro, llegaron a arraigarse mucho en la crítica posterior. Se consideran características fundamentales del género.[3] Por consiguiente, se puede decir que Castro creó una especie de pensamiento circular en que se encierra la picaresca. En otras palabras, el pícaro piensa picarescamente y pensar picarescamente es pensar como Guzmán.

Volviendo ahora al tema de lo picaresco dentro de la obra de Cervantes y teniendo en cuenta esta definición, Castro sólo encuentra elementos picarescos parciales, externos, o superficiales y personajes (menciona a Ginés, los rufianes del teatro, Rinconete, y la gentuza del *Coloquio* como ejemplos) manejados como "figuras de retablo" (pág. 232). El pícaro es un elemento entre varios subordinado a una visión del mundo mucho más compleja. Lo compara a un artificio o objeto tratado como espectáculo. Así que tenemos, por primera vez que yo sepa, una idea teatral de los pícaros,[4] como unos personajes en la escena que ofrecen un contraste a otros muchos en el gran teatro del mundo cervantino. Castro relaciona esta teatralidad implícita de los pícaros (si se puede llamar así) con una de las dos clases de cuentos definidas en el famoso pasaje de Cervantes en el *Coloquio de los perros*—"Hay unos que encierran y tienen la gracia en sí y otros en el modo de contarlos"—y, claro, asocia la picaresca de Cervantes con éstos, los que "con demostraciones del rostro y de las manos y con mudar la voz, se hacen algo de nonada y de flojos y desmayados se vuelven agudos y gustosos." Para Castro, los pícaros de Cervantes son "'nonada' espectacularmente tratados" (pág. 233) y sólo así cobran vida e interés. Los rasgos comunes de la picaresca—la forma autobiográfica, la visión satírica, los personajes apicarados, y las diatribas amargadas—sólo aparecen de vez en cuando, como detalles, o en menor medida, ofreciendo un contraste a otra orientación más global. Castro termina por decir que lo que piense el pícaro no le interesa nada a Cervantes, implícito el hecho de que le sea poco convincente su visión del mundo.

A pesar de insistir en el rechazo de Cervantes del pensamiento picaresco, Castro entronca éste, tanto como el pensamiento cervantino, con el erasmismo. Así atribuye a ambos modos de pensar los mismos orígenes en el humanismo con su incipiente sentido racional moderno y visión irónica. Sin embargo, casi al principio del libro, distingue entre dos tendencias perennes de la tradición literaria—la idealista y la materialista, realista, o cómica. Describe su contacto, o más bien choque, en el Renacimiento de esta manera: "la visión crítica y materialista de la vida lanzó sus garras sobre la visión mágicamente supraterrena" (pág. 28). En el consecuente derrumbamiento de lo ideal para abajo por lo cómico oímos "la risotada picaresca". Estos aspectos anti-idealistas constituyen para Castro una influencia erasmista en la gestación de la picaresca (aquí se refiere a *Lazarillo*) aun más importante que el anticlericalismo. Frente al materialismo, pesimismo, y dogmatismo picarescos, asociados con su forma autobiográfica y exemplificados por *Guzmán de Alfarache*, Cervantes, a su manera, se mantiene fiel a ciertos ideales renacentistas—la belleza, la harmonía, la discreción, la valentía, el amor, los valores caballerescos—sea ahora un idealismo modificado o ironizado.

Castro interpreta el *Quijote* según esta perspectiva al principio, aunque luego desarrolla el contraste entre Cervantes y la picaresca de otra manera. Así, en *El Pensamiento de Cervantes* el punto de arranque era el humanismo del Renacimiento en relación con los temas tratados por Cervantes. La base estética de la picaresca (su "íntima estructura") se encuentra en sus ideas y actitudes frente a la vida, y de este fondo ideológico se desprende su forma. Más tarde, a partir de los años cuarenta, Castro se interesa más en vidas o temas existenciales. En unos ensayos recogidos en *Cervantes y los casticismos españoles* (1967),[5] vuelve a tratar el tema de Cervantes y la picaresca. Ahora por su destacado interés biográfico, más bien se refiere a los dos autores, Cervantes y Mateo Alemán, y los estudia bajo varias perspectivas nuevas. En estos ensayos, la madre del cordero o el punto de partida es la sociedad, específicamente la sociedad de tres castas, moros, judíos, y cristianos. Castro busca la expresión de "vivencias conversas" que se manifiestan en la literatura. Si antes entendía a ambos autores en el contexto del pensamiento renacentista, ahora los ve como dos caras bien distintas de una misma medalla—la mentalidad conversa. A pesar de este cambio de enfoque, podemos decir que en el fondo lo que sigue interesándole a Castro son actitudes o posturas filosóficas ante la vida y sus reflejos en la literatura. En el prólogo a *Cervantes y los casticismos españoles* reproduce la Introducción a *La Realidad histórica* (1948) donde había relacionado las formas literarias españolas desde *La Celestina* hasta *El Quijote* con la condición social de sus escritores, nuevos cristianos y así marginados: "La novela picaresca, pastoril, y cervantina son expresiones del ánimo apartadizo, introvertido de quienes siendo tan españoles como los demás (¿quién iban a ser si no?) objetivaban su sentir, razonar y juzgar en formas literarias sin precedente" (pág. III). Establece paralelos entre la situación social e incluso las biografías de los dos grandes escritores conversos, Cervantes y Mateo Alemán. A pesar de ser nutridos en un mismo ambiente vital e intelectual, toman sendas artísticas bien diversas. En el fondo, las diferencias artísticas parecen radicarse de contrarias posturas metafísicas, representando los dos polos extremos característicos de la mentalidad conversa. A resumidas cuentas, el cristianismo interior de Cervantes ofrece un marcado contraste a la armagura de Mateo Alemán y su "renegar del mal del mundo". En la ficción de Cervantes este mal del mundo le sirve para animar o motivar las acciones de unos personajes ya iluminados por un profundo cristianismo espiritual. Esta bondad innata o nobleza de espíritu los permite hacerse o desplegarse en el mundo por malo que sea.

En el primer artículo del volumen, "Cervantes y el Quijote a nueva luz", escrito antes de 1966, Castro vuelve a comparar a Cervantes y Mateo Alemán. Los temas de *La Realidad histórica* le sirven como *leitmotif* del ensayo, aunque se dedica ahora más al análisis de los textos literarios y su arte de novelar. Cita unas ideas del antes mencionado artículo de Blanco Aguinaga ("Cervantes y la picaresca. Notas sobre dos tipos de realismo"), cuyo punto de arranque había sido la noción de Castro de lo no picaresco de la ficción de Cervantes. Blanco Aguinaga lleva a un extremo el binarismo implícito en el análisis original de Castro. Desarrolla una complicada oposición entre el realismo objetivo, perspectivismo, multiplicidad de puntos de vista, tolerancia y optimismo de Cervantes y el realismo dogmático o de desengaño, punto de vista unitario, pesimismo, y amargura de Mateo Alemán. Castro queda conforme con las ideas de Blanco Aguinaga, opinando, por ejemplo, que Mateo Alemán "dogmatiza sin profundizar" (pág. 44) y que *Guzmán* es una narración cerrada, cuya protagonista queda víctima de sus circunstancias sin salida. Sin embargo, se dedica también a unas preguntas palpitantes no consideradas por Blanco y busca ejemplos textuales de los fenómenos observados por los dos. Se interesa en indagar los orígenes del *Quijote* y el proceso de su creación precisamente en su reacción contra el *Guzmán*. De hecho, va aun más lejos, sugiriendo que sin *Guzmán* habría sido imposible el *Quijote*. Así que atribuye la génesis del *Quijote* a *Guzmán*, aunque sea origen en sentido negativo o a través del proceso de una viva dialéctica. Estas sugerencias de Castro forman la base de la teoría genérica del nacer de la picaresca de Claudio Guillén y también, a mi modo de ver, anticipan la crítica intertextual tan de moda hoy día.[6]

Para apoyar la tesis de esta influencia de *Guzmán* en el *Quijote*—sea influencia a menudo negativa—, Castro busca aspectos parecidos de los dos escritores. Menciona unas reminiscencias en el texto del *Quijote* del *Guzmán*, unos rasgos similares en las vidas de ambos escritores, su resultante mentalidad parecida en juzgar "desde lejos la sociedad que les rodea" y su odio para el vulgo. Pero luego vuelve a insistir que *Guzmán* y el *Quijote* sólo se relacionan "a través de su radical y total oposición" (pág. 70). Conforme con este juicio, pasa por alto pasajes en ambos textos que no lo sostienen. Por ejemplo, compara el mantear de Sancho en el *Quijote* y de Guzmán en el *Guzmán*, episodios análogos incluso en cuanto al lenguaje, puesto que los dos se mantean como "perros en Carnestolendas" (pág. 43). Sin embargo, no nos ofrece ningún comentario sobre las dos citas. En cambio, dedica unas páginas largas y desde luego muy poéticas a diferenciar la presentación de unos personajes parecidos—los lectores de las novelas pastoriles y los libros de caballerías—en pasajes de ambos textos. En el de Cervantes destaca "la abertura de lo real hacia múltiples sentidos y su dinamismo diversificado" (pág. 67), mientras que describe el "quietismo compacto e inerte" del pasaje de *Guzmán*. En éste, las lectoras reaccionan a sus lecturas todas iguales como un "bloque macizo, impenetrable" (pág. 72). Ellas ofrecen un contraste a los cuatro personajes de Cervantes (el ventero, su esposa, su hija, y Maritornes) tan diferentes como sus gustos literarios. Castro los describe como "cuatro figuras vivientes provistas de la facultad de sentir y juzgar, capaces de expresar sus dispares modos de estar existiendo en un momento y un lugar" (pág. 72). En cambio, los personajes de *Guzmán* aparecen cuando todo había sido aplastado por un perverso mundo—el laberinto de errores de que habla *La Celestina*—frente a un horizonte cerrado. Tenemos, entonces, un *Guzmán* cerrado, negativo, convencido del mal fundamental del mundo, dogmático, con un punto de vista unitario y un Cervantes abierto, positivo, dinámico, vital, luciendo en su ficción una multiplicidad de puntos de vista. En contraste con los personajes controlados de Mateo Alemán, los de Cervantes parecen hacerse a sí mismos. Cervantes nos da la impresión de que forman sus propias existencias y forjan sus destinos individuales libremente en el mundo ficticio. En este ensayo, Castro analiza las vidas de ambos autores y entes de ficción y encuentra cierto parentesco entre cada autor y su obra. Queda implícito también que se oponen un Cervantes democrático y un Mateo Alemán totalitariano, simbolizando quizás inconscientemente o indirectamente las Españas de la República y Posguerra. Hasta cierto punto, Castro describe un Cervantes que se rebela contra la estructura narrativa pesimista y autoritaria de su antecedor (pág. 166), como si fuera hablando de un régimen político.

En conclusión, Américo Castro se aprovecha de esta oposición entre los dos escritores para iluminar bien unos aspectos del arte cervantino y para diferenciar actitudes fundamentales de ambos escritores ante la vida. De éstas, se desprenden sus principios estéticos y unas formas de escribir bien distintas. Primero, Castro se acerca al tema ideológicamente, estudiando ambos autores en el contexto de pensamiento del Renacimiento. Sigue la orientación histórica-cultural de *La Realidad histórica* y el interés en los nuevos cristianos y su mentalidad como escritores. Más tarde, animado por la amplificación de sus ideas por Blanco Aguinaga y bajo la influencia del existencialismo—sea orteguiano o heideggeriano—examina la relación entre ambos textos y ambos escritores. Su destacado interés en los procesos de formación de los personajes y de creación literaria también parece tener raíces en el pensamiento existencialista.

La oposición entre Cervantes y la picaresca que Castro aceptaba y definía de varias maneras nunca fue tan tajante y absoluta como la concebía Blanco Aguinaga. Sin embargo, la tendencia de fijarse en el contraste influía mucho su manera de pensar. En el fondo parecía haber sentido tanta simpatía por un Cervantes creyente como repugnancia por un Mateo Alemán desilusionado. Hasta cierto punto esta reacción estética y moral distorcionaba o por lo menos limitaba la visión de ambos críticos ante la obra de Mateo Alemán y el género picaresco. Hay tal variedad en el género picaresco que no se puede pensar en *Guzmán* como la novela picaresca por antonomasia. Es difícil saber si la originalidad y modernidad de algunas sugerencias de Castro deben su inspiración a este enfoque o a otras corrientes intelectuales que le influían también. De especial interés actual me parecen su visión teatral de los pícaros de Cervantes y sus comentarios sobre la definición del género y el problema de sus orígenes. Acierta mucho, a mi modo de ver, en buscar el origen del *Quijote* en *Guzmán* y reconocer la importancia de esta influencia negativa. Su conciencia del destinatario se demuestra en su descripción de los lectores ficticios en ambas obras (págs. 70-75). Reconoce la polisemia de los textos y la posibilidad de lecturas varias según quien los lea (págs. 67-68).[7] Quizás su major contribución ha sido investigar el contexto histórico-cultural del Renacimiento español, las mentalidades resultantes, y su manifestación en los textos literarios, anticipando la necesidad, si no los mismos métodos, de la hermenéutica histórica.[8]

## Notas

[1] Carlos Blanco Aguinaga, "Cervantes y la picaresca. Notas sobre dos tipos de realismo," *NRFH* 11 (1957): 313-342; Claudio Guillén, "Genre and Countergenre. The Discovery of the Picaresque," *Literature as System* (Princeton: Princeton UP, 1971). Esta dualidad era aceptada por una generación de críticos. Véase, por ejemplo, Gustavo Alvaro, "Cervantes y la novela picaresca," *ACerv* 10 (1971): 23-31; Maurice Molho, *Introducción al pensamiento picaresco* (Salamanca: Anaya, 1972) 124-128; Alberto del Monte, *Itinerario de la novela picaresca* (Barcelona: Lumen, 1971) 61-64; Harry Sieber, *The Picaresque* (London: Methuen, 1977) 25-26.

[2] *El Pensamiento de Cervantes*, nueva edición ampliada. (Barcelona y Madrid: Editorial Noguer, S. A., 1972) 228-235.

[3] Este juicio, perpetuado por Blanco Aguinaga y compartido por otros críticos, ha sido modificado por la crítica formalista. Consideran que la picaresca tiene un doble origen en *Lazarillo* y *Guzmán* y su imitación por otros autores. Véase, por ejemplo: Claudio Guillén, *Literature as System*; Francisco Rico, *La novela picaresca y el punto de vista* (Barcelona: Seix Barral, 1970) 113-114; Fernando Lázaro Carreter, *"Lazarillo de Tormes" en la picaresca* (Barcelona: Ariel, 1972) 193-229. Más recientemente se ha puesto en tela de juicio aun más esta visión de la picaresca. Véase: Howard Mancing, "The Picaresque Novel: A Protean Form," *College English* VI (1979-1980): 182-204; Peter Dunn, "Cervantes De/Re-Constructs the Picaresque," *Cervantes* 2 (1982): 109-131; Daniel Eisenberg, "Does the Picaresque Novel Exist?" *KRG* XXVI (1979): 201-219.

[4] Algunos críticos modernos han notado la cualidad teatral del *Quijote*, por ejemplo: Marthe Robert, *L'Ancien et le Nouveau de Don Quichotte a Franz Kafka* (Paris: Editions Bernard Grasset, 1963) 29 sig.; Karl-Ludwig Selig, "Concerning Theatricality in *Don Quijote*: Some Remarks," *Theatrum Europeaum*, ed. Richard Brinkman et al (Munich: Fink, 1982) 27-33. Sobre las *Novelas ejemplares*, véase Anthony Close, "Characterization and Dialogue in Cervantes' 'Comedias en Prosa,"' *MLR* 76 (April,

1971): 338-359; y sobre la picaresca de Cervantes, Helen H. Reed, "Theatricality in the picaresque of Cervantes," *Cervantes* (Fall, 1987).

[5] Américo Castro, *Cervantes y los casticismos españoles* (Madrid y Barcelona: Ediciones Alfaguara, 1966).

[6] Guillén se dedica a estudiar el problema de influencias negativas y la cuestión relacionada del iniciar de nuevos géneros en "Genre and Countergenre. The Discovery of the Picaresque." Más recientemente, otros críticos también han destacado el papel de reacciones negativas o rechazos en la creación literaria: por ejemplo, Harold Bloom, *The Anxiety of Influence* (New York: Oxford University Press, 1973) and *A Map of Misreading* (New York: Oxford University Press, 1975). En cuanto a la novela, parecen ser de importancia especial. Véase, por ejemplo, Mikhail Bakhtin, *The Dialogic Imagination*, traducción Caryl Emerson y Michael Holquist (Austin and London: Univ. of Texas Press, 1981) y Julia Kristeva, *La Texte du Roman* (The Hague and Paris: Mouton, 1970). En cuanto a relaciones intertextuales y la picaresca, véase Peter Dunn, "Problems of a Model for the Picaresque and the Case of Quevedo's Buscón," *BHS* LIX (1982), 95-105, y Helen H. Reed, *The Reader in the Picaresque Novel* (London: Tamesis, 1984) 24-31.

[7] En más de un lugar Castro se dedica a entender el contexto cultural del texto, la mentalidad de los lectores de la época y las diferencias en lecturas individuales. Así, parece anticipar los principios de la teoría de la recepción. Sin embargo, se dedica a analizar el perpectivismo y la polisemia de la ficción de Cervantes, negando estas posibilidades a Mateo Alemán. Con lo último tendría que discrepar, creyendo que Mateo Alemán también juega con el lector a su manera.

[8] Se ve en germen en las ideas de Castro, creo, los principios de las teorías luego desarrolladas por Hans Robert Jauss. Véase, por ejemplo, *Toward an Aesthetic of Reception* (Minneapolis: U of Minnesota P, 1982).

# El *Guzmán de Alfarache* como modelo y anti-modelo del *Quijote*

Daniel P. Testa
*Syracuse University*

El cometido que anuncia el título de mi trabajo es, hay que confesar, ambicioso si no atrevido. Se propone estudiar no sólo los posibles puntos de contacto y líneas de distanciamiento sino también el contexto en el cual se encuentran y se des-encuentran las dos novelas largas más importantes de la literatura española. El *Quijote* es mucho más extenso y más amplio en su alcance humanista y literario que el *Guzmán*. Pero esta verdad no quita la obligación nuestra de reconocer que el *Guzmán*, sin haber gozado siempre de la misma fortuna o fama de que ha gozado la obra de Cervantes, tiene en la historia de la novela un lugar muy especial y quizás único porque ha sido el ejemplo más puro, profundo y problemático de lo picaresco literario.[1] Claudio Guillén y otros han explicado el papel que tuvo Alemán—igual que Cervantes un poco más tarde—en establecer el género picaresco. El *Guzmán* logró dar como en un momento repentino una segunda vida, "una resurrección", al *Lazarillo*, recuperando e incorporándolo para siempre dentro de una corriente principal de la novelística española y europea.[2] La novela de Alemán influyó también en forma más complicada sobre la actividad literaria inmediatamente después de su publicación como en distintos períodos siguientes. A base del encuentro y de la yuxtaposición de las dos novelas máximas con sus mundos tan repletos de problemas literarios, es posible ver aspectos y dimensiones múltiples ocultados o malentendidos o no reconocidos antes en la crítica.

En un artículo sobre el tema que nos interesa, Gustavo Alfaro apuntaba que "el Quijote y la picaresca muestran un innegable parentesco . . . no sólo por las semejanzas estructurales sino por el fondo concreto de la acción (caminos, ventas), por ciertos personajes del inframundo (pícaros, venteros, mujerzuelas), por los incidentes escatológicas."[3] Por otra parte, ha habido estudios recientes sobre el *Guzmán* que ofrecen enfoques y claves nuevos que ponen en duda lo fundamental de lo que se había establecido en cuanto a su caracterización intelectual, moral y literaria.[4] En esta nueva crítica domina una tendencia notable de polémica y me refiero aquí a estudios como los de

Joan Arias y de Benito Brancaforte. Cuestionan la sinceridad de la conversión de Guzmán, personaje/autor porque encuentran una actitud impenitente o un proceso de degradación. Hay sin duda otras corrientes innovadoras pero menos desafiantes a las interpretaciones aceptadas tradicionalmente. Más allá de los aspectos polémicos del *Guzmán*, la obra sigue siendo ambigua y de un confusionismo radical. En un contexto religioso o supuestamente religioso, todo parece mentira, engaño y negatividad. La subversión en la conducta moral es ubicua y si la subversión llega a minar a la confesión misma,[5] para el lector moderno la problemática de la obra es aún más enmarañada y embrollada. Es fácil interpretar mal el *Guzmán* o lo que sería lo mismo decir que la interpretación textual está condenada a no captar o explicar el significado profundo de la obra.

El primer paso para nosostros es preguntar si es necesario ver el *Guzmán* solamente desde las perspectivas moralistas y didácticas y desde el punto de vista de una supuesta ideología cerrada, desesperada y pesimista. Sin duda es el texto mismo que nos encauza hacia una interpretación monocorde y monocromática. Pero este tipo de interpretación no basta para explicar el impacto enorme que tuvo la picaresca en los primeros años del siglo XVII entre tanto los lectores como los escritores si tomamos en cuenta el gran interés que implican las numerosas ediciones y las nuevas creaciones que aparecen en los años inmediatamente después. En ese fervor editorial literario, se puede suponer que Cervantes y otros escritores de la época como Mateo Luján, López de Ubeda, Quevedo y más tarde Gracián eran lectores asiduos del *Guzmán* y practicaban, como escritores, lo que hoy llamaríamos una intertextualidad competitiva.[6] Nos incumbe imaginar cómo era el ambiente receptivo en que aparece el *Guzmán*, ambiente que incluye a un Cervantes en su epoca de frustración, fracaso, y aparente bloqueo creativo. Y ¿qué es lo que tenía el *Guzmán* que la convirtió en un éxito escandaloso si no en puro triunfo? Y ¿cómo explicar el hecho que esta obra contribuyó a tranformar tan profundamente la historia de la ficción europea?

Debemos al profesor Benito Brancaforte un viraje significativo en la crítica sobre el *Guzmán de Alfarache*. Hay un aspecto de su estudio que me gustaría comentar con más detalle. Brancaforte pone en tela de juicio el tema predominante en muchos estudios anteriores que tiene que ver nada menos con la interpretación global de la obra. La corriente a la cual se opone Brancaforte es la que se había propuesto, a veces con vehemencia, en considerar la obra como contrarreformista dogmática y cerrada. En su estudio clásico sobre las diferencias entre Cervantes y la picaresca, Blanco Aguinaga intentó mostrar a Alemán como "dios omnipotente y activo en su creación [que] al darle una forma inequívoca, correctora y justiciera, ha cerrado toda posibilidad de interpretación (y a punto estuvo de matar el arte de novelar)."[7] Para Brancaforte—como para Américo Castro también—, hay otra motivación fundamental en el autor y que anima a su creación literaria. Se refiere a la amargura intensa nacida y vivida muy dentro de él. Trata del resentimiento de haber sufrido como converso, blanco constante de los cristianos viejos que cruelmente y bajo la protección de todos los estamentos de poder oficial le persiguen y le llenan de una concienca corrupta.[8]

Enterrado en toda novela de aventuras es el patrón épico antiguo nuevamente puesto en contextos narrativos distintos. Estos contextos viven de una diferencia notable en cuanto a personajes, tipo de aventuras y episodios para no hablar de lenguaje y por eso es difícil ver las trayectorias y las búsquedas parecidas, imitadas o parodiadas de héroes típicamente clásicos. En este sentido se podría considerar el *Guzmán* una épica picaresca en la cual Alemán se muestra muy conocedor y empapado no sólo de la originalidad de *Lazarillo de Tormes* sino también de las formas arquetípicas y alegóricas de la vida como viaje proteico, de peripecias y especialmente como búsqueda compulsiva.[9] El anti-héroe picaresco es también héroe porque tiene que aprender a conquistar, a ser conquistador en un mundo humano traidor y hostil o por lo menos un mundo encima o distante de él. Mientras vivimos como lectores el proceso narrativo tan lleno de sorpresas perturbadoras contribuimos necesariamente a la mitificación del protagonista picaresco. Menos consciente en nosostros, y es la jugada de la picaresca, es un movimiento contrario, que ocurre poco a poco a través de los episodios y que nos lleva a la desmitificación de lo heroico tradicional y la negación de su posibilidad.

Si es válido lo que hemos dicho de los movimientos contrarios, podríamos tomar en cuenta la teoría del humorismo que propuso Luigi Pirandello. En su ensayo Pirandello habla del "sentido del contrario" que tiene toda obra auténticamente humorista.[10] Para Pirandello Cervantes y Manzoni son los dos maestros de esta manera de crear tan especial. Pero es más complicada la novela picaresca. En el *Guzmán*, Alemán ha reducido tanto la escala de valores en donde puede ocurrir el proceso de la mitificación.[11] Sin duda Alemán termina confundiendo bien al lector o por lo menos, deja que el autor/narrador Guzmán viva una confusión, que está hecha de su propia inocencia o capacidad para recuperar la inocencia y sentirse prisionero dentro de una vida vivida, ya muy larga, de poca memoria heroica.

Es éste el aspecto más enredado de la obra y como tal merece mayor análisis del que podemos dedicar aquí. Baste decir que no es sólo Diego de Carriazo quien "salió tan bien con el asunto de pícaro, que pudiera leer cátedra en la Facultad al famoso de Alfarache" sino el autor mismo de "La Ilustre fregona" que muestra haber aprendido algo de los movimientos confusos pero atractivos de la "inclinación picaresca". En sus primeras lecturas, ¿cómo pudo reaccionar Cervantes ante el *Guzmán*? Seguramente el lector natural que era Cervantes se encontró confuso y espontáneamente asombrado por la vitalidad y la fuerza literaria de un personaje tan poco heroico. Cervantes habría sufrido una sacudida profunda que le afectara doblemente: al héroe que íntimamente vivía dentro de él sabiendo que no era héroe y al escritor que no sabía o no podía ser el escritor que hacía falta para recuperar lo que ha quedado atrás de su vida, un desencanto dolorido, algo que era suyo y no de otros.

Cervantes debió recibir una tremenda sacudida del espíritu que le quita de su "mutismo" largo y de una frustración muy poco noble, que es lo que había vivido durante más de quince años. El *Guzmán*, además de ser obra de contradicciones contrarreformistas, es también deliberadamente contrarrenacentista. Al leer la obra, Cervantes no pudo menos de sentir un golpe duro, un golpe casi de muerte que va contra su propia obra, la única principal que tiene publicada, que es la *Galatea*. Durísimo el golpe de la nueva novela picaresca que, con una sofisticación retórica y novelística, pisa sobre todo lo poético de que está constituida la novela pastoril cervantina: su temática y melancolía amorosas, las ideas metafísicas del amor, las fábulas e historias de amor, los lugares amenos que recogen a los pastores, etc.

La historia poética alemaniana, que depende tanto de transgresiones, tabús, todo tipo de subversiones, está llena de verdades psicológicas profundas y de una vitalidad e interés tan fuertes que podían haber despertado en Cervantes una transformación tan grande como la que invadió a Don Quijote un día sin querer. Es verdad que el *Guzmán* sufre de una falta de coordinación, de equilibrio entre dos sistemas de vida, uno del mundo moralmente elevado, de valores positivos, etc. y otro del mundo del robo, engaño, mentira. Además el fragmentarismo y la yuxtaposición de textos y de narraciones crean una dinámica de efectos negativos y de una conflictividad maligna y contradictoria. Al mismo tiempo la obra sigue interesando por su acción novedosa e intrigante y su motivación humanamente posible.[12] A pesar del constante movimiento del pícaro en el transcurso de vida ambulante, la gran invención de Alemán, que supera en extensión a la de *Lazarillo*, es el haber usado en forma tan original la conciencia narrativa constante y sostenida que se encuentra depositada en el pícaro Guzmán, personaje/narrador/escritor, tres funciones tan distintas pero todas incorporadas, vinculadas y solapadas en una conciencia fluida y de gran vigor y potencia.

No sé si Guzmán se salvó pero creo que no es importante. Y no es importante porque ya sirvió como vida y como símbolo: amargura y venganza y lección de contrarios para un mundo de crisis. La desintegración o la degradación moral hunde no solamente al personaje menos capacitado para resistirla sino también sirve para dar testimonio y para provocar a todo un pueblo tan acostumbrado de vivir con el poder absoluto de imperio, un imperio que había existido ya más de un siglo. Y con la muerte de Felipe II, 1598, Alemán sale con lo suyo. Cervantes vivía su propia desintegración y un estado muy inferior a su talento. *Guzmán*, obra tan hiriente con sus verdades ambiguas, le llega a Cervantes y le salva de una vida incumplida y espiritualmente enfermiza. Para evitar sentirse incluído en la condena tan provocativa y dolorosa, Cervantes le responde con un Quijote que acepta el desafío moral e intelectual. Lo que era engaño y mentira de todos, concepto fundamental para Alemán, era para Cervantes una verdad más relativa. En él la forma en que uno vive su propio engaño es mucho más interesante y válido y este interés se combina con una sensibilidad distinta y original. Pero esto será tema de otro trabajo.

## Notas

[1] Américo Castro planteó la importancia del *Guzmán* como obra despertadora del *Quijote* en uno de los sub-capítulos "El *Quijote* surgió como reacción contra el *Guzmán de Alfarache*", *Cervantes y los casticismos españoles* (Madrid, Barcelona, 1966), p. 66; "Frente a este cerrado horizonte Guzmán de Alfarache estructura su siniestra, infernal, discorde y grandiosa visión del mundo. Sin la cual—casi estoy por afirmarlo—no tendríamos el *Quijote*" (p. 74). Anteriormente Castro, al final del ensayo "Perspectiva de la novela picaresca" agregó la siguiente nota: "Cuando escribía lo anterior, hace veintitrés años, solo comenzaba a sospechar la importancia decisiva de los conversos en el nacimiento de géneros literarios tan de opuesto signo como las autobiografías picarescas y las narraciones pastoriles" *Hacia Cervantes* (Madrid, 1957), p. 105.

[2] Según Guillén: "The success of *Guzmán de Alfarache* around 1600 is well known. But critics have not observed that it also resulted in the resurrection of *Lazarillo de Tormes*; and that it sparked a 'combination' (to use Escarpit's word), a double acceptance, a convergence, from which there arose, during the years immediately following the publication of *Guzmán* (1599), the idea of a *género picaresco*—an idea which was formulated for the first time by Ginés de Pasamonte in a passage of *Don Quijote* (1605): 'mal año,' said Ginés in a defiant moment, 'para *Lazarillo*

*de Tormes*, y para todos cuantos de aquel género se han escrito o escribieren' (Part 1, Chap. 22)." in "Genre and Countergenre: The Discovery of the Picaresque," *Literature as System: Essays toward the Theory of Literary History* (Princeton, 1971), p. 143-44.

[3] "Cervantes y la novela picaresca," *Anales Cervantinos*, 10 (1971), p. 24.

[4] Nuevas orientaciones interesantes se dan, por ejemplo, en Edmond Cros, *Protée et le gueux* (Paris, 1967) y *Mateo Alemán: Introducción a su vida y a su obra* (Madrid, 1971); Joseph H. Silverman, "Plinio, Pedro Mejía y Mateo Alemán: La enemistad entre las especies hecha símbolo visual," *Papeles de Son Armadans*, 53 (1969), 30-8; Joan Arias, *Guzmán de Alfarache: The Unrepentant Narrator* (London, 1977); Carroll B. Johnson, *Inside "Guzmán de Alfarache"* (Berkeley, Los Angeles, London, 1978); Benito Brancaforte, "Introducción" y las notas a su edición de *Guzmán de Alfarache*, 2 tomos (Madrid, 1979) y *"Guzmán de Alfarache": ¿Conversión o proceso de degradación?* (Madison, 1980).

[5] Véanse Brancaforte, *"Guzmán de Alfarache": ¿Conversión . . .* , Cap. V: "En el proceso de revelar sus vicios, el protagonista-narrador del *Guzmán* 'arroja' piedras y descubre los vicios de todos aquellos que observan ese 'alarde'. La auto-flagelación anda *pari passu* con la fustigación de los lectores; la revelación de la degradación personal con la degradación general, el caos interior con el exterior" (p. 140); Judith A. Whitenack, *The Impenitent Confession of "Guzman de Alfarache"* (Madison, 1985) que intenta mostrar que : "The portrayal of sacramental confession in the novel provides an important key to the falsity of Guzman's confession. The narrator's view of confession as a means of deceit is demonstrated both by his numerous descriptions of those people, including himself, who confess 'para cumplir con la parroquia,' and by his scornful ridicule of those who do confess truly" (p. 85); véase también M. N. Norval, "Original Sin and the 'Conversión' in *Guzmán de Alfarache," Bulletin of Hispanic Studies*, LI (1974), 346-364.

[6] Helen H. Reed ha explicado muy bien por qué hay una relación muy estrecha entre la intertextualidad y el lector de la picaresca: "The polemical nature of the picaresque genre and the prevalence of negative intertextual relationships among the works have some important implications for the reader and the roles designed for him by the author. [. . .] Each writer in his own individual style attempts to persuade the reader of the truth of his version of picaresque life in contrast to that of the 'competition'. [. . .] The picaresque novel demands a high degree of reader participation because it is polemical, realistic, and problematical. The semantic structures of the picaresque depend on the relationship established between narrator, reader, and the system of values represented in the fictitious world" *The Reader in the Picaresque Novel* (London, 1984), p. 31.

[7] Carlos Blanco Aguinaga, "Cervantes y la picaresca. Notas sobre dos tipos de realismo," *NRFH*, XI (1957), 313-342 (la cita viene de la p. 328).

[8] Con su perspicacia habitual, Brancaforte muestra las muchas referencias indirectas y sutiles que se encuentran en el texto: "El linaje, la sangre, constituye la fijación mayor, al juzgar por las continuas alusiones—particularmente en la Segunda Parte—a cristianos viejos y jóvenes; a sangre tinta y distinta; a sangre helada, hervida y cuajada; a limpieza vertical y horizontal; a limpieza de la Virgen y la personal; a la descendencia del Cid y a las costillas de los montañeses; a los geómetras y los arbitristas; a las líneas rectas y a las curvas; a huevos empollados y a viejos castellanos; a emplumados y desplumados; a cordobeses, cerdos y marranos; a sanos, enfermos y lisiados; a remendones, reconcilidados y sambenitados; a barbas tornasoladas y a melonadas; a papagayos y cuervos; a dones del Espíritu Santo y a tapicerías de Flandes. La obra está llena de estas alusiones y resultaría prolijo citar todo los pasajes . . . " Y a continuación Brancaforte se concentra en el disfraz que Alemán hace con el nombre y los trajes. *"Guzmán de Alfarache": ¿Conversión . . .*, p. 171.

[9] Muchos críticos han hablado del patrón épico en el *Guzmán.* Peter Dunn, por ejemplo, distingue dos modelos implícitos en la obra, una moral-existencial y la otra basada en la forma narrativa. La segunda, según él, es "that of the wandering hero, exemplified in such grand figures as Odysseus or Aeneas." *The Spanish Picaresque Novel* (Boston, 1979), p. 59.

[10] Como Pirandello ha explicado tan claramente el complicado proceso del humor literario y el papel de la reflexión, vale la pena citar (en la traducción al inglés) las palabras de él: " . . . in the conception of a work of art, reflection is almost a form of feeling, almost a mirror in which feeling looks at itself." [. . .] " . . . reflection is indeed like a mirror, but a mirror of icy water, in which the flame of feeling not only looks at itself but also plunges in it and extinguishes itself." [. . .] "Reflection, engaging in its special activity, comes to disturb and to interrupt the spontaneous movement that organizes ideas and images into harmonious form. It has often been observed that humoristic works are disorganized, disconnected, interrupted by constant digressions." [. . .] " . . . each image, each group of images evokes and attracts contrary ones, and these naturally divide the spirit which, in its restlessness, is obstinately determined to find or establish the most astonishing relationships between these images." *On Humor* (Chapel Hill, 1974), p. 118, 119. Curiosamente se ve que Pirandello llega a entender bien algunos aspectos importantes de la novela picaresca sin mostrar que la conociera.

[11] En un estudio reciente Carlos Antonio Rodríguez Matos ilumina bien el movimiento contradictorio de la obra: "Ataque y escudo, bizarría y disimulo, revelación y velo se dan simultáneamente y constituyen la narración pícara del galeote. La picardía no

surge de uno de los elementos, sino de la relación entre ambos, del juego entre la realidad y la apariencia que dicha relación propicia." *El narrador pícaro: Guzmán de Alfarache* (Madison, 1985), p. 4.

[12]Interesante formulación la hace Juan Ruiz Galarreta que se basa sobre una diferencia bien fundamental entre humorismo y sátira; éstos se encuentran localizados respectivamente en el personaje y en el autor: "Si el humorismo delata la presencia humana de Guzmán, la sátira emana del impacto de sus peripecias, es decir, de las mutaciones que sus lances provocan. Astuto y subrepticio, boga entre el bien y el mal, más próximo a éste que al otro, porque adivina que el daño mayor encubre al pequeño. La acrimoniosa sátira de Alemán, que denuncia la crisis moral y material de su época, salva las andaduras de su personaje, que limpio de aquellos humores alcanza a configurarse estéticamente gracias al humorismo." "El humorismo en la novela picaresca española de los siglos XV y XVI: *Guzmán de Alfarache*," *Humanitas*, 10 (1962), 183-92 (la cita viene de la p. 185).

# A Most Ingenious Paradox: Castro and the *Comedia*

Alix Zuckerman-Ingber
*Sweet Briar College*

In this paper I intend to deal with one important aspect of Américo Castro's work on the *comedia*: his identification of dramatic honor with blood purity. The paradox to which my title refers is based on what I see as a discrepancy between Castro's observations regarding dramatic honor and some of the conclusions he derived from those observations. I shall begin with a very brief summary of his observations.

Castro came to define honor as a *vivencia*, a vital dimension of Spanish existence definable at least to some extent by a sense of security in the *limpieza* of one's lineage.[1] On this basis, the peasant by definition has greater claim to honor than the *hidalgo*, who was far more likely to encounter some blot or stain on his ancestry. Moreover, according to Castro, dramatic honor has certain specific attributes which can be explained in terms of the obsession with *limpieza de sangre*. These include *hombría* (because the *converso* was generally categorized as cowardly), *sosiego* (because the *converso* was generally categorized as *inquieto*) and a disinclination to be seen as astute or to pursue any kind of intellectual endeavor—including even the ability to read—(because intellectual activity and *astucia* were also generally considered to fall within the realm of *converso* life).

From these observations Castro concluded that since honor is equated with *limpieza de sangre* the *comedia*, which presents honor as *el bien más alto*, represents the celebration of Old Christian supremacy—in much the same way that the *cantares de gesta* celebrated the victories of Hispano-Christians. By extension, Castro suggested that honor in general, and peasant honor in particular, were treated in a fairly monolithic way in the *comedia*—particularly in the works of Lope—and that dramatic honor was not presented with the same subtleties with which it was treated in the narrative prose and even the poetry of the period.

This final conclusion, unfortunately, appears to place Castro in the camp of the generic critics, for whom the *comedia*, for whatever reason, constitutes a largely homogeneous genre that strives only to please an ignorant and intolerant public. By inference, if the *comedia* served such a purpose, one would expect to find in the works of the Golden Age dramatists a fairly uniform and one-dimensional treatment of honor. This assumption has, as far as I am concerned, done great damage to *comedia* scholarship, and has often deprived us of new avenues of investigation and criticism.

It would be unfair, however, to claim that Castro was responsible for this state of affairs. I propose, therefore, that we apply Castro's *approach* to our study of the honor theme while at the same time keeping an open mind with regard to his views on the genre as a whole. In order to demonstrate where such an exercise might lead, I shall use as an example Lope's *El villano en su rincón*, a work in which a peasant protagonist is pitted against a noble opponent, and one in which the honor theme is presented from a multiplicity of perspectives, but is not related to the question of conjugal infidelity. It is also a play with a disturbing *desenlace* in which an honorable peasant is essentially destroyed by an equally honorable King.

Through my analysis I shall demonstrate both the validity of Castro's approach and the problems I have with his conclusions and shall first, show how honor based on *limpieza de sangre* functions within a play; second, examine Castro's view of illiteracy and *sosiego* as symbols of the pure-blooded peasant and a source of pride and desire within the context of the play; third, examine the relationship between the nobility and the peasantry as a dramatic motif; and finally, show how the pure-blooded peasant is presented (a) as ignorant and intolerant; (b) as arrogantly assertive of and obsessed with his honor as a peasant; and (c) as ultimately destroyed by his own arrogance.

The characters of *El villano en su rincón* run the gamut of the social hierarchy—from lowest peasant to the king himself—and at each level of the social scale they are presented in terms of their intellectual attributes and their existential preoccupations. On the side of the nobility are the King, his sister the *Infanta* and the *Almirante*—two higher nobles who figure only marginally, and Otón and Marín, the lesser nobles who serve the King. Among the peasants we have Juan Labrador, the wealthy peasant and the play's protagonist, Feliciano and Lisarda, his son and daughter, and the poor or "low" peasants, Bruno, Fileto, and Constanza, who provide many of the play's most comic moments.

Each of the characters is at all times conscious of his or her social status relative to the other characters in the play, and such class or caste distinctions constitute a recurrent motif that runs through the work and serves as the basis for all conflict.

Each of the peasants is presented as having a specific set of intellectual attributes: Juan Labrador, for example, makes it evident on several occasions that he is illiterate, and he is clearly more obstinate than he is astute. His daughter Lisarda shows herself to be exceedingly *discreta*, as capable of feigning the ignorant peasant in the presence of the King as she is skilled in engaging in clever dialogue with Otón, the noble courtier she loves. Bruno, Fileto, and Constanza, at the low end of the peasant scale, are the source of such entertaining peasant comments as would befit any *gracioso*; and much of the humor in this play is derived from their ignorance and their misuse of language. The issue of intelligence or cleverness never really surfaces with the nobles.

Each of these characters, whether peasant or noble, expresses a primary preoccupation with some form of honor: In Juan Labrador this takes the form of his insistence that he is "rey en su rincón" and his unwillingness to have any personal contact with the King or to have his daughter marry anyone who is not a peasant. He takes such a superior attitude toward the monarchy that he is willing to lend any amount of money to the King, but not to meet or even see him.

His son and daughter see honor in a very different light. Feliciano, though he is perfectly delighted with his marriage to the poor peasant Costanza, would be at least equally delighted to satisfy his social ambitions by finding a place for himself at the court. Lisarda, in love with Otón, is ashamed of her peasant origins, and dresses like a wealthy woman of the court during her clandestine forays into Paris. Both Lisarda and Feliciano believe that their father's wealth entitles them to greater social status, and this need becomes for each a matter of honor.

Honor for the lower peasants is based on caste: the peasants' claim to honor through blood purity, and their consequently derogatory way of referring to the nobility. Bruno, for example, acknowledges the arrival of Marín with the question "¿Adónde van los judíos?" (l. 2120),[2] and when Marín, without batting an eyelash, responds "A buscaros, deudos míos/ para haceros amistad" (ll. 2121-22), Fileto comes back with:

> Por donde quiera que fueres,
> te alcance la maldición
> de Gorrón y Sobirón [i.e., Gomorra y Sodoma]
> con agujas y alfileres. (ll. 2123-26)

Honor for the courtiers is also related to social rank, although here, as one might expect, the notion of class rather than caste is emphasized. At the beginning of the play Otón has the mysterious Lisarda followed to find out who she is. When it is revealed that she is really a peasant, Otón's companions suggest that she is trying to deceive him, while Otón continues his pursuit of Lisarda because of her obvious wealth, even though she is a peasant. When the King hears of Otón's pursuit of Lisarda he assumes that Otón is the deceiver, since it would seem unlikely that an up-and-coming courtier like Otón would ever intend to marry a peasant.

The King's attitude toward honor is perhaps the most intriguing. While as monarch he should feel totally secure in this regard, he sees Juan Labrador's attitude as a direct challenge to both his authority and his honor, and his relentless pursuit of Juan Labrador takes on the character of a real vendetta, an honor vengeance pure and simple, which will restore what the King seems to see as his lost *opinión*. What begins as curiosity in the King soon turns into a mission to have Juan Labrador submit to his authority.

Part of the King's attitude towards Juan Labrador in the play is presented in terms of *sosiego*. He perceives Juan Labrador's obstinacy as a threat to his own peace of mind: "¡Que me haya puesto en cuidado / un grosero labrador!" (ll. 1544-45) he exclaims, and when Juan Labrador tells the disguised monarch:

> Soy rey de mi voluntad,
> no me la ocupan negocios
> y ser muy rico de ocios
> es suma felicidad (ll. 1677-80)

the King reacts in an *aparte*: "¡Oh filósofo villano / Mucho más te envidio agora" (ll. 1681-82). The King's reactions to Juan Labrador will form the basis for the ironic battle of wills between a King who should not have to fight to assert his supremacy and a peasant who by his own (albeit ironic) definition is the humblest of men.

There are three levels of conflict in the play, that we might describe as moving from the general—a conflict between social classes—to the specific—the conflict between Juan Labrador and the King. In between lies the "generation gap" conflict between Juan Labrador and his children.

The conflict between nobles and peasants, while it defines the attitudes of many of the characters, is not dramatized to any great extent in *El villano en su rincón*. Nobles express their traditional disdain of peasants and peasants their traditional disdain of nobles more as humorous motifs punctuated by lively dialogue than as any truly serious conflict. Such scenes reflect a generalized but not crucial social conflict which the audience would no doubt recognize and appreciate, and which forms a backdrop—and at times an interesting and even misleading dramatic counterpoint—for the other conflicts presented. While it is a conflict that needs no resolution, all of the characters do end up at the court, and in relative harmony.

The conflict between Juan Labrador and his children, a real conflict within the work, is based on Juan Labrador's arrogant refusal to have anything to do with the King or the court and his children's ambition to improve their own social status. The conflict develops around the character of Lisarda, who is in love with Otón, and whose father refuses to let her marry anyone who is not a *villano*. Feliciano's suggestion that Lisarda marry a gentleman is greeted with a furious reaction from his father:

> Detente.
> Si no quieres que me cuente
> por muerto, la lengua para.
> ¡Yo señor! ¡Yo caballero!
> ¿Yo ilustre yerno? (ll. 2385-89)

Juan Labrador reacts as if he really does fear being "tainted" by the denizens of the court!

This conflict is resolved totally in favor of the young people. Lisarda is given by the King in marriage to Otón, and Feliciano, to his great delight, is appointed "alcaide de París."

But it is of course the conflict between Juan Labrador and the King that constitutes the principal action of *El villano en su rincón*. This conflict has its roots in Juan's untimely epitaph:

> Yace aquí Juan Labrador,
> que nunca sirvió a señor,
> ni vio la corte, ni al Rey,
> ni temió ni dio temor; (ll. 735-38)

The King, whose curiosity has been aroused, questions Fileto, who describes Juan Labrador as "el más humilde de los hombres" and explains that Juan never saw the King "Porque él dice, y lo creo, que es honrado, / que es rey en su rincón . . . " (ll. 816-17).

An interesting note with regard to the *sosiego* motif: the second act opens with the King saying, "Desasosiego me cuesta." (l. 976)—and while his courtier believes he is referring to the beauty of Lisarda, the King corrects him. Here is just some of what he says:

> Su padre me dio cuidado;
> que en verle vivir ansí,
> tan olvidado de mí,
> confieso que me ha picado.
> ¡Que con tal descanso viva
> en su rincón un villano,
> que a su señor soberano
> ver para siempre se priva! (ll. 992-99)
>
> ¡Que tanto descanso tenga
> un hombre particular,
> que pase por su lugar
> y que a mirarme no venga! (ll. 1004-07)
>
> ¡Que tenga el alma segura,
> y el cuerpo en tanto descanso!
> Pero, ¿para qué me canso?
> Digo que es envidia pura,
> y que le tengo de ver. (ll. 1020-24)

Once the King manages to see Juan Labrador "en su rincón," his envy increases: "a no ser rey de Francia,/ tuviera por más ganancia/ que fuera Juan Labrador" (11. 2275-77). He even recites a sonnet about the virtues of a "vida sosegada"! In the guise of helping Lisarda marry Otón, the King then imposes a series of requests on Juan Labrador, requests that the peasant cannot refuse: first money, then the presence of Lisarda and Feliciano at the court, and finally the presence of Juan Labrador himself.

This primary conflict, like the secondary conflict between Juan Labrador and his children, is resolved much to the disadvantage of our peasant protagonist, as the King demonstrates his power, in what I see as a cruel parody of an *auto sacramental*,[3] by giving Feliciano a "título de caballero," marrying Lisarda to Otón and, to Juan Labrador:

> . . . porque ver no has querido
> en sesenta años de tiempo
> a tu Rey, para ti trae

> una cédula . . .
> de mayordomo del Rey;
> que me has de ver, por lo menos,
> lo que tuvieres de vida. (ll. 2944-50)

Juan's response, a noncommittal "Los pies y manos te beso," are the last words he will utter in the play, which ends with the unbounding joy of the other characters.

What are we to make of Lope's treatment of honor in *El villano en su rincón*, and what relevance do Castro's views have for our understanding of it? It should be clear at this point that the conflicts in the play between noble and peasant, between father and child, and between king and subject cannot be described, as others often attempt to do with Lope, in terms of some classically inspired *menosprecio de corte* which bears no relation to the social realities of Lope's day. Honor, a principal preoccupation for each of the characters, is defined throughout the work in terms of blood-purity and *sosiego*, ignorance and *hombría*, all just as defined by Castro with regard to the *comedia*.

The peasant world we see in this play, then, is no literary Arcadia but rather what amounts to a struggle to the death for the *opinión* of others and for the knowledge that one is able to impose one's will on those around him. The King loses honor if Juan Labrador persists in his refusal to see his monarch. By the same token Juan Labrador loses honor if he is forced to do something he has sworn he will never do. The conflict is absurd and pathetic, but its resolution cannot be one of compromise, and Juan Labrador is, in effect, destroyed at the end of the work.

Is this, however, the type of resolution we would expect if *El villano en su rincón* were seen to conform to Castro's view of the *comedia* as *portavoz* for the Old Christian ideal? I should not think so. Whatever Lope was trying to show in this play he has done very subtly indeed, and even, to a certain extent, deceptively. If Lope were in fact trying to portray the nobility—and the king at its head—as an example of New Christian evil, it would certainly not have been part of his plan to have the King and his court so thoroughly victorious in a play which has every appearance of ending happily. Instead, while presenting Juan Labrador in terms of an ideal easily recognizable by any Golden Age audience, Lope has at the same time managed to show the Old Christian hero, the prosperous and loyal peasant, as bringing about his own downfall through the arrogance that is a direct consequence of his obsession with honor based on blood purity.

It is Castro's own approach to honor in the *comedia*, then, that leads me to conclude that dramatists *did* equate honor and blood purity, and that as a result the peasant *did* in the *comedia* serve as symbol of an ideal, but that this symbol was often used ironically by Lope and others in order to make a number of subtle points about the obsession with honor—and by inference with blood purity as well—that held such a strangle-hold on Golden Age society. What we really have in *El villano en su rincón* is an example of what happens when each individual is obsessed with his own personal honor, which inevitably brings him into conflict with others struggling under the same obsession, and under which circumstances even the best credentials—in this case the purest of blood and the most "sosegada" of lives—are no protection against disaster and might, in fact, even serve to bring on that disaster through the envy of others.

There are, I believe, several other aspects of the play that would tend to confirm my conclusions. In the first place, the play's action is set in France even though, as Marcel Bataillon has pointed out, the France of *El villano en su rincón* is France in name only, and the characters and their preoccupations are undoubtedly Spanish.[4] Lope frequently used foreign countries (or remote historical periods) as settings for plays in which he treats honor in a surprisingly unconventional way.[5]

A second confirmation lies in the obvious parody of the *auto sacramental* at the end of the play. Bataillon's inclination was to see this scene as a consecration of the monarchy, an affirmation of the King's ultimate authority over *all* his subjects.[6] My inclination, on the other hand, is to see it as Lope's use of the easily recognizable symbolic structure of the *auto* to undermine the arrogant insistence on peasant honor so common in the *comedia*[7]—and so widely accepted by the public.

I shall conclude by reiterating the notion of paradox with which I began, for while my conclusions may be different from those of Castro, they are arrived at only through Castro's own approach to honor. On this basis, then, and on the basis of our brief analysis of *El villano en su rincón*, I suggest that dramatic honor, as Castro claimed, is clearly a vital dimension that is lived by each individual; is symbolized for the characters themselves by pure blood and *sosiego*; and as such is claimed by peasants, who see themselves as more *limpios* than nobles.

But I also suggest that Lope, and undoubtedly other Golden Age playwrights as well, found ways to *undermine* dramatic honor based on blood purity by presenting the pure peasant in ambiguous, if not negative terms; by subtly suggesting that there is something wrong with the notion that honor is ultimately based on blood purity; by presenting Spanish life in terms of a meaningless and fruitless conflict between individuals who need, above all else, to assert their honor; and finally, by having more worldly and pragmatic concerns triumph over the honor claimed by the peasant.

Perhaps in the success of Juan Labrador's children we may in fact be witnessing Lope's plea for a more sensible new generation.

## Notes

[1] My summary of Castro's observations and conclusions is based on his *De la edad conflictiva*, 3rd ed. (Madrid: Taurus, 1972).

[2] *El villano en su rincón*, ed. Alonso Zamora Vicente (Madrid: Espasa Calpe, 1963). All subsequent quotes are from this edition and will be indicated parenthetically within the text.

[3] Zamora Vicente, in the introduction to his edition of the play, sees Lope's use of the *auto* in somewhat different terms: "Este fugaz destello de auto, de mirada a lo trascendente que el símbolo despierta, además de aclarar el posible mensaje de la comedia, da al desenlace una cenefa de tristeza, de melancolía suave, que aumenta su nivel poético" (p. LXIV).

[4] "*El villano en su rincón*," in *Varia lección de clásicos españoles* (Madrid: Gredos, 1964), pp. 329-30.

[5] In my *El bien más alto: a Reconsideration of Lope de Vega's Honor Plays* (Gainesville: University Presses of Florida, Humanities Monograph No. 56), pp. 127-28, I point out that foreign or remote historical settings are always used when a king is portrayed as an offender of conjugal honor. In a similar sense, the French king of *El villano en su rincón* is seeking to undermine the honor of Juan Labrador.

[6] Bataillon, pp. 351-72.

[7] For Lope's ironic treatment of honor in his own *autos* see *El bien más alto*, pp. 72-74.

# Américo Castro and the Contemporary Spanish Novel

Manuel Durán
*Yale University*

*¡Ay dulce y cara España,*
*madrastra de tus hijos verdaderos,*
*y con piedad extraña*
*piadosa madre y huésped de extranjeros!*

Lope de Vega

An observer of Spanish culture as it has developed during the years that followed the Civil War can hardly escape two main conclusions. The first and most obvious one is that he is dealing with a period which is characterized in the literary scene by the dominance of one literary genre, the novel, the same genre that had been visibly under-represented during the twenties and the thirties. Readers, writers and critics can attest to the fact that the death of the novel, an event regularly announced every two or three years by some literary pundit, either a critic of note or a frustrated novelist, has not taken place. The novel is flourishing in contemporary Spain, and of course the same is true in Latin America. As the immortal lines of *Don Juan Tenorio* put it,

Los muertos que vos matáis
Gozan de buena salud.

Neither the essay, on the other hand, nor poetry have fully recovered in post-war Spain the glory that was theirs when Ortega and Lorca were writing in the twenties and the thirties. Spanish theatre is making a slow recovery after decades of relative neglect. The novel has taken the lion's share of public attention and critical analysis, outdistancing all the other literary genres. (Perhaps the mediocrity of Spanish television is a contributing factor: it is still more rewarding to curl up in an armchair with a good novel than to watch Spanish politicians endlessly cutting ribbons or speaking endlessly, a modern version of Castelar.)

As the novel was developing in Spain during the first years of the post-war period, another important cultural factor was coming to the fore: the challenging and fresh interpretations of the Spanish past that Américo Castro developed beginning with the publication of his epoch-making *España en su historia*.

I have chosen two outstanding novelists, Cela and Goytisolo, as touchstones of Castro's influence upon the Spanish novel because they are the ones who seem to be most conscious of this influence and they have stated its existence in clear terms. A similar case could be made for the work of other novelists such as Ana María Matute and Luis Martín Santos. The main point I would like to make is that there is a connection between these two developments, the rebirth of the Spanish novel after the war and the impact of Castro's revisionist theories about the Spanish past. Castro's theories provide contemporary Spanish novelists with a framework that neither Galdós and Clarín nor the novelists of the Generation of 98 had the good fortune to have available at the time they were writing. Two areas of Spanish culture become energized in a symbiotic relationship. The novel can be more analytical and delve deeper in both characters and situations because of the new tool that Castro has fashioned. Castro's ideas have found a new and powerful voice that will make them heard by a public much more numerous than the usual readers of Castro's books, a public that might not otherwise find out about Castro's novel interpretations of the Spanish past.

The type of social realism advanced by Goytisolo and by other writers of the fifties was not, however, a call for a return to the nineteenth-century historical novels of Benito Pérez Galdós and Clarín. The term *realist* was defined for them in a different way. Galdós, Clarín and other giants of nineteenth-century realism (Charles Dickens, Honoré de Balzac, Leo Tolstoy) portrayed society from an omniscient standpoint. They were on the outside looking in, and the angle of their novelistic lens allowed them to encompass everything: all life, all human interaction. The nineteenth-century historical novel was an attempt to make sense out of reality; the powerful social and historical forces were synthesized, laid bare, and clarified. In the Spain of the fifties, however, the novelistic portrayal of reality was not and could not be all-encompassing. Reality had become too complex and too irrational, and any attempt to order its components was futile. Reality was limited to what one could see, hear, touch, taste, and smell and was no longer guided by the same external and intangible forces that were at work in Galdós. In Cela's *Pascual Duarte* and *La Colmena* and in Goytisolo's *Juegos* and *Duelo*, there is an intense attention to detail, to objects, to what one can apprehend through the senses. As Michael Ugarte states, "At times, reality becomes so intricate, so indifferent to the misery and horror that it evidences, that the reader winces not only at the conditions pictured in the writing but also at the indifference with which these situations are described."[1]

When does objectivity become insensitivity? Many readers of Cela and Goytisolo react and recoil in disgust at the portrayal of unpleasant descriptions, much as French readers of Zola's novels accused him, and before him Flaubert, of being cruel, insensitive, even perverted. Basically, Zola and Flaubert were acting as both competent witnesses and historians more than as moralists. They described what they thought were relevant experiences that they could either witness or footnote.

Flaubert and Zola were attacked, reviled, prosecuted. The fate of Cela and Goytisolo has not been too different: the Establishment tried for many years to neutralize them, to ignore them, to revile and abuse them. Yet they remain among Spain's most beloved novelists.

Obviously, we are dealing with two different personalities. Cela, the most extroverted writer, always sure of himself, always close to the Establishment, as a soldier on Franco's side could claim privileges for his novels that were denied to other prominent novelists in the years that followed the Civil War. As a liberal he could argue against censorship and for an opening to the world at large during the blackest years of the Franco dictatorship. Goytisolo had his own problems. His feelings of guilt developed on several levels. His autobiography, *Coto vedado*, depicts him as a sexually abused, naive, bewildered young man. He has been slowly recovering from early traumas, perhaps the worst one being simply that he was born into a rich and amoral family. The final words, the key words, are *guilt* and *redemption*. Tolstoy, Dostoyevsky, would nod in approval.

Most critics will agree that in the vast *opus* of Juan Goytisolo a group of three novels, the so-called "Trilogy of Treason" (*Señas de identidad, Reivindicación del Conde Don Julián, Juan sin Tierra*) stands out as Goytisolo's masterpiece. The influence of Américo Castro's ideas is present throughout the trilogy but is especially noticeable in the second novel, *Reivindicación*, perhaps the most brilliant and original book so far written by Goytisolo. As Michael Ugarte points out,

> For Goytisolo, Spain's historically characteristic obsession with national and religious righteousness (the reconquest, the Inquisition, the discovery and usurpation of the New World, the insistence on monarchy as the most virtuous form of government, the civil war) is built on rejection, denial, and

> liquidation of the Judaic and especially the Arabic influences on Spanish Culture.[2]

In his novel he follows very closely Castro's interpretation of Spanish history and of course understands and states in which way such an interpretation would condition Spain's conflicts and shortcomings in the twentieth century:

> The writing of history is an extremely important aspect of *Don Julián* and is intricately connected to the intertextual process of linguistic subversion. *Don Julián* is not an objective assessment of various perspectives on the history of Spain, for Goytisolo takes sides. In the polemic created by the writings of Américo Castro on the origin of Spain and on the peculiarities of the Iberian peninsula, Goytisolo affirms his allegiance to those intellectuals who are in agreement with Castro. Goytisolo considers Castro one of the few objective and enlightened voices in Spanish historiography. He incorporates many of Castro's arguments into *Don Julián*, while he degrades and ridicules those figures and events in Spanish history that Castro believes are mythical. Castro's works become central intertexts in the second volume of the trilogy; his essays and historical investigations are allies in Julián's wholehearted attempt at "demythification."
>
> Castro appears in *Don Julián* only twice, in an epigraph to the second chapter (p. 89) and in the concluding "Advertencia" (p. 241), but the historian's presence is felt on nearly every page. Castro is for Goytisolo another heterodox Spaniard, one who, like José María Blanco White, Mariano José de Larra, and Luis Cernuda, stands in contrast to what is considered the mainstream of Spanish intellectual history.[3]

*Don Julián* is an all-out, no-holds-barred attack on established values, customs, and myths. The main weapon is language and the main targets are the texts that represent Franco's Spain as well as those that stand for traditional "castiza" Spanish culture. The vision of Spain, the interpretation of the Spanish past that guides Goytisolo's destruction of Spanish myths is firmly based upon Castro's crucial concept of the *morada vital*, the collective consciousness that a society or cultural group develops about its own identity. In Spain this identity became established the moment that Moorish conquerors crossed the Strait of Gibraltar and invaded the Iberian peninsula. As a result of this military and religious threat the Visigoths became Spaniards by forging a new group identity and emphasizing their religious faith. A tripartite caste system was bound to arise. Castro sees in the interrelationships and conflicts among these three castes, Christians, Jews, and Muslims, the key to the structure of Spanish history. Moreover, the intransigence of the Christian caste and its growing intolerance was to pave the way for the relative failure of Spain in the political domain, the short life of the Spanish Empire, and also the relative failure of Spanish culture in the modern world. Lack of accomplishments in the scientific field and constant friction with internal minority groups are the clear signs of what we may call a "totalitarian" mentality. There were no inside mechanisms in Spanish culture that could create a sense of relativity in religious matters; hence, as an unavoidable consequence, there was no way in which minorities could be recognized as a part of the social fabric. Spain would be a latecomer to science and technology, to international trade and the whole system of political power of the late nineteenth century, of our own era.

How can we exorcize the past? First, we have to define it. Cela is trying to achieve this result in most of his novels. His descriptions of the present often offer the perceptive reader an insight into the past, a privileged ticket to the train—the Talgo luxury train, the "diligencia" or stage-coach of the nineteenth century, the mule trains of other eras—into the past. The past, as seen by Cela, is full of unsolved problems, resentment, cruelty, ingrained violence, disregard for human rights. When did this chain of violence and insensitivity start? Who is ultimately responsible when what we are dealing with is such a complex human, sociological, cultural problem?

The novel is literature. It is also a camera, and also a court where we find out who is guilty, who is not. Both ethical and aesthetic problems are defined and partly solved. As Paul Ilie has stated in his perceptive essays on Cela, aesthetics is for this Spanish novelist a way to make philosophical suggestions and assertions. Structural problems in Cela's novels mirror human problems. Violence and primitivism run rampant in *Pascual Duarte* and even *La Colmena*, as if we had returned to a medieval period, although it is a Middle Ages without faith or cathedral builders. In his travel books perhaps the message is even clearer: Spaniards are jealous and diffident, they cannot trust each other because any passer-by can become a potential enemy. The ghost of the Inquisition has taken new and alarming shapes.

And where does Cela, the quintessential novelist of today's Spain, find a way to define Spain? In Américo Castro's writings. They are his constant guide, his lodestar:

> Uno de los españoles más preocupados por la puntual delimitación y esclarecimiento del concepto de España nos dejó dichas, en muy nobles

páginas, unas palabras clave: ni en Occidente, ni en Oriente hay nada análogo a España, y sus valores (sin que nos interese decir si son superiores o inferiores a otros) son sin duda muy altos y únicos en su especie. Son irreductiblemente españoles La Celestina, Cervantes, Velázquez, Goya, Unamuno, Picasso y Falla. Hay en todos ellos un quid último que es español y nada más. De estas palabras de Américo Castro y de todas sus implícitas, aleccionadoras y saludables consecuencias, ha de partir quien quiera ver claro el tema de España y su revuelto mundo.[4]

Cela agrees with Américo Castro: there is no eternal unchanging Spain in the past, there is no Spain when the Altamira cave paintings were being traced upon the stone walls:

España y lo español, considerados como entes válidos e inteligibles, son conceptos que no se perfilan—y entonces aún muy toscamente—hasta la batalla del Guadalete, en el siglo VIII que abre las puertas de la península a los musulmanes. La España anterior, no ya la España de los fenicios fundando Cádiz; de los celtas llegando a la meseta; de los cartagineses destruyendo Tartessos; de los griegos sembrando nuestras costas de colonias, y de los romanos incorporándonos a su imperio, sino también la España de la Alta Edad Media; la España visigoda de los concilios de Toledo y la declaración del catolicismo como religión oficial, aún no es España, todavía no tiene, en sus hombres y en su actuar, ese quid último que la señala y que no puede encontrarse, por más que se rastree, en el gaditano Columela, en el cordobés Séneca o en Trajano, el sevillano de Itálica, que no son españoles; como tampoco es italiano Tito Livio no obstante haber nacido en Patavium, la Padua actual. Ese quid último ni siquiera puede hallarse en los visigodos, que eran *los otros*, los venidos de fuera, circunstancia que jamás olvidaron.

El ámbito geográfico de España fue el tablado donde tuvieron lugar múltiples sucesos históricos que todavía no sucedieron en España, aunque sí en el suelo sobre el que España—entonces en ahistórica latencia—habría de surgir. Ataúlfo, rey visigodo, se metió en España, en lo que después sería España, porque ni pudo mantenerse en las Galias, ni tampoco logró llegar al África, Ataúlfo jugó la carta de la derrumbada Roma como Sigerico, su sucesor, probó fortuna con el naipe contrario. Los españoles—que ni tenían conciencia de serlo ni, bien mirado, lo eran todavía—asistieron a la irrupción de los visigodos en su territorio sin actuar como tales españoles y sin tomar partido en las luchas intestinas que sacudían el cuerpo del invasor.

España es un concepto que, en sus orígenes, no debe identificarse con su escenario. Las representaciones de la tragedia de Numancia, del drama

> de Viriato, de la comedia de Caracalla haciendo a los pobladores de la península ciudadanos de Roma, o de la sangrienta farsa de don Oppas, el obispo traidor, no tuvieron lugar en lo que hoy sentimos como España, aunque a su decorado y al lugar de la acción, andando el tiempo, llegásemos a llamarle España.
>
> España no es—no lo fue nunca—tan sólo un delimitado espacio geográfico, a pesar de que desde los Reyes Católicos haya venido coincidiendo, más o menos, con la península ibérica. España es una manera de ser, un entendimiento de la existencia basado, paradójicamente, en el no entendimiento de los españoles entre sí. De la consideración de este mutuo no entendimiento, obtuvo Jovellanos la sagaz conclusión de que la unidad española radicaba en su empresa, ya que no en sus tierras, en sus hombres o en sus formas de vida.[5]

This is a historical-existential approach to modern Spain, and Américo Castro was the first thinker to define both the method and its results. Cela can only agree:

> España es un país históricamente escindido en dos mitades, cada una de ellas partida en otras dos que a su vez se dividen y subdividen—como se multiplican las imágenes en los juegos de espejos—hasta el límite que la vista alcanza. Ese quid último de lo español, sin embargo, habita, múltiple y uno, en todas y en cada una de las mil caras de España, y sin él, sin su presencia, no sería factible la inteligencia del fenómeno español.[6]

"Vivir desviviéndose", an untranslatable sentence, is a symbol of tension and insecurity in Spanish history. If tension and insecurity are the hallmarks of Spanish history, it is the duty of the historian—Américo Castro—and the novelist—Camilo José Cela—to recognize the facts and to build their work upon them:

> Américo Castro llama: España, o la historia de una inseguridad, al capítulo de *La realidad histórica de España* y, en apoyo del título, encabeza sus páginas con unas palabras del Galdós de *Fortunata y Jacinta:* la inseguridad, única cosa que es constante entre nosotros. España es insegura y de ella, paradójicamente, pudo decir el novelista Galdós lo que dijo.[7]

What else remains to be said? Whatever we want to point out has been stated previously by Castro and perfectly rephrased by Cela.

May I point out that Cela writes all these texts as part of an essay prepared for an Italian encyclopaedia in which he is supposed to give a synthesis of Spanish history and "Spanishness", a definition of the national essence, the national character through the centuries. His borrowings from Castro are so obvious, so all-encompassing, that we might as well conclude that Castro's version of Spanish history has become wholly Cela's. As Cela explains,

> El español moderno—el español de los Reyes Católicos acá—sangra con las tres sangres (que tampoco son tres sino treinta o cuarenta) y vive sirviéndose, al mismo tiempo, de las tres formas de vida que en la Edad Media tan precisas podían distinguirse y que hoy, habitándolo tras haberse deformado las tres, hacen de su corazón y su conciencia un permanente campo de batalla.
>
> Esta característica de la guerra civil latiendo en cada pecho, es una de las determinantes más concretas del español y uno de los prismas a cuya luz puede verse, con mayor claridad, aquello que llamamos lo español. La discordia civil, esa cruenta e impolítica maldición que pesa sobre España, anida como un fiero aguilucho en los más recónditos entresijos de cada español que, cuando no está contento consigo mismo, se pelea consigo mismo en el espejo de los demás. Y el español, que salvo elegantes altruismos, arde en el fuego de la envidia—como el anglosajón, en líneas generales, se quema en la hoguera de la hipocresía y el francés se consume (márquense las excepciones que se quieran) en la llama de la avaricia—, está frecuentemente triste. Recuérdese la coplilla de don Sem Tob, el rabí de Carrión, en sus *Proverbios morales:*
>
> *¿Qué venganza quisiste*
> *ayer del envidioso*
> *mejor que estar él triste*
> *cuando tú estás gozoso?*
>
> De esta civil discordia del español, de esta incivil y permanente pelea que para presentarse no necesita ni de la presencia de dos españoles—ya que, para desgracia de todos, con el desdoblado corazón de uno tiene suficiente—, nace, quizás, la centrifugadora fuerza de España, la tierra que, de cuando en cuando, lanza a sus hijos por esos mundos de Dios: poco ha de importarnos y menos aún ha de consolar nuestro dolor, el que estos españoles sean el Cid desnaturado por el rey Alfonso, o los jesuitas expulsados por Carlos III, o los republicanos que se fueron de España el año 39. Se trata no más que de apuntar un síntoma.[8]

To sum up and in conclusion, the impact of Castro's ideas upon the two most influential, original and prestigious Spanish novelists of the post-war period, Cela and Goytisolo, is unquestionable. Ideology is not, of course, the only ingredient that goes into the making of a novel. In many cases ideology may remain unnoticed by the average reader of a novel—yet it affects both the style and the inner organization of the plot. Cela and Goytisolo have become the two foremost interpreters of Spain's elusive personality, the worthy successors of Unamuno, Azorín, Baroja, Antonio Machado. It is perhaps not accidental that both owe so much to Castro's ideas. On the contrary: I would like to claim that precisely because they have assimilated Castro's interpretation of Spanish history their novels have become a meaningful mirror of eternal Spain.

## Notes

[1] Michael Ugarte, *Trilogy of Treason: An Intertextual Study of Juan Goytisolo*. Univ. of Missouri Press: Columbia and London, 1982. p. 4.
[2] Ibid., pp. 73-74.
[3] Ibid., pp. 74-75.
[4] C. J. Cela, "Sobre España, los españoles y lo español", in *A vueltas con España*. Seminarios y Ediciones, S. A. Madrid, 1973. p. 17.
[5] Ibid., pp. 20-21.
[6] Ibid., p. 18.
[7] Ibid., pp. 29-30.
[8] Ibid., pp. 26-27.

# La huella de Américo Castro en *Terra Nostra*

Joaquín Rodríguez Suro
*Syracuse University*

En este trabajo buscaremos qué analogías históricas mueven a dos intelectuales hispánicos, uno español, Américo Castro, y otro mexicano, Carlos Fuentes. Dilucidaremos en qué medida pueden ser comparados y diferenciados el vitalista Américo Castro, seguidor de Dilthey, y el marxista Fuentes. Lo haremos teniendo como eje reflexivo la novela de Fuentes *Terra nostra,*[1] ya que ésta fue escrita, como subraya Fuentes en *Cervantes o la crítica de la lectura,*[2] teniendo en mente la interpretación que hace Américo Castro de la historia española.[3]

De entrada, podemos decir que Fuentes comparte con Américo Castro la creencia de que el hombre no tiene una naturaleza fija, sino que es producto de su historia. Consecuente con esta preponderancia de la historia en su pensamiento, Américo Castro nos muestra los orígenes del ser de los españoles en la milenaria lucha histórica contra los musulmanes. Fuentes, a su vez, concordando con Américo Castro en su metodología de captación de la realidad pretérita, nos muestra los orígenes históricos del mexicano en la lucha psíquica contra los efectos de las repetidas conquistas de México.

La reflexión fuentiana sobre la conquista de México por los españoles como punto de inflexión en la história mexicana lo aproxima asimismo a Américo Castro en el sentido de que Fuentes ve en *Terra nostra* una continuidad histórica entre la conciencia vital de los españoles en España y sus actuaciones en América: "El mismo orden que tú quisiste para España fue trasladado a la Nueva España; las mismas jerarquías rígidas, verticales; el mismo estilo de gobierno: para los poderosos todos los derechos y ninguna obligación; para los débiles, ningún derecho y todas las obligaciones." (743) La diferencia entre los dos estriba en que Fuentes, como marxista, ve a la historia como una lucha de clases, mientras que Américo Castro, siguiendo a Dilthey,[4] ve a la historia más abstractamente desde el punto de vista de las conciencias humanas. Si bien los dos concuerdan en que toda actuación humana tiene que ser reflejada en la conciencia de los hombres, para poder ser aprehendida históricamente, el marxista Fuentes pone el acento sobre las estructuras políticas formadas en el crisol de las luchas de clases. Américo Castro, por el contrario, se fija en las estructuras étnico-religiosas para explicar la historia política.

Pero Fuentes coincide con Américo Castro al recalcar que la clave del análisis de la historia española reside en el rechazo efectuado en el siglo XV a la convivencia de las tres religiones: islámica, hebrea y cristiana. Eso le da a la cultura española una preponderancia de lo religioso como razón de Estado que sería nocivo para España:

> No entendía el odio fratricida entre los hijos de los profetas de Arabia y de Israel y porque amaba y agradecía y distinguía y salvaba los méritos de las culturas, aunque no las crueldades de los poderes, conocía y amaba las fuentes y jardines y patios y altas torres de al-andalus, la naturaleza recreada por el hombre para el placer del hombre y no aniquilada para su mortificación, como en la necrópolis del Señor don Felipe; (252-53)

Como Américo Castro, Fuentes desearía que ese rechazo de las dos religiones diferentes no hubiese ocurrido: "entonó una muda plegaria para que los pueblos de las tres religiones se amasen y reconociesen y viviesen en paz adorando a un mismo Dios único y sin rostro y sin cuerpo alguno." (253) Yendo más allá de Américo Castro, Fuentes no solamente desearía que no hubiese ocurrido la desunión de las tres religiones, sino que propugna el establecimiento de una religión unitaria que elimine las diferencias religiosas: "Dios sólo pudoroso nombre de la suma de nuestros deseos, Dios sólo signo del encuentro y la fraternidad de las sabidurías, los gases, las recreaciones de la mente y el cuerpo." (253) Américo Castro concordaría con esos deseos fuentianos en el sentido de propulsar un liberalismo de pensamiento que liberara a España del despotismo del dogma religioso exclusivo usado como razón de Estado. Fuentes concuerda con Américo Castro en ese rechazo del despotismo religioso:

> España impone otra imposibilidad: la de sí misma, mira cómo cierra sus puertas, expulsa al judío, persigue al moro, se esconde en un mausoleo y desde allí gobierna con los nombres de la muerte: pureza de la fe, limpieza de sangre, horror del cuerpo, prohibición del pensamiento, exterminio de lo incomprensible. (568)

Fuentes extiende a Hispanoamérica el deseo de Américo Castro de subsanar el despotismo dogmático de la historia española:

> Mira: no habrá en la historia, monseñor, naciones más necesitadas de una segunda oportunidad para ser lo que no fueron, que éstas que hablan y hablarán tu lengua; ni pueblos que durante tanto tiempo almacenen las posibilidades de lo que pudieron ser si no hubiesen sacrificado la razón misma de su ser; la impureza, la mezcla de todas las sangres, todas las creencias, todos los impulsos espirituales de una multitud de culturas. Sólo en España se dieron cita y florecieron los tres pueblos del Libro: cristianos, moros y judíos. Al mutilar su unión, España se mutilará y mutilará cuanto encuentre en su camino. ¿Tendrán estas tierras la segunda oportunidad que les negará la primera historia? (568)

Fuentes concuerda con Américo Castro en la necesidad de liberar a la historia española del lastre del despotismo religioso: "Más allá de las murallas de tu necrópolis y de su severa fachada de unidad, Felipe, otra España se ha gestado, una España antigua, original y variada, obra de muchas culturas, plurales aspiraciones y distintas lecturas de un solo libro." (624) Esa España pluralista habría forjado una Hispanoamérica pluralista, liberal:

> Nuevo mundo será España, mundo de tolerancia y prueba de las virtudes de un humano trueque y sobre este mundo nuevo de aquí, podremos todos fundar un verdadero nuevo mundo allende la mar; y hagamos allá lo mismo que aquí: convivir con la cultura de aquellos naturales. (625)

Como corolario del despotismo religioso está la creación de unas castas, de origen étnico-religioso, que imposibilitarán por siglos la creación de verdaderas clases sociales en España al estilo europeo: "la nobleza de España está infectada de judíos conversos, falsos fieles, y sólo entre la gente de tu baja extracción encuéntrase hoy antigua cristiandad incontaminada. No me hagas creer ahora, Guzmán, que te has aliado con los enemigos de nuestro orden eterno . . . " (325) Fuentes, como Américo Castro, ve a la creación de castas en España como una traba a la modernización de España y de Hispanoamérica. Esas castas tienen como efecto, como explica Américo Castro, el hacer que el individuo se encierre en su honor personal. Como nos expone Américo Castro, el rechazo a la convivencia con moros y judíos originó en la conciencia vital del hispano la creencia de que todas sus actividades sociales serían nulas si no fueran acompañadas de su honor personal. Esto es así, pues al formarse en España una casta de cristianos viejos lo único que realmente importaría socialmente en España durante los siglos XVI y XVII sería la probanza de la limpieza de sangre. El aldeano más rústico tendría, por lo tanto, orgullo de su limpieza de sangre y no tendría el afán que hubo en Europa de ascender socialmente. Bastaba ser cristiano viejo. Esto explicaría por qué los indianos siempre fueron ridiculizados en España, a pesar de todo su dinero. El rústico que se quedó en la tierra madre se vería reivindicado frente al primo que abandonó su prístina pureza de sangre para mezclarse con indios americanos, de segura ascendencia religiosa pagana. Esta carencia de un espíritu de ascensión capitalista, producto del sistema de castas imperante en España, atrasaría económica y socialmente a España por siglos.

Aunque en Hispanoamérica no hubo castas de cristianos viejos como en España, el sistema de castas explicado por Américo Castro tuvo su influencia en la formación del sistema socio-económico hispanoamericano, pues el español que llegaba a América, como apunta Fuentes, si bien no se sintiese elevado socialmente como cristiano viejo, se afianzaba en su corolario social hispanoamericano, el hidalgo español que vivía de rentas, amparado por el trabajo de los indios: "veréis que en saliendo de su tierra todos los españoles se harán príncipes y soles, y en el nuevo mundo el porquerizo y el herrero y el labrador podrán alcanzar el linaje que, españoles en España, nunca alcanzarían." (650) El hidalgo hispanoamericano, que se cobija en el honor que se origina del sistema de castas en España, será el elemento humano que llevará a Hispanoamericana a la decrepitud económica:

> Conquiste España las ciudades de oro, conquiste Inglaterra los bosques increados, la tierra intacta, los ríos solitarios, abra surcos donde España cave minas, construya cabañas de madera donde España levante palacios de cantera, pinte de blanco lo que España cubra de plata, decida ser donde España se contente con aparecer, exija resultados donde España proclame deseos, comprométase a acciones donde España sueñe ilusiones, sacrifique al trabajo lo que España sacrifica al honor, . . . prospere Inglaterra en el duro cálculo de la eficacia mientras España se agota en mantener la dignidad, la apariencia heroica y la gratificación del aplauso ajeno. (651)

Como apunta el gran economista brasileño Celso Furtado en *Teoria e política do desenvolvimento econômico*, las causas del subdesarrollo latinoamericano consisten en que el sistema económico de la América Latina, en vez de buscar raíces endógenas para su desarrollo económico, participa de un desarrollo dependiente de los países altamente industrializados. Las raíces psíquicas de ese sistema de desarrollo dependiente, según apunta Celso Furtado, consisten en la imitación de los patrones de consumo europeos y norteamericanos.[5] En *España, un enigma histórico*, Claudio Sánchez-Albornoz critica a Américo Castro por no darle ninguna importancia a los factores económicos como explicación de los procesos históricos. Apunta

Sánchez-Albornoz que España perdió una gran oportunidad histórica cuando no supo aprovechar la riqueza de su lana para establecer industrias de paños que fuesen la base de su producción capitalista, como fue el caso de Inglaterra.[6] Pues bien, contra la teoría de las castas de Américo Castro, recalca Sánchez-Albornoz que fue la necesidad de los reyes españoles de tener dinero para sus guerras, un dinero que obtenían en gran medida gracias a los derechos de importación de paños y exportación de lanas, así como la oposición tenaz de la Mesta, asociación de ganaderos de ovinos, lo que impidió el establecimiento de industrias de paños en España, frustando de esa forma el comienzo de un capitalismo español. En la polémica entre Claudio Sánchez-Albornoz y Américo Castro, Fuentes recoge de Américo Castro su teoría de las castas y, a pesar de ser marxista, afirma en *Terra nostra* la victoria de Américo Castro sobre Sánchez-Albornoz. Volviendo a la teoría de Celso Furtado sobre las causas del subdesarrollo latinoamericano, podemos decir que el sistema de las castas explica la poca atención que se le dio en España a las industrias de paños. En Hispanoamérica se continúa con esa política de preferir que sean otros los que trabajen, los que inventen; la atención de los hispanoamericanos no estará volcada hacia las actividades productivas, sino hacia el ocio del hidalgo que consigue que otros trabajen para él. Las clases minoritarias de alto consumo en Hispanoamérica, herederas del espíritu del hidalgo forjado por el sistema de castas, encuentran su goce máximo en comprar los productos de última moda en Europa y en Estados Unidos y luego fabricarlos imitativamente en los países latinoamericanos de más peso industrial, como México, Argentina y, sobre todo, Brasil.

Como vimos, la teoría de las castas nos ayuda a entender la historia socio-económica hispanoamericana. Le provee a Fuentes una explicación distinta de la marxista sobre las causas del atraso socio-económico hispanoamericano. En este punto Fuentes sigue a Jean-Paul Sartre en *Critique de la raison dialectique*, en cuya obra Sartre critica al marxismo por dar explicaciones históricas demasiado abstractas[7] y propugna, como hace Fuentes, combinar el marxismo con una profundización psicológica de los motivos vitales que mueven a los agentes históricos. Para Fuentes el marxismo es una filosofía de la libertad y usando a Sartre consigue conciliar en su mente la inexorabilidad histórica que mueve a los marxistas simplistas con la libertad y la dignidad del ser humano individual. La teoría de las castas le viene muy a mano en esa empresa, pues le provee una explicación psicológica de las motivaciones históricas. Hay que apuntar aquí que Fuentes no usa exclusivamente la teoría de las castas en *Terra nostra*, sino que usa la teoría marxista de las luchas de clases al explicar la derrota de los comuneros.

Fuentes idealiza en *Terra nostra* las revueltas comuneras del siglo XVI, pues según nos dicen historiadores como Sánchez-Albornoz, ya para el siglo XVI la primitiva democracia político-social existente en los concejos urbanos se había convertido en un opresivo régimen oligárquico.

En *Terra nostra*, rechazando un indigenismo pueril, Fuentes ve una similitud entre el despotismo religioso español y el azteca:

> Y que la nación que adoraba al sol y se nombraba luna era como una serie de pirámides, una incluida dentro de la otra, la menor por la mayor, pirámide dentro de la pirámide, hasta hacer de la tierra entera un templo dedicado al frágil mantenimiento de una vida alimentada por las artes de la muerte. (437)

Sin embargo, como mexicano, Fuentes no rechaza el influjo nahua en la formación de la historia de México. Si bien entiende que la dominación azteca era despótica y similar a la española en su uso de una ideología religiosa para justificar su dominación socio-económica, no la rechaza, aunque sí la censura, pues como heredero de la Revolución mexicana de 1910 ve a los nahuas como parte constitutiva del origen de México, frente al afán europeizador de los positivistas del Porfiriato. Siguiendo a Laurette Séjourné, Fuentes nos muestra en *Terra nostra* la corrupción de la filosofía benéfica de Quetzalcóatl por su doble Tezcatlipoca, lo cual fundamenta ideológicamente los sacrificios humanos de los aztecas: "Como la moral de Quetzalcóatl fue pervertida por el poder de allá, la de Jesús ha sido pervertida por el poder de aquí. ¿No podemos volver juntos, ayunos de terror y esclavitud, a esa bondad original, aquí y allá?" (625) En *Terra nostra* Fuentes tiene una teoría histórica cíclica, mediante la cual ve cómo se repiten en la historia los mismos errores. Para poder salir de ese atolladero, Fuentes propugna un entendimiento cabal del pasado:

> Pues sabiendo lo que no fue, sabremos lo que clama por ser: cuanto no ha sido, lo has visto, es un hecho latente, que espera su momento para ser, su segunda oportunidad, la ocasión de vivir otra vida. La historia sólo se repite porque desconocemos la otra posibilidad de cada hecho histórico: lo que ese hecho pudo haber sido y no fue. Conociéndola, podemos asegurar que la historia no se repita; que sea la otra posibilidad la que por primera vez ocurra. (567)

La interpretación de la historia de España hecha por Américo Castro le sirve a Fuentes para vislumbrar esas posibilidades históricas que no se realizaron.

Concretamente, mediante la liberación del cristianismo de su nexo con el poder despótico, piensa realizar Fuentes la utopía posible del socialismo:

> Soy un cristiano exasperado. Quiero conocer, y si existe, protegerla, y si no existe, prohijarla, una comunidad mínima de pueblos que vivan con arreglo a la naturaleza, que no tengan propiedad alguna, sino que todas las cosas les sean comunes: mundo nuevo, no porque se halló de nuevo, sino porque es o será como fue aquel de la edad primera de oro. (661)

De nuevo vemos cómo Fuentes combina con el marxismo la interpretación que hace Américo Castro de la historia de España.

Para concluir este trabajo, apuntemos que la huella de Américo Castro en *Terra nostra* se muestra bien palpable en la reconciliación que hace Fuentes de la realidad de la existencia histórica de España como parte constitutiva de la historia mexicana. Filosóficamente, esta reconciliación de dos términos históricos antagónicos, México y España, lleva a Fuentes a cambiar su anterior dialéctica no-excluyente, en la cual los contrarios no se confundían en la síntesis, sino que continuaban en ésta con sus propiedades originales, por una dialéctica sintética en la cual los entes antagónicos forman un nuevo ser distinto de la suma de sus propiedades originales. Literariamente, este cambio dialéctico se puede apreciar en la diferencia entre una novela como *Zona sagrada*, en que la trinidad mantiene separadas las tres figuras originales formadas por Guillermito, Claudia y Giancarlo, y *Terra nostra*, en la cual los tres jóvenes realmente son uno solo, y sobre todo en el simbolismo final del andrógino, ser en que las propiedades originales de macho y hembra se confunden en un nuevo ente.

## Notas

[1] Carlos Fuentes, *Terra nostra*, 1ª ed. (Barcelona: Seix Barral, 1975). Las páginas entre paréntesis corresponden a esta edición.

[2] Carlos Fuentes, *Don Quixote or The Critique of Reading* (Austin: University of Texas, 1971). Véase la bibliografía al final, en la cual Fuentes incluye las siguientes obras de Américo Castro: *España en su historia*, edición de 1948; *La realidad histórica de España*, edición de 1973; y *El pensamiento de Cervantes*, edición de 1925.

[3] Sobre el pensamiento histórico de Américo Castro, véase las obras apuntadas anteriormente, así como *Origen, ser y existir de los españoles*, edición de 1959.

[4] Sobre la metodología histórica de Wilhelm Dilthey, véase *Der Aufbau der Geschichtlichen Welt in den Geisteswissenschaften*, 3ª ed. (Stuttgart: B. G. Teubner, 1961).

[5] Celso Furtado, *Teoria e política do desenvolvimento econômico*, 4ª ed. (São Paulo: Editora Nacional), p. 228.

[6] Claudio Sánchez-Albornoz, *España, un enigma histórico*, 4ª ed. (Barcelona: Editora y Distribuidora Hispano Americana), vol. II, pp. 150-158.

[7] Jean-Paul Sartre, *Critique de la raison dialectique* (Paris: Gallimard, 1960).

Ysopete-Zaragoza, 1489

hic liber confectus est
Madisoni .mcmlxxxviii